KB120248

도덕지귀

道德指歸

도덕지귀

서명응徐命膺 지음 / 김학목 옮김

學古房

옮긴이의 말

옮긴이가 1998년 박사학위 후 서명응徐命膺의 『도덕지귀道德指歸』를 접하고 바로 번역해놨던 것이니, 이것은 20년 이상의 세월을 컴퓨터 파일 속에 묵혀 두었던 것이다. 그동안 몇 차례 출판을 시도했으나 소수의 제한된 사람들만 보는 전공서적인 까닭에 대부분의 출판사에서 간행을 꺼렸고, 또 조민환 교수·장원목 박사·김경수 박사가 학술진흥원 번역사업을 통해 2008년에 예문서원에서 『도덕지귀』라는 서명으로 이미 출간했기 때문에 굳이 서두를 필요가 없었다. 이제 새삼스럽게 또 출간하려는 이유는 옮긴이가 이미 『순언』·『신주도덕경』·『정노』·『초원담로』를 번역·출간했으니, 이것까지 내놓음으로써 조선의 『도덕경』 주석 5권 전체를 마저 모두 완결하고 싶은 욕심이 있는 상태인데, 이미 간행된 『도덕지귀』를 최근에 살펴본 결과 번역문투와 문장을 보는 시각이 여러 곳에서 달라 옮긴이의 시각을 더욱 세상에 내놓고 싶은 것이다.

조선조 유학자들의 『도덕경道德經』 주석을 번역하면서 매번 느끼는 점은 그 내용을 해독하기가 무척 어렵다는 것이다. 일반적으로 대부분 흔히 왕필王弼의 『노자주老子注』가 이해하기 어렵다고 평가하지만 꼭 그렇지만은 않다. 유학의 시각을 덧붙이지 않고 노자의 논리적 사유를 철저히 적용해 차분해 읽어보면 저절로 해석되는 것이 왕필의 주석이다. 그런데 조선 유학자들의 주석을 해석하기 어려운 것은 『도덕경』의 구절이 당시의 시대적 폐단을 걱정하는 유학자 그 자신의 시각으로 주석되었기 때문이다. 곧 그들은 노자의 사상에 유학의 관점을 덧입히는 동시에 당시의 시대적 폐단을 극복하기 위한 방편까지 겹으로 꼬아 『도덕경』을 해석하기 때문이다. 서명응의 『도덕지귀』도 압도적인 서양의 과학문명에 뒤처진 그 당시의 문제를 유학자의 시각에다가 동양의 전통과학 곧 음양오행과 『역』의 상수학적 관점을 가지고 극복하고자 하는 노력의 일환으로 나온 것이다.

서명응에 대한 다른 연구는 어느 정도 진행되었지만 『도덕지귀』에 대한 연구는 거의 진행되지 않았다. 그래서 옮긴이는 서명응의 저서에서 『도덕지귀』 연구에 필요하다고 생각되는 고전의 구절이면, 참고할 수 있도록 대부분 각주를 통해 인용해 놨다. 다만 직접적으로 『도덕지귀』 해석에 필요한 구절은 그 번역까지 함께 해놓았지만, 그렇지 않은 부분은 번역 없이 각주만 달아 놨으니, 앞으로 그 공부를 더 깊이 진행해야 하는 분들이 그 이상의 연구를 해주시길 바란다.

출판계 사정이 극히 어려운 가운데 학고방에서 선뜻 출판을 허락해 주시니, 출판의 고마움은 하운근 사장님께, 편집과 교정의 고마움은 명지현 선생님께 드린다. 그리고 언제나 이 책의 출간은 물론 여러 가지로 도움을 주는 고려대학교 신창호 교수님께도 깊은 감사를 드리고, 또 아이들을 가르치는 가운데 번역의 교정과 그 밖의 잡다한 일을 도맡아 처리해 주는 해송학당의 최은하 선생님께는 굳이 감사의 인사보다는 그 분 자신의 학문적 진보를 위해 미력을 다해 드리겠다.

2020년 늦가을 계양산 북녘 기슭에서
해송 김학목

보만재保晩齋 서명응徐命膺의 생애

　서명응(1716-1787)은 달성서씨達城徐氏의 후예로 18세기 소론계의 명가인 서종옥徐宗玉(온숙溫叔: 1688-1745)과 덕수이씨德水李氏(이집李㙫의 딸) 사이에서 2남으로 태어났다. 일찍이 일곱 살 때부터 학문을 시작했고, 열다섯(1730)에 완산이씨完山李氏(이정섭李廷燮의 딸)와 결혼했다. 서명응은 부친의 삼년상을 마친 영조 23(1747)년 곧 그의 나이 서른두 살부터 벼슬길에 나서게 된다. 문과에 합격하지 못했음에도 불구하고 그 부친의 공로를 배려하여 영조가 특별히 세자익위사世子翊衛司 세마洗馬로 채용했기 때문이다. 영조 27(1751)년에는 의흥현감義興縣監으로 부임해 지방의 학정學政을 크게 일으킨다. 향교 측면에 향숙鄕塾 15간을 짓고는 동편의 건물을 숭인재崇仁齋·친인재親仁齋로, 서편의 건물을 예삼재藝三齋·관선재觀善齋로 이름붙이고, 중앙 정당正堂엔 빈흥賓興이라는 현판을 달았다. 낙성식에는 주변의 인사 300명이 모여 향음주례鄕飮酒禮를 거행하도록 했고, 향교를 운영할 경비로 토지를 마련했으며, 선기璇璣(혼천의渾天儀)·옥형玉衡을 만들어 교재로 사용했다. 서명응의 이런 열정은 이후 성균관대사성과 평안감사의 역임과 규장각의 기구의 정비에서도 나타났다.

　서명응은 그의 나이 서른아홉 곧 영조 30(1754)년 4월에 문과에 합격하면서 벼슬길에서 더욱 두각을 나타낸다. 그해 7월에 대리청정을 하던 사도세자思悼世子에게 올린 학문과 정치에 대한 방략「진치

법서陳治法書」는 전문全文이 실록에 수록될 정도로 명문名文으로 평가 받았다. 이후에 관각館閣의 당하관을 거쳐 내직으로 대사성·예조참의 ·이조참의·좌승지·대사헌·도승지·예조참판·형조참판·형조판서· 예조판서·이조판서·대제학 등을 두루 역임했고, 외직으로는 황해감 사·충청수사·경기감사를 역임했다. 그는 한 때 다른 사람들의 공격 을 받은 일도 있지만 일시적인 일이었고 비교적 순탄한 벼슬길을 유 지했다.

그의 나이 마흔 곧 영조 31(1755)년부터 그 다음해(1756)에 걸쳐 사은사謝恩使의 서장관書狀官으로, 또 쉰 넷 곧 영조 45(1769)년부터 그 다음해(1770)에 걸쳐 동지정사冬至正使로 청나라를 방문하여 절정 에 오른 문물을 직접 구경한 것은 그의 생애와 학문에 있어 중요하다 고 할 수 있다. 특히 영조 45년의 연행에서『수리정온數理精蘊』·『대 수표對數表』·『팔선표八線表』·『역상고성후편易象考成後篇』 등 500여 권에 달하는 천문天文·역법曆法 서적을 구해서 들여왔으니, 이는 그 와 그 자식들의 학문에 많은 영향을 미친다. 그는 이때를 전후하여 왕 성한 저술활동을 벌이면서『천의소감闡義昭鑑』·『어제훈서御製訓書』· 『어제소학지남御製小學指南』·『동국문헌비고東國文獻備考』 등 국가적 편찬 사업에 참여했고, 왕세자의 입학의入學儀나 국왕의 친경의親耕儀 와 같은 국가 전례典禮를 정리했다. 또한 개인 저술로『양한사명兩漢 詞命』·『양한육의兩漢六義』·『대학상설大學詳說』·『중용미언中庸微言』· 『상서일지尙書逸旨』·『시악요결詩樂要訣』·『역선천학易先天學』·『이경 통해二經通解』·『대악전후보大樂前後譜』 등을 편찬했다. 이 중에서 중 요한 사실은『양한사명兩漢詞命』은 영조 37(1761)년 9월 왕명으로 편 찬되어 영남감영에서 간행되었다는 것이고, 그리고 또『참동계參同契』 및『도덕경道德經』과 관계되는『이경통해二經通解』는 뒤에『참동고參 同攷』와『도덕지귀道德指歸』로 편찬된다는 것이다.

이어지는 다음 시기에서 큰 사건은 왕세손으로서의 정조와의 만남이다. 그는 영조 37(1761)년 3월에 왕세손의 성균관 입학식을 주관하면서 또한 영조가 왕세손을 교육하는 자리에 참석하여 가르친 경우도 여러 번 있었다. 그러나 왕세손의 교육을 전담하기 시작한 것은 영조 48(1772)년에 세손우빈객世孫右賓客을 겸직하면서부터다. 그는 세손을 위해『계몽도설啓蒙圖說』·『역학계몽집전易學啓蒙集箋』·『자치통감강목삼편資治通鑑綱目三編』·『주자회선朱子會選』과 같은 교재를 편찬했으니, 이것으로 그는 정조의 학문에 지대한 영향을 미쳤다. 이 시기에 내직으로 공조·호조·병조·이조판서·우참찬 등을 역임하며 장악원·승문원·예문관·교서관·사복시의 제조提調를 겸했고, 외직으로는 충주목사·평안감사를 역임했다. 또한『명사정강明史正綱』을 수정하라는 영조의 명으로『명사강목明史綱目』과『황극일원도皇極一元圖』를 편찬한다.

정조의 즉위와 함께 규장각이 건립되니, 서명응은 규장각 제학을 겸하면서 국가적 편찬 사업을 주도한다. 정조는 즉위하자 곧 서명응을 좌의정 후보자로 친히 추천했는데, 정조의 이런 신망은 서명응이 사망할 때까지 지속된다. 서명응은 규장각 최고 책임자로서 초기의 규장각 기구를 정비하고 국가적 편찬 사업을 주도했다. 서명응은 평안감사·판중추부사·수어사守禦使·대제학 등 내외직을 역임했는데, 평안감사로 근무할 때는『기자외기箕子外記』를, 수어사로 근무할 때는『남한지南漢誌』를 편찬하는 등 근무지와 관련되는 저술을 편찬하기도 했다.

정조 즉위와 함께 규장각의 책임자를 겸하면서 절정에 올랐던 서명응의 벼슬길이 그의 나이 예순넷이 되던 해 곧 정조 3(1779)년 12월에 결정적 위기를 맞았다. 정조 1년 역모죄로 옥사한 홍계능과 내통했다는 혐의가 있었을 때는 정조 즉위의 일등 공신인 동생 서명선의 공로로 모면한 적이 있었다. 그렇지만 이 때에는 홍국영과 심각하게 대립하였고 또한 영의정인 동생 서명선과 권력을 독점한다는 불만이 늘어나 그에 대한 공격이 해를 넘기면서 지속되었다. 결국 이 일로 홍국영이 정계에서 축출되고 서명응은 치사致仕하게 되었다. 서명응은 자신에 대한 탄핵이 시작되자 서울을 떠나 한강변의 용호龍湖 과천의 만산 등지로 거처를 옮겼다.

이런 불행한 처지에서도 그는 과천에 있을 때 『아악도서雅樂圖書』를 편찬했음은 물론 자신의 저술도 정리하고 국가적 편찬 사업에도 꾸준히 참여했다. 그는 이문원摛文院(규장각)의 『근사록近思錄』 강의에 원임제학으로 참여했고, 『국조시악國朝詩樂』·『시악화성詩樂和聲』·『천세력千歲歷』을 편찬하고 『국조보감國朝寶鑑』을 교정하는 등 편찬 사업을 계속했다. 또한 그는 평생 저술을 『보만재총서保晚齋叢書』와 『보만재잉간保晚齋剩簡』으로 완성했고, 『홍범오전洪範五傳』을 다시 편집했다. 정조는 그의 공적을 높이 평가하여 정조 5(1781)년에 보만保晚이란 호를 지어 주었고, 다음해에는 『보만재집保晚齋集』 24권을 읽고 어제시御製詩를 하사했다. 일흔이 되던 정조 9(1785)년에는 기로소耆老所에 들어갔으며, 정조 11(1787)년 12월에 일흔 두 살의 생애를 마감했다. 나라에서는 그에게 문정文靖이라는 시호를 내렸고, 그 1주기 때에는 왕이 어제제문御製祭文을 내리면서 관리를 파견하여 제사를 올리게 했다.1)

1) 이상의 내용은 『정신문화연구』 1999 여름호 제22권에 실려 있는 김문식의 「서명응의 생애와 규장각 활동」에서의 Ⅱ장과 Ⅲ장을 대부분 그대로 정리한 것이다.

도덕지귀서道德指歸序[1]

君子之心廣大公平, 雖於害己之小人, 未嘗以不情之說加之. 豈
以其學之不同, 而加之以不情之說哉. 老子之學, 切近儒學, 其說
造化說事情, 雖儒學不能易也. 但以道德仁義分而爲二, 自仁義
以下, 不使與於道. 此其所以與儒學異也. 儒學以是絀老子, 夫誰
曰: "不可." 今乃不然, 而執末流之弊, 以爲其師之罪, 且曰: "吾先
師孔孟, 亦嘗斥之也." 以余之不爲老子者, 亦未見其然, 況爲老
子者乎.

군자의 마음은 광대하고 공평하니, 비록 자신을 해치려는 소인에게라
도 사실이 아닌 말을 해본 적이 없다. 그런데 어떻게 배운 학문이 같지
않은 것을 이유로 사실이 아닌 말을 하겠는가? 노자의 학은 유학에 아
주 가까워 그가 조화에 대해서 이야기하고 사정事情에 대해서 말한 것
은 비록 유학의 도리로 볼지라도 바꿀 수 없다. 다만 그는 도덕道德과
인의仁義를 나누어서 둘로 여겨 인의仁義 이하로부터는 도道에 속하지
않는 것으로 보았다. 이런 점이 유학과 다른 까닭이다. 유학에서 이것
을 가지고 노자를 배척했으니, 누군들 "안 된다."라고 하겠는가? 그런
데 요즘에는 그렇게 하지 않고, 말류들의 잘못을 가지고 그 스승의 죄
로 여기면서 또 "유학의 옛 스승이신 공자[2]와 맹자[3]께서도 배척하셨

---

1) 여기에 사용된 『도덕지귀』 판본은 규장각 소장본(古1401-1)이다.
2) 공자 : 유가 교조로서 춘추시대 노나라 사람이다. 이름은 구丘 자字는 중니仲

다"라고 한다. 노자를 전공하지 않는 나로서도 그런 점을 본적이 없는데, 하물며 노자를 전공하는 자들임에야 말해 무엇 하겠는가!

大史公, 稱學老子者, 絀儒, 學儒學, 亦絀老子, 言其學之者, 相訾
螫也. 世或因此, 謂孔孟亦絀老子. 今考孔子之書, 無一言及於老
子. 自易詩書春秋, 以至論語禮記, 皆然. 且如孟子以拒跋息邪爲
己任. 其言丁寧反復闢之, 不遺餘力, 然雖尋常言語, 一未聞譏誚
老子. 似若不見其書者, 今以孔孟之言, 而爲斥老子之證夫, 豈其
情乎.

태사공[4]께서 "노자를 배우는 자는 유학을 배척하고 유학을 배우는 자
도 노자를 배척한다"[5]라고 말씀하셨으니, 무엇을 배웠느냐에 따라 서

尼이다. 처음 노나라에서 사구司寇 벼슬을 하다가 사직하고 여러 나라를 두루
돌아다니며 도를 행하려 하였으나 쓰이지 않아 노나라로 돌아와서 『시詩』·
『서書』·『예禮』·『악樂』·『역易』·『춘추春秋』 등 육경六經을 산술刪述하였다.
3) 맹자 : 전국시대의 철인으로 추나라 사람이다. 이름은 가軻이고 자字는 자여子
輿이다. 학업을 자사子思의 문인에게 받았다. 『맹자孟子』7편을 저술하여 왕
도王道와 인의仁義를 존중하였으며 성선설性善說을 주창하였다. 후세에 공자
다음가는 성인이라 하여 아성이라 일컬었다.
4) 사마천 : 전한前漢의 사가史家로 자자는 자장子長이다. 무제武帝 때 흉노匈奴
에게 항복한 이릉李陵의 일족을 멸살하려는 논의가 있자, 그의 충신과 용전을
변호하다가 무제의 격노를 사서 궁형을 당하고 그 후에 중서령이 되었다. 부
친 사마담이 끝내지 못한 수사修史의 업업을 계승하여 태사령으로 있을 때
궁정에 비장한 도서를 자유롭게 읽었고, 궁형을 당한 후에는 더욱 발분하여
백 삼십 편이나 되는 거작 『사기史記』를 지었다.
5) 『사기史記』 63권, 「노자한비열전老子韓非列傳」, "세상에서 노자를 배우자는
자는 유학을 배척하고, 유학을 배우는 자들은 노자를 배척한다.(世之學老子
者, 則絀儒學, 儒學亦絀老子.)"

로 헐뜯는다는 말이다. 세상에서 혹 이 말씀을 근거로 공자와 맹자께서도 노자를 배척하셨다고 한다. 그런데 공자의 저서를 살펴보면, 노자에 대해서 한마디도 언급하신 곳이 없다. 『시경』[6)·『서경』7)·『역경』8)·『춘추』9)에서부터 『논어』10)·『예기』11)에서까지 모두 그렇다. 또한 맹자 같은 분은 [도에서] 기울어진 것을 거부하고 사설을 없애는 것을 자신의 임무로 여기셨다. 친절하고 반복되는 그 말씀은 이단을 물리치는 데 모든 힘을 다하셨지만, 평범한 말씀에서조차 한 번도 노자에 대해 나무라는 것을 듣지 못했다. 아마 그 분들의 책을 보지 않은 자라면, 이제 공자와 맹자의 말씀이라는 근거로 노자를 배척하는 증거로 삼겠지만, 어떻게 그것이 사실이겠는가?

學之有弊, 非其學之罪也, 學之者, 失其傳也. 莊生之荒唐, 申韓之慘刻, 東晉之淸虛, 皆自托老子, 以售其道. 而氣象規摹, 初不

---

6) 『시경』 : 상고의 시를 모은 책이름으로 오경五經의 하나이다. 원래는 삼천여수인 것을 공자가 정리하여 삼백 십일 편으로 하였다.

7) 『서경』 : 중국 최고의 경서經書이다. 오경五經 또는 십삼경十三經의 하나로 우虞·하夏·상商·주周 사대四代의 사실史實·사상思想 등을 백편으로 기록했는데 공자가 산정刪正하였다고 한다. 현존하는 것은 58편뿐이다. 서書 또는 상서尙書라고도 한다.

8) 『역경』 : 오경五經의 하나이다. 복서卜筮를 통하여 윤리 도덕을 설명한 책으로 『주역周易』이라고도 한다.

9) 『춘추』 : 공자가 저술한 노魯나라의 역사이다.

10) 『논어』 : 사서四書의 하나로 모두 20편이다. 공자와 그의 제자 또는 당시의 사람들과 문답한 말과 제자들끼리 주고받은 말들을 공자 사후에 그의 제자들이 편수했다. 공자의 인仁과 예禮 정치 교육 등에 대한 것을 주로 기술했다.

11) 『예기』 : 오경五經의 하나로서 진한秦漢시대의 고례古禮에 관한 설을 수록한 책이다.

髣髴於老子. 漢初張子房, 受黃石旨訣, 善學老子流風, 傳襲終漢
之世. 孝文帝曹參賈誼汲黯, 皆以淸修玄默爲榦於政事法度, 遂
使劉向稱其君人南面之術. 司馬談贊其事少功多之利. 今以末流
之弊, 而爲斥老子之案, 則又豈情乎.

배움에 폐단이 있게 된 것은 그의 학문에서의 잘못이 아니라, 그것을
배우는 자들이 제대로 전수 받지 못했기 때문이다. 장자(莊生)12)가
황당한 행동을 하고 신불해13)나 한비자14)가 참혹한 짓을 하며 동진
東晉의 선비들이 청허淸虛를 일삼으면서 모두 스스로 노자에 의탁해
그 도를 팔았던 것이다. 그런데 기상氣象과 규모規摹가 애초부터 노
자와 비슷하지 않았다. 한대(漢) 초기에 장자방張子房15)이 [황석공黃
石公16)의] 『황석지결黃石旨訣』을 받음으로써 노자의 유풍을 잘 배
워서 한대가 끝날 때까지 계승시켰다. 효문제孝文帝17)·조참曹參18)

---

12) 장생 : 춘추시대의 송나라 사람으로 이름은 주周인데 보통 장자莊子라고 존칭
한다. 그의 주장이 노자의 사상에 기초를 두었기 때문에 노장老莊이라고 병칭
하기도 한다. 또한 장주가 지은 책을 『장자莊子』라고 하는데 모두 10권이다.
이것을 『남화진경南華眞經』으로 부르기도 한다.

13) 신불해 : 전국시대의 형명가刑名家이다.

14) 한비자 : 전국시대 말기에 법가의 대성자이다. 한韓의 공자로서 형명법술刑名
法術의 학을 좋아하여 이사李斯와 함께 순자荀子에게 배웠다. 진나라에 사신
으로 갔다가 갇히어 이사 때문에 독살 당하였다. 저서로 『한비자韓非子』 20권
이 있다.

15) 장자방 : 이름이 장양張良으로 전한前漢의 공신이다. 소하蕭何·한신韓信과 함
께 한漢나라의 삼걸이다. 자字가 자방子房으로 황석공黃石公으로부터 태공太
公의 병서兵書를 받고 한고조漢高祖를 도와 진秦나라를 멸망시키고 초楚나라
를 평정하여 한漢나라의 업業을 세웠다. 그 공로로 유후留侯로 봉해졌지만
곧 물러나 신선이 되는 도를 배우면서 여생을 명대로 누렸다.

16) 황석공 : 진秦나라 말기에 장양에게 병서를 주었다는 노인이다.

17) 효문제 : 한漢의 3대 황제이다. 한고조의 중자仲子로 이름은 항恒이다.

·가의賈誼19)·급암汲黯20)은 모두 청수淸修와 현묵玄黙으로 정사와 법도의 근간을 삼아 마침내 유향劉向21)이 '임금의 통치술'(君人南面之術)을 일으키게 하도록 했다. 그러니 사마담司馬談22)이 '일은 적어지는데 공은 많게 되는 이로움"23)이라고 기렸다. 그런데 이제 말류의 폐단을 가지고 노자를 배척하는 사안(案)으로 삼았으니, 또 어떻게 사실이겠는가?

大抵當程朱之時, 老佛之學, 日新月盛, 天下之學, 不入於佛, 必入於老, 其爲儒道之障礙, 極矣. 故不得不辭而闢之. 使向於彼者輕, 則向於此者重, 此聖賢救時矯弊之意也. 然其美者, 未嘗不美之. 蔡季通謂老子大段鼓動人, 而朱子是之, 又稱其工夫極難. 顧其心, 不亦廣大公平也乎.

대개 정자24)와 주자25)께서 계실 당시에 노자와 부처의 학이 날로 새로

18) 조참 : 한고조의 공신으로 고조를 도와 천하를 평정하고 평양후平陽侯에 봉해졌다.
19) 가의 : 한초漢初의 낙양사람으로 『신서新書』를 남겼다.
20) 급암 : 한대의 충간하는 신하로 자는 장유長孺이고 복양濮陽 사람이다. 경제景帝 때에 태자세마太子洗馬가 되고 무제武帝 때 동해東海의 태수를 거쳐 구경의 반열에 올랐다. 성정이 심히 엄격하여 직간을 잘하여 무제로부터 옛날의 사직의 신하에 가깝다는 평을 들었다.
21) 유향 : 한漢의 유명한 경학가이며 학자로 유흠劉歆의 아버지이다.
22) 사마담 : 한漢나라 사마천司馬遷의 아버지로 태사령太史令의 직책에 있었다.
23) 『사기史記』 130권, 「태사공자서太史公自序」, "태사공이 건원과 원봉의 사이에 벼슬을 하면서 … 이에 육가의 요지에 대해 논하여 말였으니, '…. 도가는 사람의 정신을 정일하게 하고, …간략한 것을 가리켜 잡기가 쉬웠으니, 일은 적어지지만 공이 많았다. …(太史公仕於建元元封之閒, …, 乃論六家之要指曰: …. 道家使人精神專一, …, 指約而易操, 事少而功多. ….)"

워지고 달로 성대해지니, 천하 사람들의 배움이 부처에 빠져있지 않으면 반드시 노자에 빠져 있어 유학의 도에 극도로 장애가 되었다. 그러므로 그것들을 거절해서 물리치지 않을 수 없었다. 저쪽으로 쫓아가는 것을 가볍게 하면, 이쪽으로 돌아오는 것을 귀중하게 여기게 되니, 이것은 성현께서 시대를 구하시고 폐단을 교정하시려는 의도이다. 그렇지만 그 아름다운 것은 아름답게 여기시지 않은 적이 없으셨다. 채계통蔡季通[26]이 노자의 개요(大段)를 말해 사람들을 고무시켰는데도 주자께서는 옳다고 하시면서 또한 그 공부는 극도로 어렵다고 말씀하셨다. 그 마음을 생각해보면 또한 광대하고 공평한 것이 아니겠는가?

乃後之 儒者, 徒襲傳聞, 以紬老爲家計, 必肆其醜詆, 加之以不情之說. 吾恐見紬者之未能服其平也. 非惟見紬者之未能服其平, 在我誠有不平者存也. 然其不平者, 由不得老子之情也, 不

---

24) 정자 : 정이程頤를 말한다. 북송北宋의 대유大儒로 낙양洛陽 사람이다. 자字는 정숙正叔이고 호號는 이천伊川이며 호顥의 아우이다. 이천백伊川伯을 봉한 까닭에 이천 선생이라고 부른다. 처음으로 이기理氣의 학설을 제창하여 유교 도덕에 철학적 기초를 부여하였다. 저서로『역전易傳』·『춘추전春秋傳』·『어록語錄』등이 있다.

25) 주자 : 주희朱熹를 말한다. 남송南宋의 대유학자로서 휘주徽州 무원婺源 사람이다. 자字는 원회元晦 또는 중회仲晦이고, 호는 회암晦庵·회옹晦翁·고정考亭 등이다. 경학經學에 정통하여 송학宋學을 크게 완성하였는데 그 학을 주자학이라 일컬으며 우리나라 이조시대의 유학에 큰 영향을 미쳤다. 저서로는『시집전詩集傳』·『대학중용장구혹문大學中庸章句或問』·『논어맹자집주論語孟子集註』·『근사록近思錄』·『통감강목通鑑綱目』등이 있다.

26) 채계통 : 남송南宋시대의 성리학자 채원정蔡元定으로 자字가 계통季通이다. 어려서부터 유학을 배우고 그의 아버지로부터 정이程頤의『어록語錄』과 소옹邵雍의『황극경세서皇極經世書』·장재張載의『정몽正蒙』등을 받아서 배우다가 후에 주희朱熹를 사모하여 그에게 수십 년을 배웠다.

得老子之情者, 由不得老子之言也. 余故於老子之道德五千言, 章解句釋, 明其指歸. 盖非爲老子也, 爲吾儒之攻老子者, 平其情也.

그런데도 후대의 유학자들은 한갓 전해들은 것만 계승해 노자를 배척하는 것으로 나름의 계책을 삼고, 반드시 막된 욕설을 함부로 하면서 사실이 아닌 말을 보탠다. 그러니 나는 배척을 당하는 자들이 그런 것에 대해 공평하지 않다고 할까 염려된다. 배척을 당하는 자들이 공평하지 않다고 할 뿐만 아니라, 내가 보기에도 진실로 공평하지 않은 점이 있다. 그런데 그들이 공평하지 못했던 것은 노자의 진정을 알지 못했기 때문이고, 노자의 진정을 깨닫지 못했던 것은 노자의 말을 제대로 이해하지 못했기 때문이다. 내가 그래서 노자『도덕경』5천자에서 장구를 해석해 그 '뜻이 귀착하는 바'(指歸)를 밝혔다. 이 일은 대개 노자를 위한 것이 아니라, 우리 유학자들 중에서 노자를 공격하는 자들을 위해 그 진정을 공평하게 하려는 것이다.

己丑淸明日達城徐命膺書

기축(1769)년 청명일에 달성 서명응이 적다.

후서後序

老子道德經上下二篇, 余於己丑年, 因郊居無事, 爲之註解. 自是
七八年間, 奔馳東西, 不復知有此書, 久矣. 及丁酉冬, 以事謫塩
州, 搜檢箱篋中, 復得此書. 盖吾兒浩修, 爲余謫中消適之資, 而
內此書也. 於是蚤夜手披, 又見其所未見, 聞其所未聞. 則胸中之
言, 日益多逡. 就前日所註解, 呰者正之, 疎者補之, 晦者明之, 名
曰道德經解有疑.

노자『도덕경』상하 두 편은 내가 기축(1769)년에 시골에 있으면서 일
이 없어 그 때문에 주해한 것이다. 이때부터 7-8년 동안 동서로 분주하
게 다니느라 이 책이 있는지 조차 또 오래 동안 잊어버렸다. 정유
(1777)년 겨울에 정치적인 일로 염주塩州1)에 귀양 갔을 때 상자 속을
뒤지다 다시 이 책을 보게 되었다. 아마 아들 호수浩修2)가 내 귀양살이
중에 소일거리나 하라고 이 책을 넣어둔 것 같다. 이때에 새벽부터 밤
늦도록 책을 보면서 [전에] 또 알지 못했던 부분을 알게 되고 깨닫지
못했던 부분을 깨닫게 되니, 흉중의 생각(言)이 날로 더욱 많이 다듬어
졌다. 전에 주해한 것에서 잘못되었던 것을 바로잡고 부족했던 것을
보충하며 깨닫지 못했던 것을 밝히고는 책이름을『도덕경해유의道德經
解有疑』라고 하였다.

---

1) 염주 : 연안延安의 옛 이름으로 황해도 연백군에 있다.
2) 서호수徐浩修(1736-1799) : 조선 정조 때의 문신으로 자는 양직養直이고 시호
   는 문민공文敏公이다. 저서로『연행기燕行記』가 있다.

20

余謫中註此書, 或如韓文公之貶潮州, 惑太顚云爾, 夫豈其然乎.
余見前輩號稱醇儒者, 如宋之涑水司馬氏, 元之臨川吳氏, 我東
之栗谷李氏, 皆註解老子, 至於康節邵子龜山楊子晦庵朱子, 皆
儒門正脉, 以衛道作爲己任. 而其於老子之言, 若不容口, 又何
也. 儒者之學, 本欲當於理, 合於天而已. 苟其言當於理, 合於天
也, 則雖娼孺之言, 猶且取之, 况老子乎.

내가 귀양 중에 이 책을 주석하니 [이것에 대해] 혹 한문공3)이 조주潮
州로 좌천되었을 때 태전太顚4) 스님에게 미혹당한 것과 같다고들 하는
데, 어찌 그렇다고 하겠는가? 나는 순수한 유학자로 호칭되는 선배님들
이를테면 송대의 속수涑水 사마司馬씨5)·원대의 임천臨川 오吳씨6)·

---

3) 한유韓愈(768-824) : 자字는 퇴지退之로 당송唐宋 팔대가의 한 사람이다. 세칭
   한창려韓昌黎라고 한다. 당唐대의 유명한 문학가로 고문古文 운동의 선도자이
   다. 『한창려집韓昌黎集』 50권이 있다.

4) 태전太顚(731-824) : 속세의 성은 진陳 혹은 양楊이라 하고, 이름은 보통寶通이
   라 한다. 호양湖陽 사람으로서 불교 선종의 남방파 혜능慧能의 삼전제자이다.
   처음에 호주湖州에서 혜조惠照를 스승으로 섬겼고 후에 형산衡山으로 가서
   석두石頭 희천希遷을 스승으로 섬겼으며, 정원貞元 5년(789) 덕종 때에 조양으
   로 돌아와 선원을 창건하여 이름을 영산靈山이라고 하고 스스로 태전화상太顚
   和尙이라고 했다. 태극 출판사에서 나온 김동화의 『선종사상사』 193쪽에 의하
   면, 당시 배불의 선봉자였던 한유韓愈와 문답을 하면서 깨달음을 준 것으로
   알려져 있다. 1999년 「도가철학회」 하계 수련회 때 정신문화연구원 김백희
   박사가 발표한 것을 참고했다.

5) 사마광司馬光 : 송宋나라의 명신으로 자는 군실君實이다. 태사온국공太師溫國
   公을 증직 받았으므로 사마온공司馬溫公이라고 한다. 신종神宗 때 왕안석王安
   石의 신법新法에 반대하다가 실각하였고, 철종哲宗 때 정승政丞이 되어 신법
   을 모두 폐지하였다. 저서에 『자치통감資治通鑑』·『통감고이通鑑考異』·『독락
   원집獨樂園集』·『태현경집주太玄經集註』 등이 있다. 『자치통감』은 중국의 편
   년사編年史 중에서 가장 잘 된 것이다. 노자에 대한 주석으로 『도덕진경론道德

우리나라의 율곡栗谷 이李씨[7] 같은 분들께서 모두 노자를 주해하셨고, 심지어 소강절邵康節[8]·구산龜山 양楊씨[9]·주회암 선생 같은 분들께서 모두 정통 유학자로서 도를 지키는 것을 자신의 임무로 여기셨다는 사실까지 알고 있다. 그런데 그 분들께서 노자의 말에 대해 마치 입에 담지 않으신 것처럼 여기고 있다면, 또한 무엇이라고 하겠는가? 유학자의 배움이란 본시 천리에 합당하게 하고자 하는 것일 뿐이다. 진실로 그 말이 천리에 합당하다면 비록 아녀자와 아이들의 말일지라도 오히려 받아들이는데, 하물며 노자의 말임에랴!

余之氣質, 多暴露少含蓄, 其於處世, 亦以尙口, 屢憎於人, 幾陷顚躓者, 數矣. 自繹理此書, 多有省悟, 欲自今兼取其冲虛謙下之道, 以資於養生處世之方.

나는 기질적으로 무엇이든 대부분 드러내어 속에 담아두는 것이 적고, 처세에서도 구설을 좋아하는 것 때문에 사람들에게 자주 미움을 받아 위험에 빠지고 곤란을 당한 적이 여러 번 있었다. 이 책을 깊이 공부하면서부터 반성하여 깨닫는 것이 많았으니, 이제부터라도 '마음을 비우

眞經論』이 있다.
6) 오징吳澄 : 원대元代의 숭인崇仁 사람으로 자는 유청幼淸이다. 노자에 대한 주석으로 『도덕진경주道德眞經註』가 있다.
7) 율곡栗谷 이李씨 : 율곡은 『도덕경』 81장 중에서 대부분 유학의 수기치인에 해당하는 구절들을 발췌하여 『순언醇言』을 지었다.
8) 소옹邵雍: 송宋나라 때의 학자로 자는 요부堯夫이다. 역리易理에 정통하였으며, 저서에 『황극경세서皇極經世書』·『이천격양집伊川擊壤集』이 있고, 시호는 강절康節이다.
9) 양시楊時 : 이정二程 문하에서 가장 뛰어난 제자로 사량좌謝良佐와 함께 후대의 사람들에게 추앙받았다.

는 것과 겸손하게 낮추는 방법'(冲虛謙下之道)을 함께 받아들여 양생과 처세의 방도로 삼고자 한다.

夫攘人之物, 而逐其人, 尙謂之盜. 況心知其美, 取補吾身, 而斥之絶之, 諱之秘之, 使不在門墻, 如楊墨申韓釋佛之類乎. 非仁也. 非禮也. 非仁非禮, 君子不居矣.

남의 물건을 빼앗고 그 사람을 내쫓는 것에 대해서도 오히려 도둑이라고 한다. 그런데 하물며 마음속으로 노자의 장점(美)을 알고서 가져다가 자신에게 보태어 놓고는 배척하고 끊어버리며 피하고 숨기면서 마치 양주10)·묵적11)·신불해·한비자·석가의 종류처럼 조금도 가까이 있지 못하게 하는 것에 대해서는 말해 무엇 하겠는가! [이렇게 하는 것은 어진 것도 아니고 예에 맞는 것도 아니다. 어질지 않고 예에 맞지 않은 것은 군자가 자처하지 않는 것이다.

蒙 有還家, 令吾兒浩修繕寫一通. 欲於桑楡暮境, 作爲絃韋之佩, 而復爲之序.

용서를 받고 집에 돌아와서는 아들놈 호수에게 한 통을 깨끗하게 베끼도록 했다. 늘그막에 소일거리12)로 삼고 싶어 다시 서한다.

　　　　　　　　歲丁酉南至月上澣達城徐命膺書
　　　　　　정유(1777)년 동짓달 상순에 달성 서명응이 적다.

---

10) 양주楊朱 : 위아설爲我說과 이기주의利己主義를 주장했다.
11) 묵적墨翟 : 겸애설兼愛說을 주장했다.
12) 직역하면 '가죽 줄로 엮은 노리개'이니, 아들 호수를 시켜 베낀 '책'을 말한다.

「노자본전老子本傳」

老子姓李, 楚之苦縣瀨鄕曲仁里人也. 或云, 母懷胎八十一載, 逍
遙李樹下, 老子割左腋而生, 指李樹以爲姓. 或云, 母夢流星入口
而有脈, 七十二年生老子, 故曰老子. 名耳一名重耳, 字伯陽, 謚
曰聃. 聃者, 耳漫無輪之稱. 豈老子耳漫無輪歟. 老子身長八尺八
寸, 黃色美眉, 大目疎齒, 方口厚脣. 廣額有三五達理, 日角月懸.
長耳有三門, 鼻有雙柱, 手把十丈, 足蹈二五.

노자는 성姓이 이李로 초나라 고현苦縣 뇌향瀨鄕 곡인리曲仁里 사람이
다. 어떤 사람은 "어미가 아이를 잉태한 지 81년이 되어 자두나무 아래
를 거닐고 있을 때에 노자가 왼쪽 겨드랑이를 가르고 나왔기에 자두나
무로 성姓을 삼았다."고 했다. 어떤 사람은 "어미의 꿈에 유성이 입으로
들어오고는 맥이 있어 72년이나 지나 늙은 아이를 낳았으므로 '노자老
子'라고 했다."고 했다. 이름은 이耳이고 별명은 중이重耳이며, 자는
백양伯陽이고 시호는 담聃이다. 담聃이란 귀가 넓으면서 바퀴가 없는
것에 대한 칭호이다. 그런데 노자가 어찌 귀가 넓으면서 바퀴가 없었겠
는가? 노자의 키는 8척 8촌이었고 얼굴빛은 황색이었으며, 눈썹이 아
름다웠고 눈은 컸으며, 치아는 사이가 벌어졌고 입은 각이 졌으며, 입
술은 두툼했다. 넓은 이마에는 삼황[1]오제[2]의 통달한 이치가 담겨있고

---

1) 삼황 : 중국 고대의 천자天子. 곧 복희씨伏羲氏·신농씨神農氏·황제皇帝 또는
수인씨燧人氏를 말한다. 일설에는 포희씨包羲氏·여왜씨女媧氏·신농씨神農氏

가운데는 해가 솟아오르는 듯 달이 걸려 있는 듯했다. 긴 귀에는 세 개의 문이 있는 듯 코에는 두 개의 기둥이 있는 듯했으며, 손으로 긴 지팡이를 잡고 발로는 음양오행의 이치를 밟고 있었다.

周景王時年百有六十餘歲, 爲守藏室史. 當是時孔子方三十歲, 聞老子典藏書多識古事, 乃適周問禮於老子. 老子[具語之故, 且]³⁾曰, 子所言者, 其人與骨皆已朽矣, 獨其言在耳. 且君子得其時則駕, 不得其時則蓬累而行. 吾聞之, 良賈深藏若虛, 君子盛德, 容貌若愚. 去子之驕氣與多欲, 態色與淫志. 是皆無益於子之身. 孔子去, 謂弟子曰, 鳥吾知其能飛, 魚吾知其能游, 獸吾知其能走. 走者可以爲罔, 游者可以爲綸, 飛者可以爲矰. 至於龍吾不能知其乘風雲而上天. 吾今日見老子, 其猶龍邪. 其後孔子適諸侯之國, 答人問禮, 擧老子之言. 曰, 吾聞諸老聃, 曰, 天子崩國君薨, 則祝取羣廟之主, 而藏諸祖廟, 禮也. 卒哭成事, 而後主各反其廟.

노자는 주周의 경문왕 때 연세가 백 예순이 넘었는데 수장실의 관리가 되었다. 이 때 공자는 막 서른 살이 되었는데, 노자가 장서를 관리하고 고사에 대해 박식하다는 것을 듣고 주나라로 찾아가 노자에게 예에 대해 물었다. 노자는 [말의 유래에 대해 자세히 이야기하고는, 또] 다음처럼 이야기했다. "그대가 말한 것들은 그것을 말한 사람과 함께 유골마

라 하기도 하고, 천황씨天皇氏 · 지황씨地皇氏 · 인황씨人皇氏라 하기도 한다.
 2) 오제 : 삼황의 다음으로 대를 이은 다섯 명의 성천자聖天子이다. 곧 소호少昊 · 전욱顓頊 · 제곡帝嚳 · 요堯 · 순舜, 또는 황제皇帝 · 전욱顓頊 · 제곡帝嚳 · 요堯 · 순舜을 말한다.
 3) "老子[具語之故, 且]曰, 子所言者, …"에서 [具語之故, 且]는 전자판『사고전서』를 검색해 볼 때 『사기』에는 없는 말이다.

저 이미 모두 썩어 없어져 말만 남아있는 것들일 뿐입니다. 또 군자는 때를 만나면 벼슬하고, 때를 만나지 못하면 쑥이 바람에 나부끼듯이 지냅니다. 내가 듣기에 비싸게 값나가는 것은 없는 듯이 깊이 감추고, 군자의 성대한 덕은 어리석은 듯이 보인다고 했습니다. 그대의 교만한 기운과 많은 욕심 그리고 속이 보이는 낯빛과 음험한 생각을 버리십시오. 그런 것들은 모두 그대 자신에게 무익하지요!" 공자가 노자를 떠나가면서 제자들에게 다음처럼 이야기했다. "새에 대해서는 내가 그것들이 날 수 있다는 것을 알고, 물고기에 대해서는 그것들이 헤엄칠 수 있다는 것을 알며, 짐승에 대해서는 그것들이 뛸 수 있다는 것을 안다. 그러니 뛰는 것들은 그물로 잡으면 되고, 헤엄치는 것들은 낚시로 잡으면 되며, 나는 것들은 화살로 잡으면 된다. 그런데 용에 대해서는 그것이 어떻게 바람과 구름을 타고 하늘로 올라가는지 알 수 없다. 내 이제 노자를 뵙고 보니, 그 분은 용과 같으시구나!" 그 후에 공자는 제후의 나라로 가서 예를 묻는 사람들에게 노자의 말을 들어 다음처럼 답했다. "노자께서 '천자가 붕어하고 제후가 훙서하면 모든 종묘의 신주들을 모셔놓고 고하고는 조묘祖廟에 모셔두는 것이 예다. 졸곡卒哭으로 일이 마무리 된 후에 신주들을 제각기 그 종묘에 모셔 놓는다.'고 하시는 말씀을 들었다."고 했다.

老子居周久之, 見周衰, 遂西遊岐州, 至散4)關. 關令尹喜, 周大

---

4) 필사본에는 '산散'자가 아니라, '林' 아래 '日' 그리고 그 오른쪽에 '攵'이 합해진 옛글자로 되어있다. 산관散關은 섬서성陝西省 보계현寶雞縣의 서남에 있는 관關이다. 그런데 『사기史記』「노장신한열전老莊申韓列傳」에는 관關에 대한 구체적인 언급이 없이 "…… 老子修道德, 其學以自隱無名爲務. 居周久之, 見周之衰, 迺遂去至關, 關令尹喜曰, ……."로 되어 있다. 이 때문에 관關에 대해서 혹은 산관散關으로, 혹은 함곡관函谷關으로 보기도 한다.

夫也, 學星宿服精華, 隱德下位至是, 見紫氣浮關, 知眞人當過, 勅吏孫景物色迹之. 老子乘靑牛, 使徐甲爲御而過關, 喜禮迎之, 積誠求道. 老子奇其志, 告語之, 將別, 喜請曰, 子將隱矣, 彊爲我著書. 於是老子著書上下篇, 言道德五千餘言, 遂去.

노자가 주나라에 계신지 오래되어 주나라가 쇠한 것을 알고 마침내 서쪽으로 떠나 기주岐州 지방을 유람하다가 산관散關에 이르렀다. 관령 윤희尹喜는 주周의 대부로 천문을 배우고 사물의 가장 뛰어난 것을 따르며 덕을 숨기고 지위를 낮추어 이곳에 와 있다가 상서로운 기운이 관에 떠도는 것을 보고는 진인眞人이 지나갈 것을 알고 아전 손경孫景을 시켜 물색해서 찾도록 했다. 노자가 푸른 소를 타고서 서갑徐甲을 마부로 삼아 관을 지나감에 윤희가 예로 맞아들이고는 갖은 정성을 다해 도를 구했다. 노자가 그 뜻을 가상하게 여겨 일러주고 떠나려고 하자, 윤희는 "선생님께서 은둔하시려거든 저를 위해 부디 책을 써 주셨으면 합니다."라고 간청했다. 이에 노자가 상·하편의 책을 써서 도와 덕에 대해 5천여 글자를 서술하고 마침내 떠나갔다.

老子壽極長, 不知所終, 故世多傳會爲說. 老萊子者亦楚人也, 逃亂耕於蒙山之陽. 菀蕿爲墻, 蓬蒿爲室, 墾山播穀以爲食. 楚王至門迎之, 遂去至江南. 著書十五篇, 與孔子同時, 人以爲老聃也. 又有周太史儋見秦獻公曰, 始秦與周合而離, 離五百歲而復合, 合七十歲而霸王者出焉. 時去孔子卒, 百有二十有九年, 人亦以爲老聃也. 列仙傳云, 老子殷陽甲時下降, 武丁時昇天, 辛紂時又降, 爲周文王守藏史, 武王時遷柱下史, 成王時西遊大秦竺乾等國, 號古先生. 康王時還周, 復爲柱下史, 昭王時去官歸毫. 夫以周公之聖, 其於文王之守藏史, 半世同朝, 豈不見尹喜所見之紫氣乎. 不知而不語, 匪周公也, 語之而不見用老子之識, 又無足稱也, 豈其然哉.

노자는 나이가 극도로 들었고 어디서 어떻게 임종했는지 몰랐으므로 세상에서 대부분 견강부회하며 설을 만들었다. 노래자老萊子라는 자도 초나라 사람으로 난을 피해 몽산蒙山의 남쪽에서 농사를 지으며 살았다. 엉겅퀴나 갈대를 담장으로 쑥대밭을 집으로 하고, 산을 개간해 농사를 짓는 것으로 식생활을 했다. 초楚나라 왕이 문 앞까지 오자 맞이하고는 마침내 그곳을 떠나 강남으로 갔다. 15편의 책을 썼고, 공자와 같은 시대였기에 사람들이 그를 노담으로 여겼다. 또 주나라의 태사太史 담儋이 진秦나라의 헌공獻公을 알현하고는 "처음에는 진秦나라와 주周나라가 합치지만 분리될 것이며, 분리되어 500년이 지나면 다시 합칠 것이며, 합쳐져 70년이 지나면 폐왕이 나올 것입니다."라고 했다. 당시에 공자께서 돌아가신지 129년이 되었으니 사람들이 그를 또한 노담으로 여겼다. 『열선전』5)에는 다음처럼 말하고 있다. "노자가 은殷나라 양갑陽甲 때 하강해서 무정武丁 때 승천했고, 신주辛紂 때 또 하강해서 주周나라 문왕文王의 '수장실 관리'(守藏史)가 되었으며, 무왕武王 때 주하사柱下史로 자리를 옮겼고, 성왕成王 때 서쪽으로 떠나 진나라와 인도 등의 나라로 갔는데, '옛날 선생님'(古先生)으로 불렸다. 강왕康王 때 주나라로 돌아와 다시 주하사가 되었고, 소왕昭王 때 관직을 버리고 호毫 땅으로 돌아갔다." 그런데 주공 같은 성인으로서 노자가 문왕 수장실의 관리로 15년 정도 조정에 함께 계셨다면, 어찌 윤희가 보았던 상서로운 기운을 알아차리지 못하였겠는가? 알아차리지 못해 말씀하지 않으셨다면 주공이 아니실 것이며, 말씀하시면서 노자의 식견을 등용할 줄 모르셨다면 또 그것은 말할 것도 못된다. 어찌 그러실 수 있단 말인가?

----

5) 『열선전』: 한漢나라 유향劉이 지은 책으로 모두 총 2권인데, 옛날의 신선 71인의 전기를 수록하였다.

28

子宗爲魏將, 封於段干. 宗子注, 注子宮, 宮玄孫假, 仕漢孝文帝
時, 其子解爲膠東王卬太傅, 家于齊.

노자의 아들 종宗은 위나라 장군이 되어 단간段干에 봉해졌다. 종의
아들은 주注이고, 주의 아들은 궁宮이며, 궁의 현손玄孫은 가假로 한漢
의 효문제孝文帝 때 벼슬했고, 그 아들 해解는 교동왕膠東王 앙卬의
태부太傅가 되어 제齊나라에서 대부가 되었다.

道德經考定目錄
『도덕경』을 상고하여 논정한 목록

上篇
상편

道經三十六章

도경 36장

下篇
하편

德經四十五章

덕경 45장

道德指歸卷上
『도덕지귀』 상권

達城 徐命膺 註
달성 서명응이 주하다.

道經
도경

經凡上下二篇. 臨川吳氏曰, 上篇道經, 下篇德經, 各以篇首一字
名之. 後人合二名, 而稱道德經. 漢藝文志稱老子.

경은 모두 상하로 두 편이다. 임천오臨川吳씨는 "상편은 도경이고 하
편은 덕경이니, 각기 편 머리의 한 글자를 가지고 이름붙인 것이다.
그런데 후대 사람들이 상하 두 편의 이름을 합하여 『도덕경』이라고
칭했다."[1]라고 했다. 『한서漢書』「예문지藝文志」에서는 『노자』[2]라
고 칭했다.[3]

---

1) 『道德眞經註』*, 「道經上」, "上篇之首句曰, 道可道. 故以道字名篇, 尊之而
曰經. 他本或作道經經上, 則是以道德經爲一書之總名, 而分上下篇也.";
「德經下」, "下篇之首句曰, 上德不德. 故以德字名篇. 篇名非有意義, 釋者
迺謂上篇專言道, 下篇專言德, 其失甚矣. 他本或作道德經下. 今按道經德
經云者, 各以篇首一字名其篇, 後人固合二篇之名, 而稱爲道德經, 非以道
德二字名其書也." *法人文化社에서 영인한 『正統道藏』 21권에 있는 『道德
眞經註』를 참고했다.

2) 『漢書』 卷五十三, 「景十三王傳」 第二十三, "獻王所得書, 皆古文先秦舊書,
周官尙書禮禮記孟子老子之屬, 皆經傳說記, 七十子之徒所論."

3) 『老子集解』, 「道經」, "老子書, 凡上下二篇. 上篇曰道經, 下篇曰德經. 故或

稱道德經云. 吳幼淸曰, ‘按道經德經云者, 各以篇首一字名篇. 後人因合二
篇之名, 而稱爲道德經. 非以道德二字名其書也.’ 愚按史記, ‘老子居周久
之, 見周之衰, 迺去至關. 關令尹喜曰, 子將隱矣, 彊爲我著書. 於是老子迺
著書上下篇, 言道德之意.’ 然則今書分上下二篇者, 迺其書之舊, 而篇題曰
經者, 蓋後人尊之之辭也. 漢書藝文志, 古之解老子者, 有老子鄰氏經傳,
老子傅氏經說, 老子徐氏經說. 是在漢代已稱爲經. 然三家者, 止皆曰, 老
子. 吳氏所謂, 非以道德名其書者, 信矣.”

제1장

道可道, 非常道,

도라고 할 수 있는 도는 한결같은 도가 아니고,

道者, 易所謂太極, 是也, 無聲臭無方體. 若指名以爲道, 則非經常悠久之道也.

도란『역경』의 이른바 태극이 여기에 해당하니,[4] 소리와 냄새가 없고[5] 방위와 형체가 없다. 그런데 만약 이것을 지명해서 도라고 한다면 '한결같고 영원한 도'(經常悠久之道)가 아니다.

名可名, 非常名.

명명할 수 있는 이름은 한결같은 이름이 아니다.

名者, 易所謂陰陽, 是也. 氣化已形, 然後動而闢者, 名之爲陽, 靜而闔者, 名之爲陰, 其名乃立. 然陰陽又名之始, 故其體物不遺, 與太極同其功用. 若執一以爲名, 則非經常悠久之名也.

이름이란『역경』에서 말한 음양陰陽이 여기에 해당한다.[6] 기의 변화가 이미 드러난 다음에 움직이면서 뻗어 나오는 것을 이름 붙여 양기(陽)라 하고, 고요해져서 가만히 있는 것을 이름 붙여 음기(陰)라 하니, 음

---

4) 『周易』, 「繫辭上」11, "是故易有太極, 是生兩儀, 兩儀生四象, 四象生八卦, 八卦定吉凶, 吉凶生大業."

5) 『中庸』, 33章, "詩云, 予懷明德, 不大聲以色. 子曰, 聲色之於以化民, 末也. 詩, 德輶如毛. 毛猶有倫, 上天之載, 無聲無臭. 至矣."

6) 『周易』, 「繫辭上」5, "生生之謂易, 成象之謂乾, 效法之謂坤, 極數知來之謂占, 通變之謂事, 陰陽不測之謂神."

양이란 이름이 여기에서 세워진다. 그러나 음양은 또 이름의 시작이므로, 그 본체를 사물이 버리지 않아[7] 태극과 그 공용을 함께 한다. 그러니 융통성 없이 하나에 집착해 그것으로만 이름을 삼는다면 '한결같고 영원한 이름'(經常悠久之名)이 아니다.

無名天地之始,

이름 없음은 천지의 시작이고,

無名卽無極也. 天地方生之始, 已有無極, 混兮窈兮, 本無其名. 故天地旣生之後, 太極雖具, 亦象無極, 不可以名之也.

이름 없음은 곧 무극無極[8]이다. 천지가 막 생성되는 시초에 이미 무극이 있었지만 혼돈의 상태로 고요하니, 본래 그 이름이 없는 것이다. 그러므로 천지가 이미 생성된 다음에 태극이 비록 갖추어질지라도 또한 무극을 형상화시킨 것이니 무엇이라고 이름 붙여서는 안 된다.

有名萬物之母.

이름 있음은 만물의 모체이다.

陰陽化生, 五行錯綜, 爲萬物, 則陰陽乃萬物之母也.

음양이 생기면 오행이 뒤섞여 만물이 되니, 음양이 바로 만물의 모체이다.

---

7) 『中庸』, 16章, "視之而弗見, 聽之而弗聞, 體物而不可遺."
8) 『道德指歸』, 27章, "爲天下式, 常德不忒, 復歸於無極.";『濂溪先生集』, 「太極圖說」, "上天之載, 無聲無臭, 而實造化之樞紐, 品彙之根柢也. 故曰, 無極而太極. 非太極之外, 復有無極也."

故常無欲以觀其妙,

그러므로 항상 무욕한 상태에서는 오묘한 이치를 보고,

此句及下句, 令人就一心, 體認道體之眞也. 言居常無事之時, 試使一心, 虛靜無欲, 則此正陰陽初生, 太極初乘之時, 無限妙理, 化化生生. 盖觀于此, 知吾言之不誣也.

이 구절과 아래 구절은 사람들이 일심一心에 나아가 '도체의 참됨'(道體之眞)을 체인하도록 한 것이다. 평상시 일이 없을 때 시험 삼아 일심一心을 허정虛靜하고 무욕하게 하면, 이런 상태가 바로 음양이 처음 생겨 나옴에 태극이 비로소 그것을 탈 때이니, 한량없는 오묘한 이치가 여기에서 생기고 생긴다는 말이다. 대개 노자의 이 구절을 보면 내 말이 거짓이 아님을 알 수 있을 것이다.

常有欲以觀其徼.

항상 정욕이 생긴 상태에서는 맞닿는 것을 보라.

欲, 凡情意, 皆是也. 徼, 舊註讀作竅, 而朱子以爲當作邊徼之徼. 徼, 境也, 終也. 言若一心不虛不靜, 情欲紛然萌芽, 則此正陰陽已生五行之時, 故氣機爲主,[9] 太極爲客, 推盪汨撓, 漸失其本然之體, 而末流境界, 爲善惡爲禍福, 爲吉凶爲存亡. 盖觀于此, 又知吾言之不誣也.

정욕(欲)은 모든 생각(情意)이 모두 여기에 해당한다. 요徼자는 옛 주석에서 규竅로 읽어야 된다고 했지만, 주자朱子는 변방(邊徼)이라고 할

---

9) 主 : 필사본에는 '생생生生'자로 되어 있다. 이어지는 "太極爲客"의 '객客'자와 대구가 되기에 이것을 근거로 '주主'자로 수정했다.

때의 요徼라고 해야 된다고 여겼다. 그러니 요徼는 맞닿는다는 의미이고 끝난다는 의미이다. 만약 일심이 비어 있지 못하고 고요하지 못해 정욕情欲이 어지럽게 싹트게 되면, 이런 상태는 바로 음양에서 이미 오행이 나온 때이므로, '기운의 기틀'(氣機)은 주인이 되고 태극은 손님이 되어 안정되지 않은 곳으로 움직이고 어지러운 것에 빠지면서 점점 본연의 본체를 잃게 되니, 말류의 경계가 선악이 되고 화복이 되며 길흉이 되고 존망이 된다는 말이다. 대개 노자의 이 구절을 보면 또한 내 말이 거짓이 아님을 알 수 있을 것이다.

此兩者, 同出而異名. 同謂之玄,
[도와 이름] 이 둘은 나오는 것을 같이하면서 이름을 달리한다. 그러나 똑같이 현묘하다고 한다.

兩, 謂道與名也. 太極陰陽生, 則俱生, 是其出之同也. 一則無名, 一則有名, 是其名之異也. 太極固冲漠靚深, 而陰陽之初, 亦冲漠靚深. 故又曰, 同謂之玄.

두 가지는 도와 이름이다. 태극과 음양은 나오면 함께 나오니, 이것은 나오는 것이 같다는 말이다. 하나는 이름이 없고 다른 하나는 이름이 있으니, 이것은 이름이 다르다는 말이다. 그러나 태극은 진실로 비어있고 조용하며 고요하고 깊으며, 음양의 시초도 비어있고 조용하며 고요하고 깊다. 그러므로 또 말하기를 똑같이 현묘하다고 한다.

玄之又玄, 衆妙之門.
현묘한 가운데 또 현묘한 것이 모든 묘함의 문이다.

雖同謂之玄, 而太極乃其玄中之玄, 其玄尤玄. 故衆妙由此而出也. 門者, 物之所從出也.

비록 똑같이 현묘하다고 할지라도 태극은 바로 현묘한 것 가운데 현묘한 것이니, 그것의 현묘함은 더욱 더 현묘하다. 그러므로 모든 묘함이 여기에서부터 나온다. 문(門)이란 '사물이 나오는 근원'(物之所從出)이다.[10]

右第一章.

위의 것이 제1장이다.

凡一章爲一節, 而象太極之[含][11]一. 老子見大易專言陰陽不言五行, 遂以爲太極具於陰靜之中者, 乃天地始生之本然, 而道於是乎在也. 故修身理性, 化民治國, 皆是道之推焉. 而以無制有, 以虛制實, 以靜制動, 以柔弱制强剛, 雖如仁義, 亦以五行所稟, 不屑爲也.

---

10) 이 구절과 관련해 『도덕지귀』 6장 "玄牝之門, 是謂天地根." 구절의 주를 참고할 필요가 있다. "동지 때에 기의 기틀(氣機)이 깊고 고요해 천지는 비어있고 적막하니, 또한 현묘한 가운데 또 현묘한 것이며 비어있는 가운데 또 비어있는 것이라고 할 수 있다. 그렇지만 하나의 양기가 여기에서부터 비로소 움직이니 '고요하게 비어있음'(靜虛)이 바로 하나의 양기가 출입하는 문이다. 하나의 양기가 춘하추동을 생장시켜 이루는 것이 되니, 하나의 양기가 바로 천지의 뿌리이다.(冬至之時, 氣機潛靜, 天地空寂, 亦可謂玄之又玄, 虛之又虛矣. 然一陽之氣, 由是初動, 則靜虛者, 乃一陽之門也. 是一陽爲春夏秋冬之生長遂成, 則一陽者, 乃天地之根也.)"
11) 含 : 이 글자는 옮긴이가 보충한 것이다.

모든 1장을 하나의 절로 삼아 태극 속에 일(一:노양)이 있음을 상징했
다.12) 그런데 노자는 위대한 『역』에서 단지 음양만 말하고 오행을 말하

---

12) 『易經』,「周易卷首」, "曰其七八九六之數, 不同何也. …. 此又陰陽老少, 互
藏其宅之變也." 구절에 대한 미주, "…. 또 다음처럼 말하였다. 일一과 육六은
모두 근본이니, 일一은 노양의 위치가 되고, 육六은 노음의 수가 된다. ….
이二와 칠七은 친구가 되니, 이二는 소음의 위치가 되고 칠七은 소양의 수가
된다. 삼三과 팔八도 같은 이치이니, 삼三은 소양의 위치가 되고, 팔八은 소음
의 수가 된다. ….(…. 又曰, 一六共宗, 一爲老陽之位, 六爲老陰之數. ….
二七爲朋, 二爲少陰之位, 七爲少陽之數. 三八同道, 三爲少陽之位, 八爲
少陰之數. ….)"; 『參同攷』卷一,「初擬攷」第一 1章, "坎離匡廓運轂正軸"
구절에 대한 주, "바퀴통(轂)은 바퀴의 중심이고, 굴대(軸)는 바퀴의 중심을
관통하는 것이다. 대개 감·리는 수·화이고, 건·곤은 음·양이다. 음·양이
변화되어 수·화가 되고 나면 수·화가 다시 음·양에 베풀어지는 것이 건이라
는 바퀴통을 운용하고 곤이라는 굴대를 바르게 하는 것과 같아 서로 경위가
된다. 선천도를 보면 건·곤이 모든 괘의 근본이 되어 완전한 본보기를 이루고,
감·리가 그 둘 가운데서 중심을 잡는 저울처럼 관통하니 그것에서 체·용과
경도·위도가 나누어짐을 알 수 있다.(轂輪心也, 軸所以貫轂者也. 蓋坎離水
火也, 乾坤陰陽也. 陰陽旣變爲水火, 則水火復鋪叙陰陽, 如運乾之轂, 正
坤之軸, 而相爲經緯也. 觀於先天圖, 乾坤統諸卦而成全規, 坎離處二中而
貫中衡, 則其體用經緯之分可知也.)"; 이어지는 "牝牡四卦, 以爲橐籥, …."
구절에 대한 주, "건·곤이 서로 암·수가 되어 만물의 경도를 세우고, 감·리가
서로 암·수가 되어 만물의 위도를 이룬다. ….(乾坤相爲牝牡, 而立萬物之
經, 坎離相爲牝牡, 而成萬物之緯.) ○ 이 이상이 1절이니, 건·곤·감·리로
역의 네 정괘를 삼는다는 것이다.(○ 此以上爲第一節, 乾坤坎離, 爲易之四
正也.)"; 이어지는 "處中以制外, 數在律曆紀" 구절에 대한 주, "…. 그러므로
모든 64괘에서 건·곤·감·리를 제거하면 사용하는 것은 60괘이어서 …(….
故卦凡六十四, 去乾坤坎離, 則用之者六十, 而….)"; 2章 "天地設位, 而易行
乎其中矣" 구절에 대한 주, "감·리가 건·곤의 공용을 대신한다는 것을 말하
고자 먼저 계사의 말을 인용해서 근본을 미루었다. 본문의 '행호기중'行乎其
中은 감·리가 천지 가운데 유행한다는 말이다.(將言坎離代乾坤之功用, 而

지 않은 것을 보고, 마침내 태극이 음陰의 고요한 중심13)을 갖추고 있는 것이야말로 바로 천지가 비로소 나온 본연이니 도가 여기에 있다고 생각했다.14) 그러므로 몸을 닦고 본성을 다스리며 백성을 교화시키고 나라를 다스리는 것은 모두 여기의 도를 미루는 것이다. '없음'(無)으로 '있음'(有)을 제어하고 '비어있음'(虛)으로 '차있음'(實)을 제어하며 고요함(靜)으로 움직임(動)을 제어하고 '부드러움과 약함'(柔弱)으로 '굳셈과 강함'(强剛)을 제어하니, 비록 인의仁義와 같은 것일지라도 오행에서 부여된 것이기 때문에 달갑게 행하려고 하지 않았다.

先引易繫之文以推本焉. 行乎其中, 謂坎離流行於天地之中也.)"

13) 『道德指歸』, 10장주, "어떤 사람은 『9장에서 노자가 '자신이 물러난다'(身退)는 말 다음에 바로 '하나를 껴안는다'(抱一)는 말로 연결한 것은 하나를 껴안는 도는 오직 물러난 다음에 쉽게 이룰 수 있다는 의미이니, 바로 하나인 양기가 지극히 고요한 가운데로 와서 회복되는 것과 같다.」라고 했다.(或曰, 老子於身退之後, 卽繼之以抱一者, 其意抱一之道, 惟歙退之後, 可以易成, 正如一陽來復至靜之中也.)"; 16장주, "양은 움직이고 음은 고요하니, 음의 고요함이 바로 그 본질이다. 그러므로 고요함의 독실함을 유지하면, 양의 움직임이 이로부터 확립된다.(陽動陰靜, 陰靜乃其本質. 故守靜之篤, 則陽動由是立矣.)"; "사람들은 모두 봄과 여름의 발생하는 시기에 만물이 함께 있는 것을 즐겁게 보지만, 나 홀로 동지의 고요하고 적막한 가운데에 하나의 양기가 와서 회복되는 것에 대해 살핀다는 말이다.(言人皆樂觀夫春夏發生之時, 萬物幷有, 而吾獨觀於冬至靜寂之中, 一陽來復也. 此先王之至日閉關, 而道之所以本於靜也.)"; "'고요함이 천명을 회복하는 것이다'(靜日復命)라는 것은 반드시 고요하고 적막하게 해서 없음을 지극하게 한 다음에 하나의 양기가 천명에 의해 드러나고 드러나게 되어 바야흐로 비로소 와서 회복된다는 말이다.(靜日復命, 言必靜寂至無, 然後一陽之爲天命化化生生者, 方始來復也.)"

14) 『參同攷』, 「易參同契」上篇, "乾坤者, 易之門戶, 衆卦之父母" 구절에 대한 주, "… 先天圖, 自坤之純陰而闢之, 極其長, 則爲乾之純陽. 又自乾之純陽而闔之, 極其消, 則爲坤之純陰. 一闔一闢, 皆樞紐乎乾坤, 而萬化由是出入. 故曰…."

40

其爲此書, 自以其言, 侔擬造化, 且凡分章作節, 皆以易數立象.
孔子曰, 知者見之, 謂之知, 又曰, 知者過之, 指老子也. 然其於易
理, 則看得深切. 故邵子曰, 老子得易之體, 朱子曰, 老子見得此
箇道理, 又曰, 至妙之理, 有生生之意, 程子所取老氏之說者也,
其許與老子, 亦已多矣.

노자가 『도덕경』을 짓는 데 스스로 『역』의 말을 가지고 조화를 힘써
헤아리고, 또 모든 장을 나누고 모든 절을 만드는 데 모두 『역』의 수數
를 가지고 상象을 세웠다.[15] 공자께서 "지혜로운 자가 그것을 보면 그
것을 지知라고 한다."[16]고 하시고, 또 "아는 자는 그것(道)을 넘어 더
나아간다."[17]고 하신 말씀은 모두 노자를 지적하신 것이다. 그렇다면
노자가 『역』의 이치에 있어서라면 보고 얻은 것이 깊고 절실했을 것이
다. 그러므로 소자邵子[18]께서 "노자는 역의 체를 얻었다."[19]고 하셨고,

---

[15] 1章, "凡一章爲一節, 而象太極之(合)一."; 10章, "自第二章至此, [凡九章,
爲一節, 而]言煉精煉氣煉神之功用."; 16章, "自第十一章至此, 凡六章, 爲
一節, 而象太極之含六."; 23章, "自第十七至此, 凡七章, 爲一節, 而象少陽
之含七."; 31章, "自第二十四章至此, 凡八章, 爲一節, 而象少陰之含八.";
36章, ""; 51章, "自第三十七章至此, 凡十五章, 爲一節."; 66章, "自第五十二
章至此, 凡十五章, 爲一節."; 81章, "自第六十七章至此, 凡十五章, 爲一節,
以知信結之於終焉."

[16] 『周易』, 「繫辭上」5, "一陰一陽之謂道. 繼之者善也, 成之者性也. 仁者見之
謂之仁, 知者見之謂之知, 百姓日用而不知, 故君子之道鮮矣."

[17] 『中庸章句』, 「四章」, "子曰, 道之不行也, 我知之矣, 知者過之, 愚者不及也."

[18] 소자邵子 : 소옹邵雍을 말하니 송宋나라 때의 학자로 자字는 요부堯夫이다.
역리易理에 정통하였으며 저서에 『황극경세서皇極經世書』·『이천격양집伊川
擊壤集』이 있다. 시호諡號는 강절康節이다.

[19] 『朱子語類』卷第八十七, 「禮四」, 「學記」, "又云, 水一也, 火二也. 以魄載魂,
以二守一, 則水火固濟而不相離, 所以能永年也. 養生家說盡千言萬語, 說
龍說虎, 說鉛說汞, 說坎說離, 其術止是如此而已. 故云, 載魄抱魂, 能勿離

주자께서는 "노자는 이 도리를 얻었다."20)고 하시면서 또 "지극하고 묘한 이치에 낳고 낳는 의미가 있다는 것은 정자께서 노자에게서 취한 설이다."21)라고 하셨으니, 노자를 허여한 것이 또한 이미 많다.

乎. 專氣致柔, 能如嬰兒乎. 今之道家, 只是馳騖於外, 安識所謂「載魄守一, 能勿離乎. 康節云, 老子得易之體, 孟子得易之用. 康節之學, 意思微似莊老."

20) 『朱子語類』卷第一百二十五,「老子書」,「古之爲善士章第十五」, "甘叔懷說, 先生舊常謂老子也見得此箇道理, 只是怕與事物交涉, 故其言有曰, 豫兮若冬涉川, 猶兮若畏四鄰, 儼若容."

21) 『朱子語類』卷第一百二十五,「老子書」,「谷神不死章第六」, "問谷神不死. 曰, 谷之虛也, 聲達焉, 則響應之, 乃神化之自然也. 是謂玄牝. 玄, 妙也, 牝, 是有所受而能生物者也. 至妙之理, 有生生之意焉, 程子所取老氏之說也."

제2장

天下皆知美之爲美, 斯惡矣.

천하 사람들은 모두 아름다운 것이 아름다운 것이 된다고 알고 있는데, '이렇게 드러나게 아름다운 것'(斯)에는 추악한 것이 있다.

太極雖至美, 然以其無聲臭, 故人不見其爲美焉. 若有聲有臭而可見, 則其美者, 又必有不美者存也.

태극이 비록 지극히 아름다울지라도 그것에 소리와 냄새가 없으므로 사람들은 그것이 아름답다는 것을 알지 못한다. 만약 소리가 있고 냄새가 있어서 알아볼 수 있다면 그 아름다운 것에 또 반드시 아름답지 못한 것이 있게 된다.

皆知善之爲善, 斯不善矣.

[천하 사람들은] 모두 선한 것이 선한 것이 된다고 알고 있는데, '이렇게 드러나게 선한 것'(斯)에는 선하지 못한 것이 있다.

陰陽之始, 雖亦純粹至善, 然以其無形質, 故人不見其爲善焉. 若成形成質而可見, 則其善者, 又必有不善者存也.

음양의 시초가 비록 순수하고 지극히 선할지라도 그것에 형체와 바탕이 없으므로 사람들은 그것이 선하다는 것을 알지 못한다. 만약 형체와 바탕을 이루어서 알아볼 수 있다면 그 선한 것에 또 반드시 선하지 못한 것이 있게 된다.

故有無相生, 難易相成, 長短相形, 高下相傾, 音聲相和, 前後相隨.

그러므로 유와 무가 상대적으로 나오고 어려운 것과 쉬운 것이 상대적으로 이루어지며, 긴 것과 짧은 것이 상대적으로 드러나고 높은 것과 낮은 것이 상대적으로 기울어지며, 음음과 성성이 상대적으로 조화를 이루고 앞과 뒤가 상대적으로 따른다.

歷擧氣機流行. 陽變陰合, 成形成質之後, 參差相對, 有萬不齊者, 以見道之本始眞一無對.

기운의 기틀이 유행하는 것에 대해 차례로 들었다. 양이 변하고 음이 합해 형체와 바탕이 이루어진 다음에는 고르지 않고 어긋나 서로 맞서면서 각양각색으로 같지 않은 것이 있으니, 이것으로 도의 시초는 진실로 하나이고 상대가 없다는 것을 안다.

是以聖人處無爲之事, 行不言之敎.

이 때문에 성인은 아무것도 함이 없는 일에 머물러 있으면서 말없는 교화를 행한다.

無爲之事, 體太極之始也, 不言之敎, 法陰陽之初也.

'아무것도 함이 없는 일'(無爲之事)은 태극이라는 처음을 체득하는 것이고, '말없는 교화'(不言之敎)는 음양이라는 처음을 본받는 것이다.

萬物作而不辭,

그러니 만물이 흥기해도 말하지 않고,

不辭, 謂不煩辭說也, 此不言之敎也.

'말하지 않는다는 것'(不辭)은 번잡하게 말하지 않는다는 것이니, 이 구절은 위의 본문에서 말없는 교화에 해당한다.

生而不有, 爲而不恃, 功成而不居.

무엇인가 낳아 놓고도 소유하지 않으며, 무엇인가 이루어 놓고도 의지하지 않고, 공이 이루어져도 자처하지 않는다.

有, 謂自有其功也, 此無爲之事也.

소유한다는 것은 스스로 그 공을 소유한다는 말이니, 이 구절은 위의 본문에서 아무것도 함이 없는 일에 해당한다.

夫惟不居, 是以不去.

단지 자처하지 않기 때문에 [공이] 떠나가지 않는다.

惟其不居美與善之實, 所以不去美與善之名也.

오직 자신이 아름다움과 선의 실상이라고 자처하지 않으니, 아름답고 선한 이름이 떠나가지 않는 까닭이다.

右第二章.

위의 것이 제2장이다.

제3장

不尙賢, 使民不爭,

현자를 숭상하는 흔적을 드러내지 않아 백성들이 [명예를] 다투지 않도록 하고,

雖用賢者, 而不露其尙賢之跡, 則可使下民不起爭名之心. 此用人之無爲也.

비록 현자를 등용할지라도 현자를 숭상하고 있다는 흔적을 드러내지 않으니, 세상 사람들에게 명예를 다투는 마음이 생기지 않도록 할 수 있다. 이것은 사람을 등용하는 데 있어 할 일을 없애는 것이다.

不貴難得之貨, 使民不爲盜,

얻기 어려운 재화를 귀하게 여기지 않아 백성들이 도적이 되지 않도록 하며,

視難得之貨如糞土, 則可使下民不起盜竊之心. 此理財之無爲也.

[윗사람들이] 얻기 어려운 재화를 썩은 흙처럼 보고 있으니, 세상 사람들에게 도둑질하려는 마음이 생기지 않도록 할 수 있다. 이것은 재화를 다스리는 데 있어 할 일을 없애는 것이다.

不見可欲, 使心不亂.

욕심날만한 일을 보여주지 않아 [백성들의] 마음이 어지럽게 되지 않도록 한다.

不以可欲之事示之於民, 則民心自然不亂. 此治民之無爲也.

욕심날만한 일을 백성들에게 보여주지 않으니, 백성들의 마음이 자연스럽게 어지러워지지 않는다. 이것은 백성을 다스리는 데 있어 할 일을 없애는 것이다.

是以聖人之治, 虛其心, 實其腹, 弱其志, 强其骨. 常使民無知無欲, 使夫知者不敢爲也. 上知如字, 下知去聲.

이 때문에 성인의 다스림은 백성들의 마음을 비우고 배를 실하게 하며, 의지를 약하게 하고 골격을 강하게 한다. 그래서 항상 백성들에게 알고 싶은 생각과 하고 싶은 욕망이 없게 되도록 하며, 지혜로운 자가 감히 무엇인가 하지 못하도록 한다. 위의 지知자는 글자 그대로 사용되었고, 아래의 지知자는 거성으로 사용되었다.

大寧薛氏曰, 恬淡無思, 則心虛, 神氣內守, 則腹實. 退懦無爲, 則志弱, 精力不耗, 則骨强. 夫無知無欲, 人心本如是, 故使民無知無欲. 只是反其本而已. 知者好生事, 以擾天下. 民旣無知無欲, 則雖有知者, 無事可爲也.

대녕설大寧薛씨[22]는 "담박함으로 생각을 없애니 마음이 비워지고, 신명과 기운으로 내부를 지키니 배가 실하게 된다. 물러나고 낮추는 것으로 할 일을 없애니 의지가 약해지고, 정력을 소모하지 않으니 뼈대가 강해진다. 알고 싶은 생각이 없고 하고 싶은 욕망이 없는 것은 사람의 마음이 본디 그런 것이기 때문에 백성들에게 알고 싶은 생각과 하고 싶은 욕망이 없게 되도록 한다. 그러나 단지 이것은 그 근본으로 되돌려 놓은 것일 뿐이다. 지혜로운 자는 일 만들기를 좋아함으로써 천하를

---

22) 대녕설大寧薛씨 : 명明나라의 설혜薛蕙로 자字는 군채君采이다.

어지럽게 한다."[23]라고 했다. 백성들에게 이미 알고 싶은 생각과 하고 싶은 욕망이 사라졌다면, 비록 지혜로운 자가 있을지라도 할 수 있는 일은 없다.

爲無爲, 則無不治矣.

무엇인가 하는데도 하는 것이 없으니,[24] 다스려지지 않는 것이 없다.

爲之而無爲, 則無不治. 此總結上文.

무엇인가 하는데도 하는 것이 없으니, 다스려지지 않는 것이 없다. 이 구절로 위의 내용을 총괄해서 매듭지었다.

右第三章.

위의 것은 제3장이다.

----

23) 『老子集解』, 3章註, "無知之知, 如字. 知者之知, 去聲. ○ 聖人之治天下, 塞富貴之塗, 屛紛華之物, 使民消其貪鄙之心, 守其素樸之行. 恬淡而無所思, 心之虛也. 故神氣內守, 而腹實矣. 退怯而無所爲, 志之弱也. 故精力不耗, 而骨强矣. 夫無知無欲, 人心本如是耳. 化於物, 而迷其初, 迺多知多欲, 以自累. 使民無知無欲, 蓋反其本而已. 知者好生事, 以擾天下. 知無爲有爲之損益, 則懼而不敢妄爲矣. 安人之道, 莫善於無爲. 故爲無爲, 則無不治矣."

24) 주에서 확인할 수 있듯이 '위무위爲無爲'를 '위지이무위爲之而無爲'로 풀이했음에 유의해야 한다. 곧 무위無爲를 위爲했다로 보면 서명응의 의도를 어기게 되니, '위爲'자 다음에 '지이之而'가 생략된 것으로 보라는 말이다.

48

제4장

道冲而用之.
도가 비어 있으니, 그것을 사용한다.

冲, 冲和也. 言太極寄于陰陽之冲氣, 故人之用道, 亦當以冲和也.
'비어있다'(冲)는 것은 온화하다는 의미이다. 태극은 음양의 비어있는
기운에 의지해서 있기 때문에 사람들이 도를 사용함에 또한 온화함으
로 해야 한다는 말이다.

或不盈淵乎, 似萬物之宗.
채워져 있지 않은 듯하면서 깊으니 만물의 근본인 것 같구나.

曰或曰似, 皆以氣象言之也. 淵, 深也. 萬物之宗, 太極是也. 凡
此, 皆冲和之積于中, 見于外也.
'… 한 듯하다'(或)라고 하고 '… 같다'(似)라고 한 것은 모두 기운의 형
상으로 말한 것이다. '깊다'(淵)는 것은 심원하다는 말이다. 만물의 근
본은 태극이 여기에 해당한다. 이 모든 것은 모두 온화한 것이 안에
쌓여서 밖으로 드러난 것이다.

挫其銳, 解其紛, 和其光, 同其塵, 湛乎[25]似或存.
날카로운 부분을 꺾고 얽힌 것을 풀며, 빛나는 지혜를 섞고 더러움
을 같이하니, 고요히 무엇인가가 존재하는 것 같다.

---

25) 『老子集解』에는 '호乎'자가 '혜兮'자로 되어 있다.

摧挫鋒銳, 則無激觸, 解釋紛結, 則無關塞, 混和光芒, 則無猜忮, 合同塵垢, 則無孤高. 如是而但斡轉運用之意, 行于其中, 則正如 造化闔闢之機, 湛湛然存乎自然之中. 凡此皆冲和之應于事施于 世也. 朱子曰, 老子看得天下事變熟了. 又曰, 惟靜, 故能知變.

날카로운 부분을 꺾었으니 결렬하게 부딪힐 일이 없고, 어지럽게 묶인 것을 풀었으니 막힐 것이 없으며, 빛나는 지혜를 섞었으니 시기할 일이 없고, 더러움을 같이하니 고고할 것이 없다. 이와 같이 하면서 단지 굴리고 운용하는 마음을 자신 속에서 행하니, 조화의 닫히고 열리는 기틀이 저절로 그런 가운데에 고요히 있는 것과 바로 같아진다. 이 모든 것은 모두 온화한 것으로 세상사에 대응하고 시행하는 것이다. 주자는 "'노자가 천하의 일과 변화를 터득한 것이 아주 깊다.'고 하시고, 또 '오직 고요하기 때문에 변화를 알 수 있다.'"[26]고 하셨다.

吾不知誰之子, 象帝之先.

도가 누구의 자식인지 나는 모르겠지만 상제에 앞서 있는 것과 비슷하구나!

誰之子, 謂此道何從出也. 帝, 天之主宰也. 盖道卽太極之具於吾 心者, 而其所從出, 則無極是也. 太極冲湛淵深, 一似無極之若有

---

26) 『朱子語類』卷第一百二十五, 「老子書」, 「反者道之動章第四十一」, "問'反 者, 道之動; 弱者, 道之用.' 曰: '老子說話都是這樣意思. 緣他看得天下事 變熟了, 都於反處做起. 且如人剛强咆哮跳躑之不已, 其勢必有時而屈. 故 他只務爲弱. 人纔弱時, 卻蓄得那精剛完全; 及其發也, 自然不可當. 故張 文潛說老子惟靜故能知變, 然其勢必至於忍心無情, 視天下之人皆如土偶 爾. 其心都冷冰冰地了, 便是殺人也不恤, 故其流多入於變詐刑名. 太史公 將他與申韓同傳, 非是强安排, 其源流實是如此.'"

若無. 故曰, 象帝之先也. 今按象之爲言, 類也. 以道爲象帝之先者, 微有與道爲二之病, 此又老道與儒道不同處. 儒道則曰, 先天地之無極, 卽後天地之太極, 後天地之太極, 卽先天地之無極. 始終一致, 微顯一貫, 夫何象類之可言者乎.

'누구의 자식'(誰之子)이라는 말은 '이 도가 어디에서 나왔을까?'라는 말이다. 상제(帝)는 하늘이라는 주재이다. 도는 곧 태극이 나의 마음에 갖추어진 것이니, 그 출처라면 무극이 여기에 해당한다. 태극은 온화하고 고요하고 깊으니, 한편으로 무극이 있는 듯 없는 듯 있는 것과 비슷하다. 그러므로 "상제에 앞서 있는 것과 비슷하구나!"라고 했다. 지금 살펴보니 '비슷하다'(象)는 말은 서로 비슷하다는 의미이다. 그런데 도를 가지고 "상제에 앞서 있는 것과 비슷하구나!"라고 한 것은 [상제를] 도와 나누어 보는 병폐가 암암리에 깔려 있으니, 이것이 또 노자의 도가 유가의 도와 다른 점이다. 유가의 도라면 "천지에 앞서 있는 무극이 바로 천지가 나온 다음의 태극이고, 천지가 나온 다음의 태극이 바로 천지에 앞서 있는 무극이다."라고 하는 것이다. 시작과 끝이 일치하고 은미한 것과 드러나는 것이 일관되니, 어찌 "비슷하구나!"라는 것으로 말할 수 있는 것이겠는가?

右第四章.
위의 것은 제4장이다.

제5장

天地不仁, 以萬物爲芻狗.

천지는 어질지 않아 만물을 지푸라기로 만든 강아지 취급한다.

不仁, 不以仁自居也. 芻狗, 古者結草爲狗, 用之祭祀. 祭畢則去
之, 無所容心於其間. 天地之至虛至靜, 化物無情, 亦由是也.

어질지 않다는 것은 어짊을 스스로 자처하지 않는다는 것이다. 지푸라
기로 만든 강아지는 옛날에 지푸라기로 강아지 모양을 만들어 제사에
사용하는 것이다. 제사가 끝나면 그것을 버렸으니, 그 사이에 마음을
두는 일은 없다. 천지의 지극하게 비어있음과 지극하게 고요함이 만물
을 화육하면서 정을 두지 않는 것도 이와 같다.

聖人不仁, 以百姓爲芻狗.

성인은 어질지 않아 백성들을 지푸라기로 만든 강아지 취급한다.

聖人不以仁自居, 化民無情, 是亦天地之至虛至靜也. 韓魏公治
民, 非着意非不着意, 近是.

성인은 어짊을 스스로 자처하지 않아 백성을 감화시키면서도 정을 두
지 않으니, 바로 천지의 지극하게 비어있음과 지극하게 고요함이다.
한위공韓魏公[27]이 백성을 다스림에 뜻을 둔 것도 아니고 두지 않은
것도 아니니, 여기에 가깝다.

---

27) 한위공韓魏公 : 범중엄과 나란히 칭송되는 송宋대의 현명한 재상 한기韓琦를
말한다. 자字는 치규稚圭로 인종조仁宗朝에 재상이 되어 위국공魏國公에 피봉
被封되었다. 시호諡號는 충헌忠獻이다.

天地之間,[28] 其猶橐[29]籥乎. 虛而不屈, 動而愈出.

천지 사이는 풀무와 같구나! 비어 있는데도 물러나지 않고 움직일
수록 더욱 더 내 놓는다.

上兩節, 言天人之用至妙, 此下兩段, 言天人之體至虛. 盖惟至
虛, 故能至靜也. 橐籥, 冶爐, 鼓風之器. 橐是外櫝, 籥其內管, 皆
空虛中腹, 風自往來嘘吸, 以鑄出器用之萬形也. 屈, 竭也. 天地
之間, 茫蕩空虛, 初無一物, 而晝夜寒暑, 其變不竭, 風雨霜露, 其
動愈出. 若使有物, 實于空中, 則必不能然也. 夫人心之至妙, 生
於至虛, 亦何以異此哉.

위의 두 절은 '하늘과 사람의 공용'(天人之用)이 지극히 묘함을 말하였
고, 아래의 두 단락은 '하늘과 사람의 바탕'(天人之體)이 지극하게 비어
있음을 말하였다. 대개 오직 지극하게 비어있기 때문에 지극하게 고
요할 수 있는 것이다. 탁약橐籥은 풀무로 바람을 일으키는 기구이다.
탁橐은 밖이 함처럼 비어있는 부분이고, 약籥은 안이 피리처럼 비어있
는 부분이니, 모두 가운데 배를 공허하게 해 바람이 스스로 왕래함에
따라 (공기를) 끌어들이고 내뿜음으로써 쇠를 불려 온갖 형태의 기물을
만들어낸다. '물러난다'(屈)는 것은 다한다는 의미이다. 천지의 사이는
망막하고 넓게 비어 있어 애당초 아무 것도 없었으니, 낮과 밤 그리고
더위와 추위가 끝없이 변화하고, 바람과 비 서리와 이슬이 더욱 더 나
오면서 움직인다. 만약 사물에 마음을 두고 그 속을 채운다면 반드시
그렇게 될 수 없다. 사람 마음의 지극히 묘함이 지극히 비어 있음에서
나오는 것도 어찌 이와 다르겠는가?

---

28) 間 : 『老子集解』에는 '간閒'자로 되어 있다.

29) 橐 : 『老子集解』에는 '탁橐'자로 되어 있다.

多言數窮, 不如守中. 數, 色角反.

말이 많으면 곧30) 궁하게 되니, 중심을 지키고 있는 것만 못하다.

삭數자의 음은 '색色'자의 'ㅅ'과 '각角'자의 'ㅏ'이 합해진 삭이다.

多言, 如訓民勅民令民之類, 皆是也. 窮則言之不行也. 中者, 心也. 守中, 謂反其神用, 歸吾心中, 使其虛靜, 如橐籥之中, 天地之中, 則亦自有不屈愈出之妙也.

'말이 많다'(多言)는 것에는 백성들을 가르치고 조칙을 내리며 명령을 내리는 것과 같은 것들이 모두 여기에 해당한다. 궁하게 되면 말이 시행되지 않는다. 중심(中)은 마음이다. 그러니 중심을 지킨다는 것은 그 신묘한 작용을 되돌려 나의 마음속으로 돌아오게 하면, 풀무의 속이나 천지의 중심처럼 비우고 고요하게 되니, 또한 다하지 않고 더욱 더 내놓는 묘함이 저절로 있게 된다는 말이다.

右第五章.

위의 것은 제5장이다.

---

30) 위의 '삭數'자를 '곧'으로 해석한 것은 『道德眞經註』 5장 "多言數窮, 不如守中." 구절의 주석에 "數, 猶速也."라는 말을 참고했기 때문이다. 그런데 『四庫全書』본 『河上公注』 5장 "多言數窮" 구절에 "數자는 『왕필주』에서 음이 거성이니 이치라는 의미로 사용되었다는 말이다. 『명황주』에서는 음이 삭이다. (數, 王弼注, 去聲, 謂理數也. 明皇注, 音朔.)"라는 주석이 있는 것으로 볼 때, 이 구절은 주석자에 따라 "말이 많은 것은 궁하게 될 수이니. …."라고, 또는 "말이 많으면 자주 궁하게 되니, …."라고, 또는 "말이 많으면 곧 궁하게 되니, …." 등으로 해석할 수도 있다고 본다.

제6장

谷神不死, 是謂玄牝.

비어있는 골짜기의 신명은 죽지 않으니, 이것을 현묘한 음이라고
한다.

谷神之解, 人各異說. 惟朱子所解, 乃其正意. 谷, 虛谷也. 虛谷
至靜, 故能受聲有響, 如相應答, 是其神不死也. 若城市邑里, 其
中甚實, 不虛不靜, 雖有聲不響, 是其神便死也. 以喩人心虛靜,
然後其神方能湊着, 可以存道, 可以應物也. 玄, 北方水色, 色之
靜也. 牝, 以雌言之, 象之虛也. 蓋借色象以立虛靜之名也.

곡신谷神에 대한 해석은 사람마다 다르게 설명한다. 그렇지만 오직 주
자가 해석한 것[31]이야말로 바른 의미이다. 곡(谷)은 비어있는 골짜기
이다. 비어있는 골짜기는 지극히 고요하기 때문에 소리를 받아들여 서
로 응답하듯이 메아리칠 수 있으니, 이것은 그 신명이 죽지 않았기 때
문이다. 성·도시·읍邑·리里와 같이 그 속이 꽉 차 있어 비어있지도
않고 고요하지도 않다면, 비록 소리를 지를지라도 메아리치지 않을 것
이니, 이것은 그 신명이 어느 순간 죽었기 때문이다. 이것을 가지고
사람의 마음이 비고 고요하게 된 다음에 그 신명이 모이고 도달해서
도를 보존할 수 있으며 사물에 응대할 수 있다는 것을 비유했다. 현玄
은 북방에 있는 물(水)의 빛깔(色)이니, 빛깔의 고요함이다. 음(牝)은
암컷을 기준으로 말했으니, 형상(象)의 비어있음이다. 대개 빛깔과 형
상을 빌어서 비어있음과 고요함이라는 명칭을 세운 것이다.

---

31) 『朱子語類』卷第一百二十五, 「老子書」, 谷神不死章第六, "正淳問, 谷神不
死, 是爲玄牝. 曰, 谷虛, 谷中有神, 受聲所以能響, 受物所以生物."

玄牝之門, 是謂天地根,

현묘한 음이 출입하는 문을 천지의 뿌리라고 하는데,

門者, 出入之始也. 根者, 樹木之本也. 冬至之時, 氣機潛靜, 天地空寂, 亦可謂玄之又玄, 虛之又虛矣. 然一陽之氣, 由是初動, 則靜虛者, 乃一陽之門也. 是一陽爲春夏秋冬之生長遂成, 則一陽者, 乃天地之根也.

문[門]이란 출입이 시작되는 곳이다. 뿌리(根)란 나무의 근본이다. 동지 때에 '기운의 기틀'(氣機)이 깊고 고요해 천지는 비어있고 적막하니, 또한 현묘한 가운데 또 현묘한 것이며 비어있는 가운데 또 비어있는 것이라고 할 수 있다. 그렇지만 하나의 양기가 여기에서부터 비로소 움직이니, '고요하게 비어있음'(靜虛)이 바로 하나의 양기가 출입하는 문이다. 하나의 양기가 춘하추동을 생장시켜 이루는 것이 되니, 하나의 양기가 바로 천지의 뿌리이다.

綿綿[32]若存, 用之不勤.

미미하게 보존되듯이 하니 작용함에 수고로움이 없다.

綿綿若存, 猶太史公所謂, 黃鐘, 細若氣, 微若聲也. 不勤, 猶云不竭也. 言一陽初生, 其爲氣也, 綿綿若存, 未嘗龐大, 故施之於用, 能生生不窮也. 大抵老子之意, 以爲太極雖行於陰陽, 然陽則氣機動盪, 不見太極之眞體, 惟陰之至靜至虛, 如水湛一, 然後太極之眞體, 方能呈露. 故以人則必欲如嬰兒, 嬰兒, 卽人之冬至也. 以世則必欲如五帝以前, 五帝以前, 卽世之冬至也.

---

32) 綿綿 : 『老子集解』에는 '면면縣縣'으로 되어 있다.

56

본문의 '미미하게 보존되듯이 하니'(綿綿若存)라는 것은 태사공이 이른
바 황종黃鐘33)은 세미하기가 공기와 같고 미약하기가 소리와 같다'34)
고 한 것과 같은 의미이다. '수고로움이 없다'(不勤)는 것은 다하지 않
는다고 하는 것과 같다. 하나의 양기가 처음 생겨날 때 그 기운에 대해
끊임없이 보존되는 듯이 하며 거칠고 크게 한 적이 없으므로, 작용을
베푸는 데 낳고 낳을지라도 다하지 않는다는 말이다. 대체로 노자의
생각은 태극이 비록 음양을 통해 운행될지라도 양기에서는 기운의 기
틀이 움직여서 태극의 진실한 체를 볼 수 없으니, 오직 음기의 지극히
고요하며 지극히 비어있음이 물처럼 깊고 고요한 다음에 태극의 진실
한 본체가 드러날 수 있다고 여긴 것이다. 그러므로 사람을 기준으로
한다면 반드시 어린아이처럼 되고자 하니, 어린아이는 바로 사람에게
있어서 동지이기 때문이다. 세대(世)를 기준으로 한다면 반드시 오제五
帝 이전처럼 되고자 하니, 오제 이전은 바로 세대에 있어서 동지이기
때문이다.

右第六章.
위의 것은 제6장이다.

---

33) 황종黃鐘 : 십이률十二律의 하나인 양률陽律이고, 음력 11월 곧 자(子:☷)월의
    별칭이기도 하다.
34) 『史記』, 卷二十五. "凡得九寸命曰, 黃鐘之宮. …. 故從有以至末有, 以得細
    若氣, 微若聲. 然聖人因神而存之. ….";『尙書通考』, 卷四. "太史公曰, 細若
    氣, 微若聲. 聖人因神而存之. 雖妙必效. 言黃鐘始於聲氣之元也."

제7장

天長地久.

천지는 장구하다.

先言此以起下文.

아래 구절을 설명하기 위하여 먼저 이 구절을 언급했다.

天地之所以能長[35]久者, 以其不自生. 故能長久.

천지가 장구할 수 있는 것은 진실로 살겠다는 마음이 없기 때문이다. 그러므로 장구할 수 있다.

不自生者, 猶第五章之不仁, 言不以長生爲心也. 人若以生爲心, 念念欲生, 則私意起, 而反傷其生, 此亦不虛之病也.

'진실로 살겠다는 마음이 없다'(不自生)는 것은 제5장의 어질지 않다는 말과 같으니 오래 살겠다고 마음먹지 않는다는 말이다. 사람이 만약 살겠다고 마음먹고 살고자 하는 것만 생각한다면, 사사로운 생각이 일어나서 도리어 그 삶을 해치게 되니, 이것 역시 마음을 비우지 못해 생기는 병이다.

是以聖人後其身而身先, 外其身而身存, 非以其無私邪. 故能成其私.

이 때문에 성인은 자신을 뒤로하지만 자신이 앞서게 되고, 자신을

---

35) 『老子集解』에는 '장長'자 다음에 '차且'자가 있다.

도외시하지만 자신이 보존되니, 사사로움이 없기 때문이 아니겠는가! 그러므로 그 사사로움을 이룰 수 있다.

以其身, 而後於他人, 則他人仰慕, 自然尊榮, 故身先. 以其身, 而外於名利, 則名利不到, 禍患亦遠, 故身存. 盖欲先, 則必先居後, 欲存, 則必先自外, 皆所以明其謙虛之受益而已, 非謂聖人眞欲成其私, 而故爲是無私也. 讀者, 不以辭害意, 可矣.

그 자신을 가지고 남들보다 앞세우지 않는다면, 남들이 우러러 사모하여 저절로 존귀하게 되고 영화롭게 되므로 자신이 앞서게 된다. 그 자신을 가지고 명예와 이익에서 도외시한다면, 명예와 이익이 이르지 않지만 재앙과 근심이 또한 멀어지므로 자신이 보존된다. 대개 앞서고자 한다면 반드시 앞서지 않기를 먼저 해야 하고, 보존되고자 한다면 반드시 스스로 도외시하기를 먼저 해야 하니, 모두 겸허함이 유익하게 되는 이유를 밝힌 것일 뿐이지, 성인이 진실로 자신의 사사로움을 이루고자 해서 일부러 이렇게 욕심이 없는 것처럼 한다는 말이 아니다. 독자들은 글자에 얽매여 의미를 해치지 말아야 한다.

右第七章.
위의 것은 제7장이다.

제8장

上善若水.

최상의 선은 물과 같다.

古之聖人, 多以水喻道, 盖水生於天一, 其質輕淸, 而道體無所遮
隔故也. 老子之道, 要在全其氣之本始, 故亦以水喻善.

옛날의 성인은 물을 가지고 도를 비유하는 경우가 많았으니, 대개 물은
하늘의 숫자인 일一에서 나오고 그 기질이 가볍고 맑아서 도체에 막힐
것이 없기 때문이다. 노자의 도는 그 핵심이 기운의 근본을 온전하게
하는 데 있기 때문에 또한 물을 가지고 선을 비유했다.

水善利萬物而不爭, 處衆人之所惡, 故幾於道矣. 幾, 平聲.

물은 만물을 이롭게 하고 다투지 않으며, 모든 사람들이 싫어하는
곳에 머물러 있기 때문에 도에 가깝다. 기幾자는 평성으로 사용되었다.

此終若水之意, 故冠之以一水字也. 善利不爭, 冲也, 處人所惡,
謙也. 惟謙與冲, 故幾於道矣.

이 구절에서는 '최상의 선은 물과 같다'(若水)고 한 의미를 종결했기
때문에 물이라는 말로 이 구절을 시작했다. [물이 만물을] 이롭게 하
고 다투지 않는 것은 비어 있기 때문이고, 남들이 싫어하는 곳에 머무
는 것은 겸손하기 때문이다. 오직 겸손하고 비어 있기 때문에 도에
가깝다.

居善地, 心善淵, 與善仁, 言善信, 政善治, 事善能, 動善時.

거처하는 것에서는 땅을 훌륭하게 여기고, 마음가짐에서는 연못을 훌륭하게 여기며, 주는 것에서는 어짊을 훌륭하게 여기고, 말에서는 믿음 있음을 훌륭하게 여기며, 정사에서는 다스려짐을 훌륭하게 여기고, 일에서는 능수능란함을 훌륭하게 여기며, 움직임에서는 시기적절함을 훌륭하게 여긴다.

此終上善之意, 故中之以七善字也. 避高處下, 居之善乎地也. 涵泓不露, 心之善乎淵也. 利用溥遍, 與之善乎仁也. 當就卽就, 言之善乎信也. 百物待足, 政之善乎治也. 險易隨宜, 事之善乎能也. 通而後行, 動之善乎時也.

이 구절에서는 '최상의 선'(上善)이라고 한 의미를 종결했기 때문에 중간에 일곱 번의 '훌륭하게'(善)라는 말을 넣었다. 높은 곳을 피하고 낮은 곳에 거처하니, 거처하는 것에서는 땅을 훌륭하게 여긴다. 깊이 잠겨 드러나지 않으니, 마음가짐에서는 연못을 훌륭하게 여긴다. 이롭게 사용하기를 널리 하니, 주는 것에서는 어짊을 훌륭하게 여긴다. 나아가야 되면 바로 나아가니, 말에서는 믿음 있음을 훌륭하게 여긴다. 모든 사물이 만족함을 기다리니, 정사에서는 다스려짐을 훌륭하게 여긴다. 험하거나 쉽거나 마땅함을 따르니, 일에서는 능수능란함을 훌륭하게 여긴다. 통하게 된 다음에 가니, 움직임에서는 시기적절함을 훌륭하게 여긴다.

夫惟不爭, 故無尤.

그러나 단지 다투지 않기 때문에 허물이 없다.

總結上文. 不爭應水, 無尤應善.

위의 문장을 총괄하여 맺었다. 본문의 다투지 않는다는 것은 물에 호응하고, 허물이 없다는 것은 선에 호응한다.

右第八章.

위의 것은 제8장이다.

제9장

持而盈之, 不如其已. 已, 音以.
갖다 드리면서 가득 채우니 가득 채우지 않는 것만 못하다. 이已자
는 음이 이以이다.

奉持槃水, 而加盈之, 不如不加盈也.
세숫대야에 물을 갖다 드리면서 물을 가득 채우니, 가득 채우지 않는
것만 못하다.[36]

揣而銳之, 不可長保.
불려서 날카롭게까지 만드니, 오랫동안 보존할 수 없다.

揣治錐末, 而加銳之, 不能長保有也. 盖銳之又銳, 若不銷鑠成
鈍, 則人必惡其利, 而去之也.
송곳 끝을 불려서 갈아 놓고 날카롭게까지 만드니, 오랫동안 보존할
수 없다. 대개 날카롭고 또 날카로운데도 녹여서 무디게 하지 않을 것
같으면, 사람들이 반드시 그 예리함을 싫어해서 버린다.

金玉滿堂, 莫之能守,
금과 옥이 집에 가득하니 아무도 지킬 수 없고,

---

36) 『禮記』,「內則」,“…. 進盥, 少者奉槃, 長者奉水, 請沃盥, 盥卒, 授巾. …”, 『老
子集解』9章註, “揣, 合也. 持槃水而加盈之, 非無溢之道也. 故不如其已.”

前兩段, 以物理而明之, 此以下, 以人事而言之. 莫之能守, 謂必有爭奪者至也.

앞의 두 구절은 사물의 이치를 가지고 밝혔고, 이 구절 이하로는 사람의 일을 가지고 설명했다. 아무도 지킬 수 없다는 것은 반드시 다투고 빼앗는 자가 다가올 것이라는 말이다.

富貴而驕, 自遺其咎.

부귀하면서 교만하니 스스로 허물을 남기게 된다.

富貴則持而揣矣. 又加以驕, 是盈之銳之也. 其所以自遺其咎者, 豈難知乎.

부귀하다는 것은 [앞 구절에서 사람들이 세숫대야에 물을] 갖다 드리면서 받들 정도의 위치가 되었다는 것이고 [송곳 끝을] 불려서 갈아 놓은 상태가 되었다는 것이다. 그런데 또 교만하기까지 하니, 바로 가득 채우는 것이고 날카롭게까지 만드는 것이다. 그러니 스스로 허물을 남기게 되는 까닭을 어찌 알기 어렵겠는가?

功成名遂, 身退, 天之道也.[37]

공을 이루고 이름을 성취하고는 자신이 물러나니, 하늘의 도이다.

日中則昃, 故復中於明日. 月滿則虧, 故復滿於後望. 花開則謝, 故復開於來春, 葉盛則悴, 故復盛於來夏. 此上天一陰一陽, 常久不已之道也. 人於功成名遂之後, 觀天道之盈虛消息, 奉身斂退, 則保全令名, 以及子孫, 可以如天道之代謝無窮也.

---

37) 『老子集解』에는 '야也'자가 없다.

해는 중천에 떠오르면 서산으로 기울기 때문에 다음 날 다시 중천에 떠오른다. 달은 차면 이지러지기 때문에 다음 달 보름에 다시 차게 된다. 꽃은 피면 지기 때문에 오는 봄에 다시 핀다. 잎은 무성해지면 떨어지기 때문에 오는 여름에 다시 무성해진다. 이것은 하늘이 한 번 음이 되고 한 번 양이 되는 것으로 영원하고 끊임없는 도이다. 사람이 공명을 이룬 다음에 천도의 변화를 보고 자신을 지켜 물러난다면 아름다운 이름을 보전해서 자손에게까지 미치니, 무궁한 천도의 변천처럼 될 수 있는 것이다.

右第九章.
위의 것은 제9장이다.

제10장

載營魄抱一, 能無離乎.

[혼魂이] 백魄을 싣고 경영함에 백이 하나를 껴안아 이탈이 없게
할 수 있겠는가?

載, 謂魂之載魄也. 營, 謂魂之營魄也. 盖魄陰而二, 主乎體質, 魂
陽而一, 主乎營爲. 然魂無形體, 必附麗於魄, 故至人魂卽魄, 魄
卽魂, 混合無間. 其次或魂多魄少, 或魄多魂少. 以及下品, 魂魄
不能交涉. 盖不惟機事疎密, 於此焉分, 亦壽夭之所由基. 故魂升
魄降, 則死亡, 魄煉魂旺, 則延年. 此盖言以魂載魄. 凡厥營爲必
於魄, 而使魄恒抱魂之陽一, 無少暫離也. 能無離乎, 難其事而戒
之也.

'실었다'(載)는 것은 혼魂이 백魄을 실었다는 말이다. '경영하다'(營)는
것은 혼이 백을 경영한다는 말이다. 대개 백은 음(陰:⚋)이어서 둘(二)
이니 체질體質을 주관하며, 혼은 양(陽:⚊)이어서 하나(一)이니 경영을
주관한다. 그런데 혼은 형체가 없어서 반드시 백에 의지하기 때문에
'도덕이 지극히 높은 사람'(至人)은 혼이 곧 백이고 백이 곧 혼이어서
혼합에 간격이 없다. 그 다음에 어떤 이는 혼이 많고 백이 적으며, 어떤
이는 백이 많고 혼이 적다. 최하의 등급에 있는 사람은 혼과 백을 교섭
시킬 수 없다. 대개 기미와 일의 거칠고 치밀함이 여기에서 나누어질
뿐만 아니라 또한 장수와 요절이 말미암게 되는 터이다. 그러므로 혼이
올라가고 백이 내려가면 사망하고, 백을 단련하고 혼을 왕성하게 하면
장수한다. 이것은 대개 혼이 백을 싣고 있다는 것을 기준으로 말했다.
모든 이런 경영은 백을 오로지 할지라도 백이 항상 '양기로 하나인 혼'
(魂之陽一)을 껴안아서 잠시라도 이탈이 없도록 하는 것이다. "이탈이
없게 할 수 있겠는가?"라는 말은 그 일을 어렵게 여겨서 주의하도록

한 것이다.

或曰, 老子於身退之後, 卽繼之以抱一者, 其意抱一之道, 惟欲退
之後, 可以易成, 正如一陽來復至靜之中也. 漢之張良, 謝病辟
穀, 深得老子微旨.

어떤 사람은 "9장에서 노자가 '자신이 물러난다'(身退)는 말 다음에 바
로 '[백이] 하나를 껴안는다'(抱一)는 말로 연결한 것은 하나를 껴안는
도는 오직 물러난 다음에 쉽게 이룰 수 있다는 의미이니, 바로 하나인
양기가 지극히 고요한 가운데로 와서 회복되는 것[38]과 같다. 한漢의
장양張良이 병을 핑계로 벼슬을 그만 두고 은둔하여 수행했으니,[39] 노
자의 미묘한 가르침을 깊이 체득한 것이다."라고 했다.

專氣致柔, 能嬰兒乎.

기를 전일하게 하고 부드러움을 극진하게 해서 아이처럼 할 수 있
겠는가?

朱子曰, 專氣致柔, 看他這箇是甚麼樣工夫. 專, 是專一無間斷.
致柔, 是到柔之極處. 才有一毫發露, 便是剛, 這氣便麤了.

주자는 "'기를 전일하게 하고 부드러움을 극진하게 한다'(專氣致柔)는
것이 어떤 공부였는지 살펴봐야 한다. '전일하게 한다'(專)는 것은 하
나에 전일해서 그 사이에 끊임이 없다는 것이고, '부드러움을 극진하게

---

38) 『易經』, 「復卦」, "反復其道, 七日來復, 利有攸往. 象曰, … 反復其道七日
    來復, 天行也."
39) 장양이 유후留侯로 봉해지자 곧바로 상서를 올리고 물러남으로써 천수를 누렸
    다. 그러나 한신韓信은 물러나지 않았기 때문에 장락궁長樂宮에서 목이 잘려
    죽었다.

한다'(致柔)는 것은 바로 부드러움의 궁극에 도달한다는 것이다. 조금이라도 드러나는 것이 있으면, 곧 강하게 되어 이 기가 바로 거칠게된다."[40]라고 했다.

滌除玄覽, 能無疵乎.

깨끗하게 씻고 쓸어내며 현묘하게 관람해서 흠이 없도록 할 수 있겠는가?

滌, 洗也. 除, 如除道之除, 修治也. 滌除, 與易所謂潔淨, 同意.
玄覽, 言玄玄衆妙之門, 究極觀覽是. 盖道之本原, 於此見得. 一
有疵焉, 則其爲道, 亦隨而差矣. 此以上道之體也.

'깨끗하게 씻어내다'(滌)는 것은 깨끗하게 한다는 것이다. '쓸어내다'(除)는 것은 길을 쓸어서 깨끗하게 한다고 할 때의 쓸어내는 것과 같으니, 닦아내고 정리한다는 것이다. '깨끗하게 씻고 쓸어낸다'(滌除)는 것은 『역』에서 이른바 '깨끗이 하다'(潔淨)는 말과 같은 의미이다. '현묘하게 관람한다'(玄覽)는 것은 현묘하고 현묘한 것이 모든 묘한 것의 문이니, 이것을 궁구하고 관람한다는 말이다. 대개 도의 본원을 여기에서알게 되니, 여기에 조금이라도 흠이 있으면, 그 도라고 하는 것이 또한이어서 잘못된다. 이 구절 이상은 도의 본체에 관한 것이다.

愛民治國, 能無爲乎.

---

40) 『朱子語類』卷第一百二十五, 「老子書」, "張以道問, 載營魄與抱一, 能無離
乎之義. 曰, 魄是一, 魂是二, 一是水, 二是火. 二抱一, 火守水, 魂載魄, 動
守靜也. 專氣致柔, 只看他這箇甚麼樣工夫. 專, 非守之謂也, 只是專一無
間斷. 致柔, 是到那柔之極處. 纔有一毫發露, 便是剛, 這氣便粗了."

백성을 아껴주고 나라를 다스리면서 무엇인가 시행하는 것을 없앨
수 있겠는가?

涑水司馬氏曰, 善愛民者, 任其自生, 遂而勿傷, 善治國者, 任物
以能, 不勞而成.
속수사마涑水司馬씨는 "백성을 잘 아껴주는 자는 백성들이 스스로 살
아가는 대로 맡겨놓고 일을 이루면서 해치지 않으며, 나라를 잘 다스리
는 자는 사물이 능력을 발휘하도록 맡겨놓고 수고하지 않으면서 일을
이룬다."[41]라고 했다.

天門開闔, 能爲雌乎.
천문이 열리고 닫힘에 [그것을 본받아서] 암컷처럼 [고요하게] 할
수 있겠는가?

天門, 玄牝之門, 所以爲天地根者也. 開者, 陽之動, 闔者, 陰之
靜. 蓋言應物之際, 法天地之造化, 靜本於動, 而常守其靜也.
천문은 현묘한 암컷이 출입하는 문이니, 천지의 뿌리가 되는 것이다.
열린다(開)는 것은 양기의 움직임이고, 닫힌다(闔)는 것은 음기의 고요
함이다. 대개 사물에 응할 때는 천지의 조화를 본받아 고요함이 움직임
의 뿌리가 되니, 항상 그 고요함을 유지하고 있다는 말이다.[42]

---

41) 『道德眞經論』 卷一第五의 註, "善愛民者, 任其自生, 遂而勿傷, 善治國者,
任物以能, 不勞而成."; 『老子集解』 10章註, "四馬溫公曰, '善愛民者, 任其
自生, 遂而勿傷, 善治國者, 任物以能, 不勞而成.'"
42) 『道德指歸』 6장의 "玄牝之門, 是謂天地根." 구절에 대한 다음의 주를 참고할
필요가 있다. "문門이란 출입이 시작되는 곳이다. 뿌리(根)란 나무의 근본이
다. 동지 때에 기운의 기틀(氣機)이 깊고 고요해 천지는 비어있고 적막하니,

明白四達, 能無知乎.

아주 분명히 알고 사통팔달 하면서 아무 것도 아는 것이 없는 것처럼 할 수 있겠는가?

天下事物之理, 無論常變, 明白周知, 四通八達, 而猶且若無所知, 自視樸愚, 則其不有不恃, 爲如何哉. 堯明知鯀之不可用, 及聞四岳試可乃已之言, 不得已用之. 盖聖人之治天下, 明睿雖無所不照. 然順萬物之情, 使是非賢不肖, 各得其分, 而己之知不勞焉. 此所以有天下而不與焉者也.

천하사물의 이치는 물론 일정한 변화를 명백하게 두루 알아 사통팔달 했는데도 오히려 또한 아무 것도 아는 것이 없는 것처럼 하고 자신을 소박하고 어리석은 듯이 여긴다면, [무엇인가 낳아 놓고도 그 공을] 소유하지 않고 [무엇인가 이루어 놓고도 그것에] 의지하지 않는 것이 어느 정도이겠는가? 요堯43) 임금은 곤鯀44)의 등용이 불가함을 분명히 알면서도 "등용해도 되는지 시험해보고 그만 둬야 합니다."라는 '사방 제후를 통솔하는 장관'(四岳)들의 말을 듣게 되자 할 수 없이 등용했다.45)

또한 현묘한 가운데 또 현묘한 것이며 비어있는 가운데 또 비어있는 것이라고 할 수 있다. 그렇지만 하나의 양기가 여기에서부터 비로소 움직이니, '고요하게 비어있음'(靜虛)이 바로 하나의 양기가 출입하는 문이다. 하나의 양기가 춘하추동을 생장시켜 이루는 것이 되니, 하나의 양기가 바로 천지의 뿌리이다.(門者, 出入之始也. 根者, 樹木之本也. 冬至之時, 氣機潛靜, 天地空寂, 亦可謂玄之又玄, 虛之又虛矣. 然一陽之氣, 由是初動, 則靜虛者, 乃一陽之門也. 是一陽爲春夏秋冬之生長遂成, 則一陽者, 乃天地之根也.)"

43) 요堯 : 고대 제왕의 이름이다.

44) 곤鯀 : 우왕禹王 아버지의 이름이다.

45) 『尙書』,「堯典」, "帝曰, 咨四岳, 湯湯洪水方割, 蕩蕩懷山襄陵, 浩浩滔天, 下民其咨, 有能俾乂. 僉曰, 於, 鯀哉. 帝曰, 吁, 咈哉. 方命圮族. 岳曰, 异哉, 試可乃已. 帝曰, 往欽哉. 九載績用弗成."

대개 성인이 천하를 다스림에 총명하기가 비추지 않는 것이 없다. 그렇지만 만물의 실정에 따라서 옳고 그른 것과 잘나고 못난 것들이 제각기 그 분수를 얻도록 하고 자신의 지력(知)을 수고롭게 하는 일이 없다. 이런 것이 "천하를 소유하고서도 관여하지 않는다."[46]는 것이다.

生之畜之. 生而不有. 爲而不恃, 長而不宰, 是謂玄德. 畜, 許六反, 長, 上聲.

[이상의 경지를 체득한 사람은] 무엇인가 낳아놓고 길러준다. 그런데 무엇인가 낳아 놓고도 그 공을 소유하지 않고, 무엇인가 이루어 놓고도 그것에 의지하지 않으며, 사람들을 성장시켜 놓고도 맡아 다스리지 않는다. 이것을 현묘한 덕이라고 한다. 축畜자의 음은 허許자의 'ㅎ'과 육六자의 'ㅠ'을 합한 훅이고, 장長자는 상성이다.

長, 長人也, 宰, 主張也. 玄德, 玄之又玄之德, 盖至是, 渾然太極之無名矣. 此以上道之用也.

'성장시킨다'(長)는 것은 사람을 가르쳐 인도한다는 말이고, '맡아 다스린다'(宰)는 것은 주재한다는 말이다. '현묘한 덕'(玄德)은 현묘하고 또 현묘한 덕이니, 대개 이런 경지에 도달하면 이름 없는 태극과 일체가 된다. 이 구절 이상은 도의 작용에 관한 설명이다.

右第十章.

위의 것은 제10장이다.

---

46) 『孟子』, 「滕文公章句上」, "孔子曰, 大哉堯之爲君. 惟天爲大, 惟堯則之, 蕩蕩乎民無能名焉. 君哉舜也. 巍巍乎有天下而不與焉."

自第二章至此, [凡九章爲一節, 而][47]言煉精煉氣煉神之功用, 爲
詩語, 首尾叶一韻. 古人言心, 以爲言有盡, 而意無窮也, 必以詩
語歎發之. 觀於洪範, 皇[48]極之無偏無黨, 亦可驗也.

제2장부터 여기 10장까지는 [모든 9장을 하나의 절로 삼아] 정精·기氣
·신神을 단련하는 공용을 말했는데, 시를 짓듯이 표현해 수미首尾에
한 글자씩 협운叶韻[49]으로 했다. 옛 사람은 마음을 표현함에 말로는
한계가 있지만 뜻으로는 무궁하다고 생각했으니, 반드시 시를 짓듯이
읊으면서 표현했다. 「홍범洪範」의 "임금의 지극함(皇極)은 치우침과
무리지음이 없다."[50]는 구절을 보면 또한 증험할 수 있다.

---

47) "凡九章爲一節, 而"는 옮긴이가 보충한 것으로 16장과 23장과 31장 등의 끝
에서 "제11장부터 여기 16장까지 모든 6장을 하나의 절로 삼아 태극 속에
육(六 : 노음)이 있음을 상징했다.(自第十一章至此, 凡六章爲一節, 而象太
極之含六.)"라는 말과 "제17장부터 여기[23장]까지 모든 7장을 하나의 절로
삼아 소양少陽 속에 칠七이 있음을 상징했다.(自第十七章至此, 凡七章爲一
節, 而象少陽之含七.)"라는 말과 "제24장부터 여기 31장까지 모든 8장을 하
나의 절로 삼아 소음少陰 속에 팔八이 있음을 상징했다.(自第二十四章至此,
凡八章爲一節, 而象少陰之含八.)"라는 말을 참고한 것이다.

48) 皇 : 필사본에는 '중重'자로 되어 있는데 '황皇'자의 오기로 보여 수정한 것이다.

49) 협운叶韻 : 어떤 음운音韻의 글자가 때로는 다른 음운과 통용되는 일. 예를
들면 『易經』의 "日昃之離, 不鼓岳而歌"에서 이離와 가歌는 원래 통운通韻이
아니지만 이離의 운韻을 가歌의 운에 통용通用하게 하여 가歌와 운을 맞추는
데, 이 경우에 이離의 운은 협운이다.

50) 『尙書』, 「周書」, 「洪範第六」, "五, 皇極, 皇建其有極, 斂時五福, 用敷錫厥庶
民, 惟時厥庶民, 于汝極, 錫汝保極. …… 汝弗能使有好于而家, 時人斯其
辜, 于其無好德, 汝雖錫之福, 其作汝用咎. 無偏無陂, 遵王之義, 無有作好,
遵王之道, 無有作惡, 遵王之路. 無偏無黨, 王道蕩蕩, 無黨無偏, 王道平平,
無反無側, 王道正直, 會其有極, 歸其有極."

제11장

三十輻共一轂, 當其無, 有車之用,

서른 개의 바퀴살이 하나의 바퀴통을 둘러싸고 있는데, 빈곳(無)이
있어야 수레의 효용이 있다.

輻, 輪轑亦稱. 直指轂, 則輻所輳也. 盖輪之爲制, 以三十輻, 外貫
于郭, 內貫于轂, 使相撑持, 而虛無其轂心, 得以受軸. 然後萬轉
不滯, 有車之用, 是無者有之樞也.

'바퀴살'(輻)은 '바퀴의 살'(輪轑)이라고도 한다. '바퀴통'(轂)이라고만
하면 바퀴의 살이 모이는 곳이다. 대개 바퀴의 제작은 서른 개의 바퀴
살을 가지고 밖으로 둘레를 잇게 하고 안으로 바퀴통을 잇게 해 서로
버티도록 하면서 바퀴통의 중심을 비워 굴대를 넣을 수 있도록 한다.
그런 다음에야 바퀴가 아무리 굴러가도 막히지 않아 수레의 효용이 생
기니, 바로 '빈곳은 있음의 긴요한 곳'(無者有之樞)이다.

埏埴以爲器, 當其無, 有器之用,

찰흙을 이겨서 도구를 만드는데 허공이 있어야 도구의 효용이
있다.

埏, 搏凝也, 埴 黏土也. 鑄器者, 鑿地爲範, 而空其中, 搏土納之,
以成器用, 是無者有之生也.

'이기다'(埏)는 말은 이겨서 차지게 한다는 의미이고, 찰흙(埴)은 점토
라는 의미이다. 그릇을 주조할 경우, 땅을 파서 틀을 만드는데 그 속을
비워 이긴 흙을 넣음으로써 '도구의 효용'(器用)[51]을 만드니, 바로 허공
은 있음이 나오는 곳이다.

鑿戶牖以爲室, 當其無, 有室之用,

출입문과 창문을 뚫어서 방을 만드는데 허공이 있어야 방의 효용이
있다.

戶, 所以出入, 牖, 所以通明, 皆虛無其室壁而爲之. 若無戶牖, 雖
有室, 亦不能居止, 是無者有之主也.

출입문(戶)은 사람이 출입하는 곳이고, 창문(牖)은 빛이 들어오는 곳이
니, 모두 방의 벽을 없앰으로써 만든 것이다. 출입문과 창을 내지 않는
다면, 비록 방이 있을지라도 기거할 수 없으니, 바로 허공은 있음의
주인(主)이다.

故有之以爲利, 無之以爲用.

그러므로 있음은 이로움이 되고, 허공은 효용이 된다.

有之以爲利, 指車器室也, 無之以爲用, 指轂埴牖也. 上三者, 若
無下三者, 則不可以爲用. 譬如精氣神, 若不以虛無之道鍊之, 則

---

51) '도구의 효용'(器用) : 평범하게 볼 때, 본문의 의미는 찰흙으로 그릇을 빚음에
그릇 중앙에 공간이 있음으로 도구의 효용이 있다는 것이다. 그런데 서명응은,
도구를 쇠로 주조하는 것으로 주를 달았다. 도구의 주조 방식은 원하는 모형
을 보통 나무 같은 것으로 만들어 놓고 그 외부를 흙이나 모래 같은 것으로
채운 다음, 그 나무 모형을 제거하고 그 공간에 녹인 금속을 넣는 것이다.
서명응은 이런 과정에서 나무 모형 대신 찰흙 모형을 사용하는 것으로 표현했
던 것이다. "땅을 파서 틀을 만드는데, 그 속을 비워 이긴 흙을 넣는다."는
말은 진흙으로 도구의 모형을 만들어 넣는 것에 대한 표현이다. 본문의 마지
막 구절에 대한 주에서 "'허공은 효용이 된다'(無之以爲用)는 말은 바퀴통(轂)
·찰흙(埴)·창문(牖)을 지적한다."는 말이 이에 대한 증거로 찰흙 모형으로
녹인 금속을 넣을 공간을 만든다는 의미이다.

不足以爲精氣神之用也.

'있음은 이로움이 된다'(有之以爲利)는 말은 수레(車)·그릇(器)·방(室)을 지시하고, '허공은 효용이 된다'(無之以爲用)는 말은 바퀴통(轂)·찰흙(埴)·창문(牖)을 가리킨다. 위의 세 가지에 만약 아래의 세 가지가 없다면 그 효용이 있을 수 없다. 비유하자면 정精·기氣·신神과 같으니, '허무의 도'(虛無之道)로써 단련하지 않는다면 정·기·신이라는 효용이 되기에 부족하다는 것이다.

右第十一章.

위의 것은 제11장이다.

제12장

五色令人目盲,

아름다운 색은 사람들의 눈을 멀게 하고,

五色可以養人之目, 而一向耽溺, 則令人目盲. 醫書亦言, 玩好器服, 致蠱瘝之疾.

아름다운 색은 사람들의 눈을 길러주지만, 한쪽으로 탐닉하면 도리어 사람들의 눈을 멀게 한다. 의학서적에서도 "물건과 의복을 너무 좋아하면 어지럼병이 생긴다."[52]고 했다.

五音令人耳聾,

아름다운 소리는 사람들의 귀를 멀게 하며,

五音可以養人之耳, 而一向好樂, 則令人耳聾. 耳聾, 謂聽不聰也. 又按五音指俗樂之淫哇, 雖以下文五味推之, 亦可知其然. 盖老子之道, 欲以本始之無, 而主宰末終之有, 則如羲軒之荒樂雲門, 乃樂之本始, 雖老子, 豈可曰令人耳聾耶.

아름다운 소리는 사람들의 귀를 길러 주지만 한쪽으로 너무 즐길 경우, 사람들의 귀를 멀게 한다. '귀를 멀게 한다'(耳聾)는 것은 청각이 밝지 못하게 되는 것이다. 또 살펴보건대 아름다운 소리(五音)는 음란한 세속의 음악을 가리키니, 아래의 구절에서 맛있는 음식을 가지고 미루어 보더라도 그렇다는 것을 알 수 있다. 노자의 도가 '시초의 무'(本始之無)를 가지고 '종말의 유'(末終之有)를 주재하고자 하는 것이라면, '복희

---

52) 출처를 찾지 못하였다.

씨53)와 헌원씨'54)의 황악荒樂과 운문雲門이 바로 음악의 시초인 것과
같으니, 노자일지라도 어찌 이런 음악이 사람들의 청각을 해친다고 말
할 수 있겠는가?

五味令人口爽,

맛있는 음식은 사람들의 미각을 잘못되게 하고,

爽, 失也, 言失其口味也. 五味可以養人之口, 而一向嗜悅, 則令
人傷胃, 以至於口味之失也. 醫書亦濃厚之味, 傷人脾胃.

'잘못되게 한다'(爽)는 것은 잃게 한다는 것으로 입맛을 잃게 한다는
말이다. 맛있는 음식은 사람들의 구미를 돋게 하지만 그쪽으로만 너무
즐길 경우, 사람들에게 위장을 해치게 해서 입맛을 잃게 만든다. 의학
서적에서도 "너무 기름진 음식은 비위를 해친다."55)고 했다.

馳騁田獵令人心發狂.

말달리고 사냥하는 것은 사람들의 마음을 미치게 한다.

---

53) 복희씨 : 상고시대上古時代의 제왕帝王으로 삼황三皇 중의 한 사람이다. 백성
   에게 어업·수렵·농경·목축을 가르쳤으며, 처음으로 팔괘八卦를 만들었다고
   한다.
54) 헌원씨 : 옛날 제왕의 이름이다. 소전씨少典氏의 아들로 성姓은 공손公孫이
   다. 헌원軒轅의 언덕에서 출생하였기 때문에 헌원씨라고 이름 붙였다. 복희
   씨伏羲氏·신농씨神農氏와 더불어 삼황三皇이라 일컫는다. 기원전 2700년경
   천하를 통일하여 문자·수레·배 등을 만들고 도량형度量衡·약법藥法·역법
   曆法·음악音樂·잠업蠶業 등 많은 문물과 제도를 확립하였다. 재위 100년에
   붕崩하였다.
55) 『御纂醫宗金鑑』 27권 : "…, 若過飮無度, 輕則傷人脾胃, 重則損人神氣. …."

四時蒐獮, 可以節人之勞佚, 而一向馳逐, 則令人蕩佚倡狂也.

사계절에 적당히 사냥을 하면 사람들의 노력과 편함을 절도에 맞게 하지만 그쪽으로만 달려갈 경우, 사람들을 방탕하게 해서 미치게 만든다.

難得之貨令人行妨. 行, 去聲

얻기 어려운 재물은 사람들의 행동에 걸림돌이 된다. 행行자는 거성으로 사용되었다.

貨財可以資人之日用, 而一向貪得, 則令人妨害行實也.

재물은 사람들의 일상생활에 근본이 되지만 그쪽으로만 너무 탐욕스럽게 모을 경우, 사람들의 행실에 걸림돌이 된다.

是以聖人爲腹不爲目, 去彼取此. 爲, 幷去聲.

이 때문에 성인은 배를 위해주고 눈을 위해주지 않으며, 저것을 버리고 이것을 취한다. 위爲자는 모두 거성으로 사용되었다.

腹卽精氣神之以無制有也, 目卽上文五者之以有爲有也. 彼以目言, 此以腹言, 總結上文.

배(腹)는 곧 정精·기氣·신神의 경우에서 무를 가지고 유를 제어하는 것이고, 눈(目)은 곧 위 구절에서 말한 다섯 가지 경우에서 유를 가지고 유를 다스리는 것이다. 저것은 눈을 가지고 말한 것이고, 이것은 배를 가지고 말한 것으로 이상의 글들을 총괄하여 매듭지은 것이다.

右第十二章.

위의 것은 제12장이다.

제13장

寵辱若驚.

총애를 얻거나 치욕을 당하거나 마치 깜짝 놀란 것처럼 한다.

寵之中必有辱焉, 故得寵若驚者, 亦是得辱若驚也.

총애 속에 반드시 치욕이 있기 때문에 총애를 얻을 때 마치 깜짝 놀란 듯이 하는 것이 또한 치욕을 당할 때 마치 깜짝 놀란 것처럼 하는 것이다.

貴大患若身.

귀하게 되거나 큰 환란을 당하거나 [그렇게 된 것을] 마치 자신처럼 여긴다.

貴之中必有大患焉, 故得貴若身者, 亦是得大患若身也.

귀한 가운데 반드시 큰 환란이 있기 때문에 귀하게 되었을 때 [그렇게 된 것을] 자신처럼 여기는 것이 또한 큰 환란을 당했을 때 [그렇게 된 것을] 마치 자신처럼 여기는 것이다.

何謂寵辱. 寵爲下, 得之若驚, 失之若驚. 是謂寵辱若驚.

무엇이 총애를 얻는 것이고 치욕을 당하는 것인가? 총애를 얻는 것은 [남의] 아래 사람이 되는 것이니, 그것을 얻어도 마치 깜짝 놀란 것처럼 하고 그것을 잃어도 마치 깜짝 놀란 것처럼 한다. 이 것이 총애를 얻거나 치욕을 당하거나 마치 깜짝 놀란 것처럼 한다 는 말이다.

寵者, 人與之人奪之, 是爲人下者之事. 夫既寵之終, 必奪之, 是
寵者, 辱之藏. 今反以得失, 動于中, 豈非俱驚於寵辱者哉.

총애란 남이 주고 빼앗는 것이니, 바로 남의 아래 사람이 되었을 때
생기는 일이다. 총애가 다하고 나면 반드시 빼앗아가니, 바로 총애란
치욕이 숨어 있는 곳이다. 이제 득실을 돌이켜서 중용에 따라 행동하
니, 총애를 얻거나 치욕을 당하거나 어찌 모두 놀라지 않겠는가?

**何謂貴大患若身. 吾所以有大患者, 爲吾有身. 及吾無身, 吾
有何患.** 爲, 去聲.

귀하게 되거나 큰 환란을 당하거나 [그것을] 마치 자신처럼 여긴다
는 말은 무슨 의미인가? 나에게 큰 환란이 있는 것은 내가 자신을
의식하기 때문이다. 내가 자신을 의식하지 않는다면[56] 나에게 무
슨 환란이 있겠는가? 위爲자는 거성으로 사용되었다.

---

56) '유有'자를 '의식하다'로 '무無'자를 '의식하지 않다'로 번역했는데, 『孟子』「萬章
下」에도 有·無에 대해 이렇게 해석할 수 있는 구절이 있다. "만장이 물었다.
'감히 벗하는 것에 대해 여쭙겠습니다.' 맹자께서 말씀하셨다 '나이가 많은 것을
내세우지 않고 귀한 것을 내세우지 않으며 형제를 내세우지 않는 것이다. 벗하
는 것은 그의 덕을 벗하는 것이니, 내세우는 것이 있어서는 안 된다. 맹헌자는
백승이나 되는 집안의 사람이었다. 다섯을 벗으로 했는데, 낙정구樂正裘와 목
중牧仲이고 나머지 셋에 대해서는 잊었다. 헌자가 이 다섯과 벗할 적에 자신의
집안에 대해 의식하지 않았는데, 이 다섯 사람이 또 헌자의 집안에 대해 의식했
다면 헌자와 벗하지 않았을 것이다.'(萬章問曰, 敢問友. 孟子曰, 不挾長, 不
挾貴, 不挾兄弟而友. 友也者, 友其德也, 不可以有挾也. 孟獻子, 百乘之家
也, 有友五人焉. 樂正裘牧仲, 其三人, 則予忘之矣. 獻子之與此五人者友也,
無獻子之家者也. 此五人者, 亦有獻子之家, 則不與之友矣.)" 집소集疏를 참
고했기 때문에 주주朱註를 기준으로 해석한 것과는 다소 다르다.

貴則能與人奪人, 雖不可比於寵爲下者, 然其失之, 願爲匹夫而不可得, 則其有大患, 又非辱之比也. 凡人不知貴之有大患, 而愛惜者, 以自有其身, 樂爲人承奉也. 若以無制有, 視有其身若無, 則何有於貴, 又何有於大患哉.

귀하게 되면 사람들에게 [생사를] 주거나 빼앗을 수 있어 비록 총애를 받아 남의 신하가 되는 것 정도에는 비교할 수 없을지라도 그것을 잃게 되면 필부가 되고 싶어도 될 수 없으니, 귀한 자가 큰 환난을 당하는 것은 또 치욕을 당하는 것 정도에 비교할 수 있는 것이 아니다. 그런데 범인들은 귀함에는 큰 환란이 따른다는 것을 알지 못하고 [그것을 얻지 못해] 애석하게 여기니, 그것은 스스로 그 자신을 의식해서 남들이 받들어주는 것을 좋아하기 때문이다. 만약 무로 유를 제어해서 자신이 있는 것에 대해 마치 없는 것처럼 본다면, 어디에 고귀함이 있고 어디에 큰 환란이 있겠는가?

故貴以身爲天下者, 可以寄天下, 愛以身爲天下者, 可以托[57] 天下.

그러므로 귀하게 여기는 것이 자신을 천하로 여기는 것이라면 천하를 맡길 수 있고, 아끼는 것이 자신을 천하로 여기는 것이라면 천하를 의탁할 수 있다.[58]

---

57) 托 :『老子集解』에는 '託'자로 되어 있다.

58)『老子集解』, 12章 "故貴以身爲天下者, 可以寄天下, 愛以身爲天下者, 可以託天下." 구절에 대한 주, "사람이 부귀에 얽매일 경우 '성명의 정'(性命之情)을 스스로 다스릴 수 없으니, 그런 상태로 임금이 되면 세상을 소란스럽게 하지 않을 수 있겠는가? 귀하게 여기는 것이 자신을 천하로 여기는 것이고 아끼는 것이 자신을 천하로 여기는 것이라면 몸소 천하를 다스리려고 하지

皆無身之應也. 寄天下, 以后王言, 托天下, 以大臣言.

모두 자신을 의식하지 않을 때 나타나는 감응이다. '천하를 맡긴다'(寄天下)는 구절은 임금을 기준으로 말했고, '천하를 의탁한다'(托天下)는 구절은 대신을 기준으로 말했다.

右第十三章.

위의 것은 제13장이다.

않을 것이다. 지인至人은 뱃속의 상태를 헤아리며 음식을 먹고 몸의 형태를 재보며 옷을 입으니, 세상의 봉양을 취하는 것으로 만족할 뿐만은 아니다. 만약 천하라는 부유함과 구주九州라는 봉양이 삶에 무익하고 우환거리가 되기에 충분하다고 여긴다면, 이것은 천하 다스리는 것을 무겁게 여기기 때문이다. 이런 사람이라면 천하를 맡길 수 있으니, 천하는 모두 그 이로움을 입을 것이다.(人之累於富貴者, 性命之情, 弗能自治, 以居人上, 能無擾乎. 貴以身爲天下, 愛以身爲天下, 未肯以其身爲天下也. 夫至人者, 量腹而食, 度形而衣, 取養於世, 不啻足矣. 若夫天下之富, 九州之養, 無益於生, 而足以爲患, 此所以重爲天下也. 如斯人者, 寄託之以天下, 則天下皆蒙其利矣.)"

제14장

視之不見, 名曰夷, 聽之不聞, 名曰希, 搏之不得, 名曰微. 此
三者, 不可致詰, 故混而爲一. 搏, 音博.

보아도 보이지 않는 것을 '빛깔이 없는 것'(夷)이라고 이름 붙이고,
들어도 들리지 않는 것을 '고요한 것'(希)이라고 이름붙이며, 잡아
도 잡히지 않는 것을 '은미한 것'(微)이라고 이름 붙인다. 이 세
가지는 있는지 없는지 확인할 수 없으므로, 뒤섞어서 하나로 여긴
다. 搏박자는 음이 박이다.

視不見, 聽不聞, 以太極之無而言之, 搏不得, 以陰陽之無而言
之. 夷希, 全無矣, 微, 則若有而實無也. 詰, 詰其有無也. 混而爲
一, 太極陰陽, 混而爲一也.

보아도 보이지 않고 들어도 들리지 않는다는 것은 태극의 무를 가지고
말한 것이고, 잡아도 잡히지 않는다는 것은 음양의 무를 가지고 말한
것이다. '빛깔이 없는 것'(夷)과 '고요한 것'(希)은 '완전한 무'(全無)를
의미하고, '은미한 것'(微)은 있는 것 같지만 실제로 없는 것을 의미한
다. '확인한다'(詰)는 것은 있는지 없는지를 확인한다는 의미이다. '뒤
섞어서 하나로 여긴다'(混而爲一)는 것은 태극과 음양을 뒤섞어서 하나
로 여긴다는 의미이다.

其上不曒, 其下不昧, 繩繩不可名, 復歸於無物. 曒, 音皎.
그것들은 위로 올라갈지라도 밝은 적이 없고 아래로 내려갈지라도
어두운 적이 없이 끊임없이 이어지는데도 무엇이라고 이름 붙일
수 없으니, 아무 것도 없음으로 복귀한다. 曒교자는 음이 교이다.

皦, 明也. 太極, 樞紐, 陰陽噓之, 而極于上, 未嘗加明, 吸之, 而極
于下, 未嘗加昧, 繩繩然變化于中, 亦不可以名之, 及其終, 則寂
然復歸於無物. 是盖老子極言無之本原, 無極如此云.

'밝다'(皦)는 것은 분명하다는 의미이다. 태극이 핵심(樞紐)이니, 음양
이 모든 것을 토해내면서 위로 끝까지 갈지라도 밝음을 더하는 적이
없고, 모든 것을 받아들여 아래로 끝까지 갈지라도 어두움을 더하는
적이 없다. 그 가운데에서 끊임없이 이어지며 변화하는데도 또한 무엇
이라고 이름 붙일 수 없으니, 종극에는 고요히 아무 것도 없음으로 복
귀한다. 이것은 대개 노자가 무의 본원에 대해 지극하게 설명한 것으
로, 무극이 이와 같다고들 한다.

**是謂無狀之狀, 無像之像. 是謂惚恍, 迎之不見其首, 隨之不
見其後.**

이런 것을 조짐 없는 조짐이라 하고 형태 없는 형태라 한다. 이런
것을 황홀한 것이라 하니, 앞에서 맞이해도 그 앞모습을 볼 수 없
고, 뒤따라가도 그 뒷모습을 볼 수 없다.

恍惚, 所以形容其不可執一之意而已. 至莊生遂流爲荒唐, 非老
子之本旨也. 不見其首, 不見其後, 猶朱子太極圖解, 所謂推之於
前, 而不見其始, 引之於後, 而不見其終也. 當周之末, 吾夫子繫
辭之外, 狀出道體, 未有若斯之明且備者云.

'황홀하다'(惚恍)는 것은 하나(一)로 포착할 수 없다는 의미를 표현한
것일 뿐이다. 그런데 장자로 이어지면서 마침내 말류로 흘러가서 황당
하게 되었으니, 노자의 본래 의도가 아니다. '그 앞모습을 볼 수 없고
그 뒷모습을 볼 수 없다'(不見其首不見其後)는 말은 주자께서 『태극도
해太極圖解』에서 "앞에서 밀어도 그 시작을 볼 수 없고, 뒤에서 당겨도

그 끝을 볼 수 없다."[59]라고 하신 말씀과 같다. 주대周代 말기에 공자의 「계사전」[60] 외에 도체를 설명해 낸 것으로 이처럼 분명하고 자세한 것은 없었다고들 한다.

執古之道, 以御今之有, 能知古始, 是謂道紀.

옛날의 도를 가지고 지금의 유를 제어하며 태고의 시작을 알 수 있으니, 이것을 도의 벼리라고 한다.

羲農, 太古之始, 泊如醇如. 乃陰陽肇始, 太極爲之機緘, 而道之虛無者然也. 及至周末, 繁文益勝, 實德漸斲, 則又是氣化之終, 淑慝斯分. 突沴由此而生, 禍患由此而作, 而道之虛無者, 不復可見也. 故欲執羲農至無之古道, 用制周末至有之人事, 而以簡馭煩, 以靜馭動也. 紀, 附綱大繩, 所以貫衆目者也. 以古道之無, 而貫今道之有, 故曰道紀.

복희씨와 신농씨[61] 때는 태고의 시작이어서 조용하고 순수했다. 이에 음양이 처음으로 시작되자 태극이 그 근본이 되었으니, '도의 비어 있음'(道之虛無)이 그런 것이다. 그런데 주대 말기가 되자 문식에 얽매임이 더욱 기승을 부려 참다운 덕이 점차 없어졌으니, 또 이것은 '기가 변화한 종국'(氣化之終)에 선한 기운(淑)과 사특한 기운(慝)이 나누어진 것이다. 사납고 요사스러운 기운이 이 때문에 생겨나고 재앙이 이

---

59) 『太極圖說』, "太極動而生陽, …, 分陰分陽, 兩儀立焉." 구절에 대한 주, "雖然, 推之於前, 而不見其始之合, 引之於後, 而不見其終之離也."

60) 계사전 : 공자가 『주역』을 설명한 글이다.

61) 신농씨 : 중국 고대 전설 속의 제왕으로 백성에게 농경을 가르쳤고, 시장을 개설하여 교역의 길을 열었다고 한다. 농업의 신, 의약의 신, 역易의 신, 불의 신으로 숭앙된다. 염제炎帝라고도 한다.

때문에 일어나서 도의 비어 있음이 다시 나타날 수 없었다. 그러므로 [노자는] 복희씨나 신농씨 때의 '지극한 무'(至無)인 옛 도를 가지고 주대 말기의 '지극한 유'(至有)인 인사人事를 다스리면서, 간략한 것으로 번거로운 것을 제어하고, 고요한 것으로 움직이는 것을 제압하고자 한 것이다. 본문의 벼리(紀)라는 말은 의지하도록 묶는 큰 줄이니 모든 그물눈을 꿰는 것이다. 무無라는 태고의 도로 유有라는 지금의 도를 꿰므로 '도의 벼리'(道紀)라고 했다.

右第十四章.
위의 것은 제14장이다.

86

제15장

古之善爲士者, 微妙玄通, 深不可識.

옛날의 훌륭한 선비는 미묘하고 그윽하게 통해서 깊이를 알 수 없었다.

微妙玄通, 言其內也, 深不可識, 言其外也, 皆無之效也.

'미묘하고 그윽하게 통했다'(微妙玄通)는 말은 훌륭한 선비의 내면을 말한 것이고, '깊이를 알 수 없었다'(深不可識)는 것은 훌륭한 선비의 외면을 말한 것이니, 모두 '무의 공효'(無之效)이다.

夫惟不可識, 故强爲之容. 强, 去聲.

유독 알 수 없었기 때문에 억지로라도 그 모양을 다음처럼 형용했다. 강강(强)자는 거성으로 사용되었다.

强爲之形容, 以髣髴其氣像也.

억지로라도 그 모양을 형용한다는 것은 그렇게 하는 것으로써 그 기상에 비슷하게 한다는 것이다.

豫兮若冬涉川, 猶兮若畏四隣, 儼若客, 渙若氷[62]之將釋, 敦兮其若樸, 曠兮其若谷, 混兮其若濁. 敦, 音堆.

망설이는 것은 마치 겨울에 내를 건너는 것과 같고, 어쩔 줄 모르는 것은 마치 사방의 인접국을 두려워하는 것과 같으며, 점잖기는

---

62) 氷 : 『老子集解』에는 '빙冰'자로 되어 있다.

손님과 같고, 녹아버리는 것은 얼음 풀리는 것과 같으며, 순박한 것은 통나무와 같고, 횅하게 있는 것은 계곡과 같으며, 혼탁하게 있는 것은 흐린 물과 같다. 퇴敦자는 음이 퇴堆[63]이다.

此, 深不可識也. 七若字, 亦以氣象言之, 猶第四章之兩似字. 豫猶, 皆不果之意. 敦, 與椎古通用. 曠, 空也. 冬涉川, 吞且也. 畏四隣, 謹愼也. 儼若客, 如寄也. 氷將釋, 恐陷也. 其若樸, 少文也. 其若谷, 至虛也. 其若濁, 處惡也.

여기는 위의 '깊이를 알 수 없었다'는 구절에 대한 설명이다. 본문에서 일곱 번의 '같다'(若)는 말도 기상을 가지고 말했던 것이니, 제4장 본문에서 두 번의 '같다'(似)[64]는 말과 같은 의미이다. 본문의 '망설이는 것'(豫)이라는 말과 '어쩔 줄 모르는 것'(猶)이라는 말은 모두 결단성이 없다는 뜻이다. '순박할 돈'(敦)자는 '순박할 추'(椎)자와 옛날에는 통용되었다. '덩그렇게 있는 것'(曠)이라는 말은 비워놓고 있다는 의미이다. [망설이는 것이 마치] 겨울에 내를 건너는 [것과 같다는] 것은 한숨을 쉬며 머뭇거린다는 것이다. [어쩔 줄 모르는 것이 마치] 사방의 인접국을 두려워하는 [것과 같다는] 것은 근신한다는 것이다. 점잖기는 손님과 같다는 것은 의탁해 있는 듯하다는 것이다. [녹아버리는 것이] 얼음 풀리는 [것과 같다는] 것은 빠질까 염려한다는 것이다. [순박한 것은]

---

63) '퇴敦'자를 아래의 주에서 '순박할 추'(椎)자와 연결한 것으로 볼 때, '퇴敦'자의 음을 돈敦으로 봐야 할 것 같다. 곧 음을 설명하면서 착오가 있었던 것 같다는 말이다. 돈敦의 음을 퇴로 볼 경우, "敦兮其若樸" 구절은 "버려진 것이 통나무 같았다."로 번역되어야 한다.

64) 『道德指歸』, 4章, "채워져 있지 않은 듯하면서 깊고 깊으니 만물의 근본인 것 같구나. ……, 빛나는 지혜를 섞고 더러움을 같이하니, 고요히 무엇인가가 존재하는 것 같다.(或不盈淵乎, 似萬物之宗. ……, 和其光, 同其塵, 湛乎似或存.)"

통나무와 같다는 것은 모양을 별로 내지 않는다는 것이다. [횅하게 있는 것은] 계곡과 같다는 것은 지극하게 비어있다는 것이다. [혼탁하게 있는 것은] 흐린 물과 같다는 것은 더러운 것에 머물러있다는 것이다.

孰能濁以靜之徐淸, 孰能安以久之徐生.

누가 능히 흐리면 흐린 그대로 고요하게 하면서 서서히 맑아지게 할 수 있으며, 누가 능히 편하면 편한 그대로 오래도록 있으면서 서서히 새로운 것이 나오게 할 수 있겠는가?

此, 微妙玄通也. 以, 用也, 濁以, 謂用濁之道也, 安以, 謂用安之 道也. 大寧薛氏曰, 井汲之多, 必渾, 木徙之數, 必斃. 人之性情, 有似於此. 除情止念, 則垢濁去, 而天光發, 收視返聽, 則精神定, 而眞氣生. 能從事於此, 由麤入妙, 則亦若古之有道者矣.

여기는 미묘하고 그윽하게 통했다는 것에 대한 설명이다. '…하면 …한 그대로'(以)라는 말은 그대로 사용한다는 의미이니, '흐리면 흐린 그대로'(濁以)라는 것은 흐림에 사용하는 방법을 말하고, '편하면 편한 그대로'(安以)라는 것은 편안함에 사용하는 방법을 말한다. 대녕설大寧薛씨는 "우물에 물을 길어 가는 것이 많으면 반드시 물이 혼탁해지고, 나무를 자주 옮겨 심으면 반드시 죽는다. 사람의 성정性情에도 이와 유사한 점이 있다. 정념을 제거하고 멈추면, 때 끼고 흐린 것이 사라져 하늘의 빛이 발하고, 보는 것을 거두고 듣는 것을 되돌리면, 정신이 안정되어서 '참된 기운'(眞氣)이 나온다. 이렇게 해서 거친 것에서 현묘한 것으로 들어갈 수 있으면, 옛날에 도를 체득한 사람과 같아질 것이다."[65]라고 했다.

---

65) 『老子集解』, 15章註, "…, …. 井汲之多, 必渾, 木徙之數, 必斃. 人之性情, 有似於此. 除情止念, 則垢濁去, 而天光發, 收視返聽, 則精神定, 而眞氣生. 曰

保此道者, 不欲盈. 夫惟不盈, 故能敝不新成.

이 도를 유지하는 자는 가득 채우려고 하지 않는다. 단지 가득 채우려고 하지 않기 때문에 낡게 되어서 새롭게 완성할 일이 없다.

盈則必虧, 天道之常. 故人當謙虛其志, 不使滿盈, 然後可以常保有此道也. 敝不新成, 語意若曰, 初不弊破而新成也.

가득 차면 반드시 이지러지는 것이 천도의 한결같음이다. 그러므로 사람들은 자신의 마음(志)을 겸허하게 하고 가득 채우지 않게 한 다음에 영원히 이 도를 유지할 수 있다. 본문의 '낡게 되어 새롭게 완성할 일이 없다.'(敝不新成)는 것은 그 말의 의미에 있어 "애초부터 낡게 되고 부서져서 새롭게 완성할 일이 없다."고 하는 것과 같다.

右第十五章.

위의 것은 제15장이다.

熟能者, 勉人之辭也. 人能從事於此, 迺可以從麤入妙, 亦若古之有道者矣."

제16장

致虛極,

비움의 극치에 도달하고,

太極本虛, 故人心致虛之極, 則太極於是乎著矣.

태극은 본래 비어 있기 때문에 사람의 마음이 비움의 극치에 도달하면
태극이 여기에서 드러난다.

守靜篤.

고요함의 독실함을 유지한다.

陽動陰靜, 而陰靜乃其本質. 故守靜之篤, 則陽動由是立矣.

양은 움직이고 음은 고요하니, 음의 고요함이 바로 그 본질이다. 그러
므로 고요함의 독실함을 유지하면, 양의 움직임이 이로부터 확립된다.

萬物幷[66]作, 吾以觀復.

그러니 만물이 다 함께 흥기할 때 나는 위의 방법을 가지고 [하나
의 양기가 동지에 처음으로] 회복되는 것에 대해 살핀다.

此以下, 守靜篤也. 言人皆樂觀夫春夏發生之時, 萬物幷有, 而吾
獨觀於冬至靜寂之中, 一陽來復也. 此先王之至日閉關, 而道之
所以本於靜也.

---

66) 幷 : 『老子集解』에는 '並'자로 되어 있다.

이 구절 이하는 고요함의 독실함을 유지하는 것에 대한 설명이다. 사람들은 모두 봄과 여름의 발생하는 시기에 만물이 함께 있는 것을 즐겁게 보지만, 나 홀로 동지의 고요하고 적막한 가운데에 하나의 양기가 와서 회복되는 것에[67] 대해 살핀다는 말이다. 이것이 동짓날에 선왕이 문을 닫고 사람을 만나지 않는 것이니, 도는 고요함에 근본을 두고 있기 때문이다.

夫物芸芸, 各歸其根. 歸根曰靜, 靜曰復命, 復命曰常, 知常曰明.

사물이 무성하게 될지라도 제각기 그 근본으로 되돌아간다. 근본으로 되돌아가는 것이 고요함이고, 고요함이 천명을 회복하는 것이며, 천명을 회복하는 것이 한결같음이고, 한결같음을 아는 것이 밝음이다.

芸芸, 衆多貌. 歸根曰靜, 言春夏之芸芸至有者, 及冬歸藏本根而至無也. 靜曰復命, 言必靜寂至無, 然後一陽之爲天命化化生生者, 方始來復也. 復命曰常, 言一陽初復之時, 以味則玄酒, 以聲則希音, 而乃是常道常名也. 知常曰明, 言必知常道常名, 然後方爲明知. 若春夏之芸芸至有, 夫人而皆知之也.

'무성하게 된다'(芸芸)라는 것은 많은 모양이다. '근본으로 되돌아가는 것이 고요함이다'(歸根曰靜)라는 것은 있음을 지극하게 하던 봄과 여름의 무성함이 겨울에 근본으로 되돌아가고 숨어서 없음을 지극하게 한다는 말이다. '고요함이 천명을 회복하는 것이다'(靜曰復命)라는 것은

---

67) 『易經』,「復卦」, "反復其道, 七日來復, 利有攸往. 象曰, …. 反復其道七日來復, 天行也."

반드시 고요하고 적막하게 해서 없음을 지극하게 한 다음에 하나의 양기가 천명에 의해 드러나고 드러나게 되어 바야흐로 비로소 와서 회복된다[68]는 말이다. '천명을 회복하는 것이 한결같음이다'(復命曰常)라는 것은 하나의 양기가 처음으로 회복되는 때는 맛으로 보면 '맑은 찬물'(玄酒)이고 소리로 보면 '들리지 않는 소리'(希音)이니, 바로 이것이 한결같은 도이고 한결같은 이름이라는 말이다. '한결같음을 아는 것이 밝음이다'(知常曰明)라는 것은 반드시 한결같은 도와 한결같은 이름을 알고 난 다음에야 바야흐로 '밝은 지혜'(明知)가 된다는 말이다. 있음을 지극하게 하는 봄과 여름의 무성함과 같은 것은 사람이라면 누구나 모두 아는 것이다.

不知常, 妄作凶.

한결같음을 모르니, 함부로 흉한 짓을 한다.

不知至有本於至無, 則矜多鬪靡, 妄自動作, 必致凶咎也.

있음을 지극하게 함이 없음을 지극하게 함에 뿌리를 두고 있다는 것을 모르니, 자만으로 대부분 다투어 쓰러지고 함부로 스스로 움직여서 반드시 잘못되고 허물되는 일을 불러온다.

知常容. 容乃公, 公乃王, 王乃天, 天乃道, 道乃久, 沒身[69] 不殆.

한결같음을 알면 만물을 받아들인다. 만물을 받아들여야 공평하

---

68) 『易經』,「復卦」, "反復其道, 七日來復, 利有攸往. 象曰, …. 反復其道七日來復, 天行也."

69) 身 : 『老子集解』에는 '천天'자로 되어 있다.

고, 공평해야 왕이 되며, 왕이 되어야 하늘처럼 되고, 하늘처럼 되어야 도가 되며, 도가 되어야 영원하게 되니, 죽을 때까지 위험하지 않다.

此, 言致虛極也. 知常, 則至虛而容物. 容物, 則至公而溥遍, 乃帝王之德, 上天之事, 大道之要也. 道乃久, 以其一也, 沒身不殆, 以其久也.

이 구절은 비움의 극치에 도달하는 것에 대한 설명이다. 한결같음을 알면 비움을 지극하게 해서 사물을 받아들인다. 사물을 받아들이면 공정함을 지극하게 하고 두루 모든 것을 하게 되니, 바로 제왕의 덕이고 하늘의 일이며, 대도의 핵심이다. '도가 되어야 영원하다'(道乃久)는 구절은 비움으로써[70) [도와 하나가 된다는 의미이고, '죽을 때까지 위험하지 않다'(沒身不殆)는 구절은 비움으로써 영원하게 된다는 의미이다.

右第十六章.
위의 것은 제16장이다.

自第十一章至此, 凡六章爲一節, 而象太極之含六. 故卽夫一節之終, 備言致虛守靜之自有而無, 以及乎王乃天, 天乃道, 道乃久之成效極功焉.

제11장부터 여기 16장까지 모든 6장을 하나의 절로 삼아 태극 속에

---

70) '기其' 자를 '비움'으로 본 까닭은 첫 구절에서 '이 구절은 비움의 극치에 도달하는 것에 대한 설명이다.'라고 했기 때문이다.

육(六: 노음)이 있음을 상징했다.[71] 그러므로 바로 한 구절의 끝에서

---

71) 『易經』,「周易卷首」, "曰其七八九六之數, 不同何也. …. 此又陰陽老少, 互藏其宅之變也." 구절에 대한 미주, "…. 또 다음처럼 말하였다. 일一과 육六은 모두 근본이니, 일一은 노양의 위치가 되고, 육六은 노음의 수가 된다. …. 이二와 칠七은 친구가 되니, 이二는 소음의 위치가 되고 칠七은 소양의 수가 된다. 삼三과 팔八도 같은 이치이니, 삼三은 소양의 위치가 되고, 팔八은 소음의 수가 된다. ….(…. 又曰, 一六共宗, 一爲老陽之位, 六爲老陰之數. …. 二七爲朋, 二爲少陰之位, 七爲少陽之數. 三八同道, 三爲少陽之位, 八爲少陰之數. ….)"; 『參同攷』 卷一,「初擬攷」第一 1章, "坎離匡廓運轂正軸" 구절에 대한 주, "바퀴통(轂)은 바퀴의 중심이고, 굴대(軸)는 바퀴의 중심을 관통하는 것이다. 대개 감·리는 수·화이고, 건·곤은 음·양이다. 음·양이 변화되어 수·화가 되고 나면 수·화가 다시 음·양에 베풀어지는 것이 건이라는 바퀴통을 운용하고 곤이라는 굴대를 바르게 하는 것과 같이 서로 경위가 된다. 선천도를 보면 건·곤이 모든 괘의 근본이 되어 완전한 본보기를 이루고, 감·리가 그 둘 가운데서 중심을 잡는 저울처럼 관통하니 그것에서 체·용과 경도·위도가 나누어짐을 알 수 있다.(轂輪心也, 軸所以貫轂者也. 蓋坎離水火也, 乾坤陰陽也. 陰陽旣變爲水火, 則水火復鋪叙陰陽, 如運乾之轂, 正坤之軸, 而相爲經緯也. 觀於先天圖, 乾坤統諸卦而成全規, 坎離處二中而貫中衡, 則其體用經緯之分可知也.)"; 이어지는 "牝牡四卦, 以爲橐籥, …." 구절에 대한 주, "건·곤이 서로 암·수가 되어 만물의 경도를 세우고, 감·리가 서로 암·수가 되어 만물의 위도를 이룬다. ….(乾坤相爲牝牡, 而立萬物之經, 坎離相爲牝牡, 而成萬物之緯.) ○ 이 이상이 1절이니, 건·곤·감·리로 역의 네 정괘를 삼는다는 것이다.(○ 此以上爲第一節, 乾坤坎離, 爲易之四正也.)"; 이어지는 "處中以制外, 數在律曆紀" 구절에 대한 주, "…. 그러므로 모든 64괘에서 건·곤·감·리를 제거하면 사용하는 것은 60괘이어서 …(…. 故卦凡六十四, 去乾坤坎離, 則用之者六十, 而….)"; 2章 "天地設位, 而易行乎其中矣" 구절에 대한 주, "감·리가 건·곤의 공용을 대신한다는 것을 말하고자 먼저 계사의 말을 인용해서 근본을 미루었다. 본문의 '행호기중'行乎其中은 감·리가 천지 가운데 유행한다는 말이다.(將言坎離代乾坤之功用, 而先引易繫之文以推本焉. 行乎其中, 謂坎離流行於天地之中也.)"

비욺의 극치]에 도달하고 고요함[의 독실함을 유지하는 것이 있음에서 비워 없애버림으로써 왕이 되어야 하늘처럼 되고, 하늘처럼 되어야 도가 되며, 도가 되어야 영원하게 된다는 효과와 지극한 공에 대해 자세히 말한 것이다.

제17장

太上, 下知有之.

최상의 왕에 대해서는 아래 사람들이 그가 [왕으로] 있다는 것만
안다.

太上, 猶言最上也. 義農之世, 下民但知有其君而已, 無訟辨無勸
懲也.

'최상의 왕'(太上)이라는 말은 최상의 경지에 오른 왕이라는 말과 같
다. 복희씨나 신농씨의 시대에는 백성들이 단지 그 임금이 있다는 것
만 알았을 뿐이니, 송사하여 밝히고 권선징악 하는 일이 없었다.

其次, 親之譽之.

그 다음 정도의 왕에 대해서는 [아래 사람들이] 가까이하고 칭송한다.

降及湯武之世, 以仁義爲治, 而天下嚮慕, 莫不親愛其聖德, 稱譽
其政治也.

아래로 내려와 탕임금[72]이나 무왕[73] 시대로 오면 인의仁義를 가지고
다스려 천하의 사람들이 우러러 사모하니, 그 거룩함과 덕을 가까이
사랑하고 왕의 정치를 일컬어 기리지 않음이 없었다.

---

72) 탕임금 : 은왕조의 시조이다.
73) 무왕 : 주周나라의 임금으로 문왕文王의 아들이다. 아우 주공周公 단旦과 협력
하여 은殷나라를 멸하고 태공망太公望을 스승으로 삼아 선정을 베풀었다.

其次, 畏之.

그 다음 정도의 왕에 대해서는 [아래 사람들이] 두려워한다.

畏之, 畏其威也. 五伯之民, 但畏其威明也.

'두려워한다'(畏之)는 말은 왕의 위엄을 두려워한다는 것이다. 춘추시대 다섯 패자의 백성은 단지 그 위엄과 밝음을 두려워했다.

其次, 侮之.

그 다음 정도의 왕에 대해서는 [아래 사람들이] 모멸한다.

畏之, 見仁義窮, 而智力出, 侮之則智力, 於是乎又窮矣.

[백성들이 왕의 위엄을 두려워하는 것은 인의仁義가 다해 지략이 나오는 것을 알기 때문이고, 모멸하는 것은 이때에 지략과 힘이 또 다했기 때문이다.

信不足, 有不信.

믿음이 부족하니 믿지 못하는 것이 있다.[74]

此言誠信不足, 故上下不能相信, 以終其次侮之意. 然篇內屢言, 信不足有不信, 而眷眷然三致其意. 盖信屬土, 土爲陰陽之冲氣, 故老子於五行獨取土焉.

이 구절에서는 진실과 믿음이 부족하기 때문에 상하가 서로 믿지 못한다는 것을 말함으로써 "그 다음 정도의 왕에 대해서는 [아래 사람들이]

---

74) 22장의 끝에도 동일하게 있으니, 참조하기 바란다.

모멸한다."는 구절의 의미로 종결했다. 그런데 『도덕경』에서 "믿음이 부족하니 믿지 못하는 것이 있다."는 말을 여러 번 언급했으니, 잊지 않고 되돌아보도록 재삼 그 뜻을 표현하여 전달하는 것이다. 대개 믿음(信)은 토土에 속하고, 토는 '음양의 온화한 기운'(陰陽之冲氣)[75]이 되기 때문에, 노자는 오행에서 유독 토를 취했다.

猶兮其貴言, 功成事遂, 百姓皆曰我自然.

느긋하게 말을 아껴 공이 이루어지고 일이 완수되니, 백성들은 모두 자신이 스스로 그렇게 되도록 만들었다고 한다.

猶, 舒遲貌, 貴, 猶重也. 言爲人上者, 能使發號施令, 舒遲貴重, 則不撓其民, 功自成事自遂, 百姓皆曰我自然如此. 所謂帝力何有於我, 是也. 盖亦太上以無爲宗之意也.

'느긋하게'(猶)라는 말은 느린 모양이고, '아낀다'(貴)는 말은 정중하게 한다는 의미이다. 남의 윗사람 된 자가 호령을 시행하는 데 천천히 정중하게 할 수 있다면 백성들을 소란스럽게 하지 않아 공이 저절로 이루어지고 일이 저절로 완수되니, 백성들은 모두 자신들이 스스로 그렇게 되도록 만든 것이 이와 같다고 한다. 이른바 "임금(帝)의 힘이 어찌 우리에게 영향을 미쳤겠는가?"[76]라고 하는 경우가 여기에 해당한다. 대개 최상의 왕은 무無로써 근본(宗)을 삼는다는 의미이다.

---

75) 3장의 주 "冲, 冲和也. 言太極寄于陰陽之冲氣. 故人之用道, 亦當以冲和也." 구절을 참고해야 충冲자에 대해 정확히 해석할 수 있다.

76) 『十八史略』, 「鼓腹擊壤」, "帝堯陶唐氏, 伊祁姓, 或曰, 名放勛, 帝嚳子也. 其仁如天, 其知如神, 就之如日, 望之如雲. ⋯⋯. 有老人, 含哺鼓腹, 擊壤而歌曰, 日出而作, 日入而息, 鑿井而飮, 畊田而食, 帝力何有於我哉."

右第十七章.

위의 것은 제17장이다.

제18장

大道廢, 有仁義.

대도가 없어지자 어짊과 의로움이 나왔다.

大道上文之太上知有也, 仁義上文之其次親譽也. 老子之意, 以爲大道, 卽所謂太極陰陽. 而仁義乃陰陽分爲五行然後生焉, 則不能如大道之純美無弊. 盖不惟聖凡知愚之所由分, 凡氣化開關, 以後世代升降, 亦以此占之也.

대도는 17장에서 '최상의 왕에 대해서는 아래 백성들이 그가 있다는 것만 안다.'는 구절에 대한 것이고, 어짊과 의로움은 17장에서 '다음은 가까이하고 칭송한다.'는 구절에 대한 것이다. 노자의 생각에 대도로 여겼던 것은 곧 이른바 태극과 음양이다. 그런데 어짊과 의로움은 음양이 나누어져 오행이 된 다음에 나왔으니, 순수하게 아름답고 폐단이 없는 대도와 같을 수 없다. 대개 성인과 범인·지혜로운 자와 어리석은 자가 이것으로 말미암아 나누어질 뿐만 아니라 모든 '기운의 조화'(氣化)가 열리면서 이후 세대의 올라가고 내려가는 것도 이것을 가지고 점칠 수 있다.

韓子曰, 老子之小仁義, 非毀之也, 其見者, 小也. 彼以煦煦爲仁, 孑孑爲義, 其小之也則宜. 言仁義, 亦是木金二氣中之太極, 彼乃不本於性命, 而徒以其用爲仁義也.

한유는 "노자가 어짊과 의로움을 하찮게 보고 그것들을 헐뜯고 비난했으니, 그가 본 것이 하찮았기 때문이다. 저 말에서는 '작은 은혜 베푸는 것'(煦煦)을 어짊으로 여겼고, '사소한 것'(孑孑)을 의로움으로 여겼으니, 그가 어짊과 의로움을 하찮게 보았던 것은 당연하다."[77]라고 했다. 어짊과 의로움 역시 목木과 금金이라는 두 기운 가운데의 태극인데,

저 말에서는 바로 성명性命을 근본으로 하지 않고 한갓 그 작용을 어짊과 의로움으로 여겼다는 말이다.

慧智出, 有大僞.
지혜가 나오자 큰 속임수가 나왔다.

智慧卽上文之其次畏之也. 五伯以智慧機巧相上下, 於是有假仁義, 以濟其僞者.

지혜는 곧 16장에서 '그 다음 정도의 왕에 대해서는 아래 사람들이 두려워한다.'는 것이다. 춘추시대의 다섯 패왕은 지략과 기교를 가지고 위 아래로 대했으니, 여기에서 어짊과 의로움을 빌어 속임수를 더하는 것이 생겼다.

六親不和, 有孝慈, 國家昏亂, 有忠臣.
육친이 화목하지 못하니 효도와 자애가 나오고, 국가가 혼란하니 충신이 나온다.

穎濱蘇氏曰, 堯非不孝也, 而獨稱舜, 無瞽瞍也, 伊尹周公, 非不忠也, 而獨稱龍逢比干, 無桀紂也. 涸澤之漁, 相煦以濕, 相濡以沫, 不如相忘於江湖.

---

77) 『古文觀止』, 「卷七 六朝唐文」, 「原道」, "博愛之謂仁, 行而宜之之謂義. 由是而之焉之謂道, 足乎已無待於外之謂德. 仁與義爲定名, 道與德爲虛位. 故道有君子小人, 而德有凶有吉. 老子之小仁義, 非毁之也, 其見者小也. 坐井而觀天, 曰天小者, 非天小也. 彼以煦煦爲仁, 孑孑爲義, 其小之也則宜. 其所謂道, 道其所道, 非吾所謂道也."

영빈소穎濱蘇씨[78]는 "요堯임금[79]이 불효했던 것이 아닌데도 순舜임금[80]만을 칭찬하니, [그 이유는 요임금에게] 고수瞽叟[같은 못된 아비가 없었기 때문이고, 이윤伊尹[81]이나 주공周公[82]이 불충했던 것이 아닌데도 용봉龍逢[83]이나 비간比干[84]만을 칭찬하니, [그 이유는 이윤이나 주공에게] 걸桀임금[85]이나 주紂임금[86][같은 폭군이 없었기 때문이다. '물이 마른 연못의 물고기가 축축한 물기로 서로 숨을 쉬게 하고, 작은 물방울로 서로 몸을 적셔주니, [이것은 물이 많은 강이나 호수에서 서로 [도와주겠다는 생각조차] 잊어버리는 것만 못하다.'[87]"[88]라고 했다.

---

78) 영빈소穎濱蘇씨 : 송宋나라 때의 문장가 소철蘇轍로 자는 자곡子由이고 호는 난성欒城이다. 순洵의 둘째 아들로 문학에 뛰어나 아버지 및 형인 식軾과 함께 당송팔대가의 한 사람이다. 소철의 주는 『한문대계』본에도 있다.

79) 요堯임금 : 고대 제왕 곧 당요唐堯이다.

80) 순舜임금 : 요堯임금의 선양을 받은 고대의 성군으로聖君으로 우순虞舜을 말한다.

81) 이윤伊尹 : 탕湯임금에게 세 번의 초빙을 받고 탕임금의 재상이 되어 걸傑왕을 침으로써 드디어 탕임금이 천하의 왕이 되도록 하였다. 곧 은殷의 어진 재상이다.

82) 주공周公 : 주周 문왕文王의 아들로 무왕武王의 동생이다. 이름은 단旦 시호諡號는 원元. 문왕과 무왕을 도와 주紂를 치고 성왕成王을 도와 왕실의 기초를 세웠으며 제도와 예악을 정비하여 주의 문화 발전에 이바지한 것이 크다.

83) 용봉龍逢 : 하夏나라의 현신賢臣으로 걸桀왕에게 간하다가 피살되었다.

84) 비간比干 : 은대殷代의 사람. 주왕紂王의 숙부인데 주왕의 악정惡政을 간하다가 피살되었다고 전해진다.

85) 걸桀임금 : 하夏나라 말대末代의 임금으로서 폭군으로 유명하다.

86) 주紂임금 : 잔인 포악하여 천하를 잃은 은왕조殷王朝 최후의 천자이다.

87) 『莊子』, 「大宗師」, "泉涸, 魚相與處於陸, 相呴以濕, 相濡以沫, 不如相忘於江湖, 與其譽堯而非桀也, 不如兩忘而化其道."

88) 『老子解』, 18章註, "六親方和, 孰非孝慈, 國家方治, 孰非忠臣. 堯非不孝也, 而獨稱舜, 無瞽叟也, 伊尹周公, 非不忠也, 而獨稱龍逢比干, 無桀紂也. 涸澤之漁, 相呴以沫, 相濡以濕, 不如相忘于江湖."

此章言古今醇澆, 以明本始之主宰末終, 而起下章之意.

이 장에서는 옛날에 순수하고 지금에 그렇지 못한 것을 말함으로써 시초가 종말을 주제한다는 것을 밝히면서 다음 장의 의미를 드러냈다.

右第十八章.

위의 것은 제18장이다.

제19장

絶聖棄智, 民利百倍, 絶仁棄義, 民復孝慈, 絶巧棄利, 盜賊無
有. 此三者以爲文不足, 故令有所屬.

거룩함을 끊어버리고 지혜로움을 포기하면 백성들은 백배의 이익
을 얻고, 어짊을 끊어버리고 의로움을 포기하면 백성들이 효도와
자애를 회복하며, 기교를 끊어버리고 이익을 포기하면 도적이 없
어진다. 그러나 이 세 구절로는 문식이 부족하게 되므로, 다음처럼
소속할 곳을 둔다.

此一段前後, 註家皆錯解之, 不惟全失本旨, 且使意趣無所歸宿,
今悉正之. 蓋老子之道, 以本始制末終, 故上文旣歷叙世道之本
始末終. 而又恐人徒尙本始棄絶末終, 則亦有所不可行者. 於是
復言之曰, 若絶棄聖智之學, 則可以使民專力治産, 收百倍之利
矣. 若絶棄仁義之行, 則可以使民專力家庭, 復孝慈之實矣. 若絶
棄巧利之用, 則可以使民專力本業, 息盜竊之患矣. 然聖智仁義
巧利, 此三者於道爲文, 若絶棄此三者, 則文必不足. 夫文質不可
相與, 乃天地自然之道, 但於其中有主客之分, 則可也, 豈可使之
絶棄哉. 故令此三者, 有所管屬於下文之素樸, 而素樸爲主, 三者
爲客也. 此是老子立道之肯綮, 於此一差, 則其餘皆差.

이 일단의 전후는 주석가들이 모두 해석을 잘못해서 본래의 뜻을 완전
히 잃었을 뿐만 아니라 그 뜻이 돌아갈 곳을 없게 했으니, 이제 모두
바로 잡는다. 대개 노자의 도는 시초를 가지고 종말을 제어하는 것이기
때문에 위에서 이미 세상에서의 도의 근본과 말단에 관해 여러 번 서술
했다. 그런데 또 사람들이 한갓 근본만 숭상하고 말단을 버리면 또한
행하지 못할 것이 있을까 염려했다. 이에 다시 [노자는] 다음처럼 말했

다. '만약 거룩함과 지혜로움에 대한 배움을 포기하고 끊어버리면, 백성들을 생산에 전력하게 할 수 있으니 백배의 이익을 거둔다. 만약 어짊과 의로움을 행하는 것을 포기하고 끊어버리면, 백성들이 가정[의 일]에 전력하게 할 수 있으니 참된 효도와 자애를 회복한다. 만약 기교와 이익의 효용을 끊어버리고 포기하면, 백성들이 본업에 전력하게 할 수 있으니, 도둑에 대한 근심이 사라진다. 그러나 거룩함과 지혜·어짊과 의로움·기교와 이익, 이 세 가지는 도에서 문식(文)이 되는데, 만약 이 세 가지를 버린다면, 문식이 반드시 부족하게 된다.' 문식(文)과 바탕(質)을 서로 함께 해서는 안되는 것이야말로 천지의 저절로 그렇게 되는 도이지만, 다만 그 가운데 주객의 구분이 있는 정도라면 괜찮으니, 어찌 그것들을 끊어버리고 포기하라고 할 수 있겠는가? 그래서 이 세 가지를 아래 절의 밑바탕(素)과 질박함(樸)에 연결될 곳을 두어 밑바탕과 질박함을 주인으로 삼도록 하고 이 세 가지를 손님으로 삼도록 했다. 여기는 노자가 도를 내세운 가장 긴요한 부분이니, 여기에서 조금이라도 잘못되면, 그 나머지까지 모두 잘못된다.

見素抱樸, 少私寡欲. 見, 音現.

흰 바탕을 드러나게 하고 통나무를 껴안도록 하며, 사사로움을 적게 하고 욕망을 줄이도록 한다. 현見자는 음이 현이다.

見, 著見於外也. 素, 畫之地也, 樸, 木之質也. 畫繪者, 不以五采盡滅其素地, 而必使素質著見于外, 是爲見素也. 雕飾者 不以刻鏤盡蝕其樸質, 而必使樸質爲刻鏤所抱, 是爲抱樸也. 盖人心本少私寡欲. 故少私寡欲, 爲人心之素樸也.

'드러나게 한다'(見)는 것은 밖으로 드러낸다는 의미이다. '흰 바탕'(素)은 그림의 흰 바탕이고, 통나무(樸)는 목재의 바탕이다. 그림을 그리는 자는 다섯 가지의 채색으로 흰 바탕을 모두 칠하여 없애지 않고 반드시 흰 바탕을 밖으로 드러내니, 바로 밑바탕이 드러나게 하는 것이다. [나무에] 조각을 하는 자는 통나무 바탕에 조각을 모두 새기지 않고 반드시 통나무 바탕이 조각에 안기도록 하니, 바로 통나무를 껴안도록 하는 것이다. 대개 사람의 마음은 본래 사사로움과 욕망이 적다. 그러므로 사사로움을 적게 하고 욕망을 줄이도록 하는 것으로 사람의 흰 바탕을 삼았다.

右第十九章.
위의 것은 제19장이다.

제20장

絶學無憂.

[도에 대한] 배움을 끊어버리면 [도에 나아가고 자신을 수양하기 위한] 괴로움은 없을 것이다.

此一句, 亦如上章絶聖棄智, 絶仁棄義之文. 而若絶棄道學, 則固可無進修之憂矣. 以起下文不敢絶學之意也. 舊註以學爲世俗之學, 而謂老子眞欲絶之. 則世俗二字, 旣非老子之所言, 且通篇無非言學, 下篇又曰 爲學日益. 豈容言學, 而復欲人絶之哉. 必不然也.

이 한 구절도 위의 19장에서 거룩함을 끊어버리고 지혜로움을 포기하며, 어짊을 끊어버리고 의로움을 포기하라는 구절과 [의미가] 같다. 그런데 만약 '도에 대한 배움'(道學)을 끊어버리고 포기하면 진실로 '[도에] 나아가고 [자신을] 수양하기 위한 괴로움'(進修之憂)이 없을 것이다. 그러니 이로써 아래의 글에서 감히 배움을 끊어버리지 못하는 것에 대한 의미를 일으켰다. 옛 주석에서는 배움을 세속의 배움으로 보아 노자가 진실로 그것을 끊어버리고자 한 것으로 생각했다. 그렇다면 세속이라는 말은 이미 노자가 말했던 것이 아니었다. 게다가 모든 편에서 배움에 대해 비난조로 말한 부분이 없었고, 또 하편 [48장에서는] "배움을 행하면 날마다 보탠다."고 했다. 어찌 배움을 용납하는 것으로 말해놓고 다시 사람들이 그것을 끊도록 하게 할 수 있겠는가? 반드시 그렇지 않다.

唯之與阿, 相去幾何, 善之與惡, 相去何若. 唯, 上聲.

공손하게 대답하는 것과 태만하게 대답하는 것의 차이가 얼마나 될까마는 선이 되고 악이 되는 차이는 어떤가? 유唯자는 상성이다.

唯, 應之恭也, 阿, 應之慢也. 二者之分, 只在脣齒低昂之間, 則其相去, 特毫忽之微矣. 然子阿於父, 則爲不子, 臣阿於君, 則爲不臣, 弟阿於兄, 則爲不弟. 其善惡相去, 眞天壤之判耳, 以明人心有一毫私欲之蔽, 則其端甚微, 其害遂大. 此君子所以不得不以學爲憂也.

유唯는 공손하게 대답하는 것이고, 아阿는 태만하게 대답하는 것이다. 두 가지 대답이 나누어지는 것이 단지 입술과 이가 내려갔다 올라갔다 하는 사이에 있다면 그 차이는 극히 미미하다. 그러나 자식이 아비에게 태만하게 대답한다면 자식의 도리를 다하는 것이 아니고, 신하가 임금에게 태만하게 대답한다면 신하의 도리를 다하는 것이 아니며, 동생이 형에게 태만하게 대답한다면 동생의 도리를 다하는 것이 아니다. 그런 행동이 선이 되고 악이 되는 차이는 진실로 하늘과 땅처럼 구별되니, 이것으로써 사람의 마음이 조금이라도 사욕 때문에 가려지는 것이 있다면, 그 단서는 극히 미미하지만 그 폐해는 마침내 큼을 밝혔다. 이런 점에서 군자가 배우기 위하여 근심하지 않을 수 없는 까닭이다.

人之所畏, 不可不畏. 荒兮其未央哉.

사람들이 삼가고 조심하는 것은 삼가고 조심하지 않아서는 안 된다. 그런데 황홀한 것은 끝이 없구나!

自其粗者而言之, 則衆人之所畏, 學者亦不可不畏. 如上章三者之文, 令有所屬, 是也. 自其精者而言之, 則道妙荒遠, 愈進愈未已, 不可以粗淺者據以爲足. 如首章以下所云, 是也.

그 거친 것으로 말한다면, 일반 사람들이 삼가고 조심하는 것은 배우는 자도 조심하지 않아서는 안 된다는 것이다. 이를테면 위의 19장에서 '세 구절의 문식이 소속할 곳을 둔다.'는 것이 여기에 해당한다. 정미한 것으로 말한다면, 도는 묘하고 황홀하며 심원해서 나아갈수록 더욱 끝이 없으니, 거칠고 얕은 소견에 의거하는 것으로써 만족해서는 안 된다. 이를테면 1장 이하에서 말한 것이 여기에 해당한다.

衆人熙熙, 如享太牢, 如登春[89])臺. 我獨泊兮其未兆, 如嬰兒之未孩, 乘乘兮若無所歸.

뭇 사람들은 큰 잔치를 베풀 때처럼 봄날 누대에 올라갔을 때처럼 희희낙락하고 있다. 그런데 나만 조용히 마치 아직 웃을 줄도 모르는 아기처럼 어떤 조짐도 보이지 않으니, 곤궁해서 귀착할 곳이 없는 사람 같다.

乘乘, 不住貌. 此言衆人皆自樂, 而我獨以學未至爲憂.

'곤궁하다'(乘乘)는 것은 머물지 못하는 모양이다. 이 구절에서는 일반 사람들이 모두 스스로 즐거워하는데, 자신만 유독 배움이 아직 지극하지 못한 것 때문에 고민하고 있다고 말했다.

衆人皆有餘, 而我獨若遺.

뭇 사람들은 모두 충분한데, 나만 모자라는 것 같다.

此言衆人皆自足, 而我獨以學未足爲憂.

---

89) 登春 : 『老子集解』에는 '春登'으로 되어 있다.

이 구절에서는 일반 사람들은 모두 스스로 만족해하는데 자신만 유독 배움이 충분치 못한 것 때문에 걱정하고 있다고 말했다.

我愚人之心也哉,

[그렇다고] 내가 어리석은 사람의 마음이겠는가!

味衆人之所不味, 自笑且自喜也

일반 사람들이 음미하지 않는 것을 음미하면서 스스로 웃고 기뻐하기 까지 하는 것이다.

沌沌兮. 俗人昭昭, 我獨若昏, 俗人察察, 我獨悶悶, 忽若晦, 寂若無所止.

혼돈스럽구나! 속인들은 또랑또랑한데 나만 어수룩하고, 속인들은 초롱초롱한데 나만 흐리멍덩하니, 갑자기 어둠 속에 있는 듯하고, 쓸쓸히 머물 곳이 없는 듯하다.

沌, 如渾沌之沌. 悶悶, 猶云憒憒. 此言衆人自以爲知, 而我獨以 學未明爲憂.

돈沌자는 혼돈渾沌이라고 할 때의 돈沌 자와 같다. '흐리멍덩하다'(悶 悶)는 것은 멍청하다고 말하는 것과 같다. 이 구절에서는 일반 사람들 이 스스로 안다고 생각하는데, 자신만 유독 배움이 아직 분명하지 않은 것 때문에 고민하고 있다고 말했다.

衆人皆有以, 而我獨頑似鄙,

뭇 사람들은 모두 무엇인가 하고 있는데, 나만 우둔하고 촌스럽[게
배움만 일삼고,

以, 爲也. 古者, 謂都爲美, 野爲鄙. 此言衆人皆有所爲, 而我獨於
學潛心, 不知其他也.

'무엇인가 한다'(以)는 말은 '무엇을 일삼는다'(爲)는 의미이다. 옛날에
는 '세련된 것'(都)을 아름답다(美)고 하고 '촌스러운 것'(野)을 거칠다
(鄙)고 말했다. 이 구절에서는 일반 사람들은 모두 무엇인가 하는 일이
있는데, 나만 배움에 마음을 빼앗겨서 그 외의 것은 아무 것도 모른다
고 말했다.

我獨異於人, 而貴食母. 食音嗣

나만 남과 달리 먹여주는 어미를 귀하게 여긴다. 사(食)자는 음이 사嗣
이다.

食母, 臨川吳氏以爲二字見禮記內則篇, 卽乳母也. 萬物皆資陰
陽而生, 則陰陽乃萬物之母也. 故曰食母也. 盖至此總結上文曰,
我之所貴, 異於人之所貴, 而貴陰陽載太極, 爲萬物之母也. 夫唯
不貴人之貴, 然後方能貴天地之貴. 此老子示人入道之要旨也.

사모食母에 대해서 임천오臨川吳씨는 "'먹여주는 어미'(食母)라는 말은
『예기』「내칙」편에 있으니,90) 바로 유모이다."라고 하였다.91) 만물은
모두 음과 양에 의지해서 생겨나니, 음과 양이 바로 만물의 어미이기

---

90) 『禮記』, 「內則第十二」, "食子者三年而出, 見於公宮, 則劬. 大夫之子有食
　　母, 士之妻自養其子."
91) 『道德眞經註』, 17章註, "…, 則大道之玄德也. 玄德者, 萬物資之以養, 所謂
　　萬物之母也. 故曰食母. 食母二字, 見禮記內則篇, 卽乳母也."

때문에 '유모'라고 했다. 대개 여기에 와서는 위의 내용을 총괄해 "내가 귀하게 여기는 것은 남들이 귀하게 여기는 것과 달리 음양이 태극을 신고 만물의 어미가 됨을 귀하게 여긴다."고 했다. 오직 남들에게서 귀한 것을 귀하게 여기지 않은 다음에야 천지에서 귀한 것을 귀하게 여길 수 있다. 이 구절에서 노자는 사람들에게 도에 들어가는 요지를 제시했다.

右第二十章.
위의 것은 제20장이다.[92]

---

[92] 『老子集解』에서는 다음 장, 곧 21장으로 "孔德之容, 惟道是從." 이하의 구절이 있는데, 이것이 여기 『道德指歸』에서는 하권下卷의 첫 장인 37장에 있다.

제21장

曲則全, 枉則直. 窪則盈, 敝則新. 少則得, 多則惑.

굽은 것은 완전하게 되고, 휜 것은 곧게 된다. 구멍이 뚫린 것은 채워지고, 해진 것은 새 것으로 바뀐다. 적은 것은 얻게 되고, 많은 것은 현혹된다.

曲, 偏曲也. 曲於外者, 終必自全於內, 枉於前者, 終必自直於後也. 此以人情之常而言也. 窪, 缺陷也. 土之窪, 石之穴, 氣歸而聚之, 氷趂而盛之. 敝, 毁也. 棟之傾, 衣之穿, 懼壓而易之, 惡裸而改之. 此以物理之常而言也. 得少則必有附益之人, 蓄多則必有眩惑之患. 此以人事之常而言也. 歷擧虧盈益謙, 損有餘補不足, 自然相乘之理, 以起下文之意.

'굽은 것'(曲)은 한쪽으로 굽은 것이다. 겉에서 굽은 것은 마침내 반드시 속에서 저절로 완전하게 되고, 앞에서 휜 것은 마침내 반드시 뒤에서 저절로 곧게 된다. 이것은 영원한 사람들의 마음을 가지고 말한 것이다. '구멍이 뚫린 것'(窪)이라는 말은 결함이 있는 것을 말한다. 땅의 웅덩이와 돌구멍에는 기운이 돌아와서 모이고 [겨울에] 얼음이 겹쳐 얼면서 커진다. '해진 것'(敝)이라는 말은 훼손된 것을 말이다. 기둥이 기울어지고 옷에 구멍이 나면, 깔려죽을까 두려워 기둥을 바꾸고 알몸이 싫어서 깁는다. 이것은 영원한 사물의 이치를 가지고 말한 것이다. 조금밖에 얻지 못하면, 반드시 보태주는 사람이 있고, 많이 쌓아 놓으면 반드시 마음이 흐려져 홀리는 우환이 있다. 이것은 인사人事의 영원함을 가지고 말한 것이다. 차있는 것은 덜어내고 겸손한 것은 보태주며, 충분한 것은 덜어내고 부족한 것은 보충해주는 것에 대해 차례로 열거했으니, '저절로 그렇게 서로 변하는 이치'(自然相乘之理)를 가지고 아래 글의 뜻을 일으킨 것이다.

是以聖人抱一爲天下式.

이 때문에 성인은 하나로 됨을 안고 천하의 법이 된다.

承上文言. 聖人知天下無內外俱足, 前後兼備, 多少常適之理. 故
遺外名利, 從事於第十章之載營魄抱一. 則處盈而不盈, 處弊而
常新, 處少而猶多, 處多而不眩, 終爲天下之法式也.

위의 글을 이어서 말했다. 성인은 천하가 내외[의 차이] 없이 모두 충족
되고 전후의 차이] 없이 모두 완비되며 그리고 다소(의 차이) 없이 항
상 적당하게 되는 이치를 안다. 그러므로 밖으로 명리名利를 버리고
10장에서 말한 "[혼魂이] 백魄을 싣고 경영함에 백이 하나를 껴안는 것"
에 종사한다. 그러니 채울 곳을 처리할지라도 채우지 않고, 해진 것을
처리할지라도 항상 새것으로 여기며, 적은 곳을 처리할지라도 오히려
많은 듯이 여기고, 많은 곳을 처리할지라도 마음이 흐려지지 않음으로
마침내 천하의 법이 된다.

不自見, 故明,[93] **不自伐, 故有功, 不自矜, 故長. 夫惟不爭,
故天下莫能與之爭.** 見, 賢遍反.

스스로 드러내지 않으므로 밝고, 스스로 자랑하지 않으므로 공을
소유하며, 스스로 자만하지 않으므로 오래갈 수 있다. 오직 어느
누구하고도 다투지 않으므로 천하에서 아무도 그와 다툴 수 없다.
현見자의 음은 현賢자의 'ㅎ'과 편遍자의 'ㄴ' 반씩 취해 합한 현이다.

抱一, 全也. 不自見, 不自伐, 不自矜, 以曲自居也.

하나로 됨을 안고 있으니 완전하다. 스스로 드러내지 않고 스스로 자랑

---

93) 『老子集解』에는 이어서 "不自是, 故彰," 구절이 더 있다.

하지 않으며 스스로 자만하지 않고, 굽힘으로써 스스로 처신한다.

古之所謂曲則全者, 豈虛言哉. 誠全而歸之.

옛날에 이른바 한쪽으로 굽히면 완전하게 된다는 것이 어찌 빈말이겠는가? 진실로 완전하게 되고 모든 것을 되돌려 받는다.

總結上文.

위의 글을 총괄해서 맺었다.

右第二十一章.

위의 것은 제21장이다.

제22장

希言自然.

말이 없는 것이 저절로 그런 것이다.

希, 無也. 無爲之言, 順天道之自然也.

'없다'(希)는 것은 '하지 않는다'(無)는 의미이다. 아무것도 함이 없는
말은 천도의 저절로 그렇게 됨을 따르는 것이다.

飄風不終朝, 驟雨不終日. 孰爲此者. 天地也.[94] 天地尚不能
久, 而況於人乎.

회오리바람은 아침을 넘기지 않고, 세찬 비는 하루 종일 퍼붓지
않는다. 누가 이렇게 하는가? 천지이다. 천지도 오히려 오래할 수
없는데, 하물며 사람에게서야 말해 무엇 하겠는가?

飄風, 疾風也, 驟雨, 暴雨也. 風言不終朝, 而雨言不終日者, 風比
雨, 尤疾速也. 雖天地之化, 若或剛躁[95]暴急, 失其自然之道, 則
亦不能長久. 而況於人乎.

'회오리바람'(飄風)은 거센 바람이고, '세찬 비'(驟雨)는 소낙비이다. 바
람에 대해서는 아침을 넘기지 않는다고 말하고, 비에 대해서 하루를
넘기지 않는다고 말했으니, 바람이 비보다 더욱 빠르고 신속하다는 것
이다. 비록 천지의 조화가 혹 강하고 급작스러우며 난폭하고 위급한
것 같을지라도 저절로 그렇게 되는 도리를 잃어버린다면 그 또한 오래

---

94) 『老子集解』에는 '야也'자가 없다.
95) 躁 : 필사본에는 '조燥'자로 되어 있는 것을 옮긴이가 수정했다.

갈 수 없는데, 하물며 사람에게서야 말해 무엇 하겠는가?

故從事於道者, 同於道, 德者同於德, 失者同於失.

그러므로 도에 종사하는 자는 도와 하나가 되고, 덕德에 종사하는
자는 덕과 하나가 되며, '잘못된 것'(失)에 종사하는 자는 잘못된
것과 하나가 된다.

道者, 太極乘于至靜之中, 以樞紐於陰陽, 一氣周流, 無有窮已.
天地之所以長久, 以其與道爲一. 故人能從事於道, 則可以如天
地之體, 常於長久也. 德者, 其發舒也, 象陽氣之噓, 其歛藏也, 象
陰氣之吸. 一時各有一時之始終, 雖不能如道之長久, 而抑亦爲
次於所謂道者矣. 故人能從事於德, 則可以如天地之用, 亦能長
久也. 至於風雨, 本自疾速. 而飄風驟雨, 所以剛躁[96]暴急, 又是
風雨之失者, 其速尤速. 人若從事於失, 則可以如風雨之失, 其不
能長久也, 審矣.

도란 태극이 지극히 고요한 중심을 타고 있음으로써 음양에 핵심이 되
어 하나의 기운으로 두루 흘러 다니면서 다함이 없는 것이다. 천지가
장구한 까닭은 그것이 도와 함께 함으로써 하나가 되기 때문이다. 그러
므로 사람이 도에 종사할 수 있다면 천지의 본체와 같이 될 수 있어서
영원히 오래 갈 수 있다. 덕이란 펴지는 것에 있어서는 양의 기운이
뻗어나가는 것을 본보기로 하고, 거두어 두는 것에 있어서는 음의 기운
이 들어오는 것을 본보기로 한다. 그러니 [덕은] 한 때마다 제각기 한
때의 시종이 있어서 비록 도와 같이 장구할 수는 없다고 할지라도 또한
도라고 하는 것 다음 정도는 된다. 그러므로 사람이 덕에 종사할 수

---

96) 躁 : 필사본에는 '燥'자로 되어 있는 것을 옮긴이가 수정했다.

있으면 천지의 작용과 같아져 또한 영원히 오래갈 수 있다. 바람과 비는 본래 스스로 빠르고 신속하다. 그런데 회오리바람과 세찬 비는 강하고 급작스럽고 난폭하고 위급한 까닭에 또 바람과 비 가운데 잘못된 것이니, 그 신속함이 더욱 신속하다. 사람이 만약 잘못된 것에 종사하면 바람과 비가 잘못되는 것과 같아서 영원히 오래갈 수 없음이 분명하다.

同於道者, 道亦得之, 同於德者, 德亦得之, 同於失者, 失亦得之.
도와 하나가 될 경우 도도 얻는 것이 있고, 덕과 하나가 될 경우 덕도 얻는 것이 있고, 잘못된 것과 하나가 될 경우 잘못된 것도 얻는 것이 있다.

人能合天道, 則天道以之章明順序, 是天道亦有得矣. 人能合天德, 則天德以之調和均適, 是天德亦有得矣. 不然而從事於剛躁⁹⁷⁾暴急, 則人事失於下, 天氣應於上, 飄風驟雨, 必常應之. 是其失, 豈不亦有得乎.
사람이 하늘의 도에 합일할 수 있다면 하늘의 도가 그 때문에 밝게 드러나고 순서대로 되니, 이것은 하늘의 도가 또한 얻는 것이 있음이다. 사람이 하늘의 덕에 합일할 수 있다면 하늘의 덕이 그 때문에 조화를 이루고 균등하고 알맞게 되니, 이것은 하늘의 덕이 또한 얻는 것이 있음이다. 이렇게 하지 않아 강하게 하고 급작스럽게 하며 난폭하게 하고 위급하게 하는 데 종사하면, 사람의 일이 아래에서 잘못되어 하늘의 기운이 위에서 감응하니, 거센 바람이 불고 소낙비가 내리는 것으로써 반드시 항상 감응한다. 이것은 잘못되는 것이니, [잘못된 것이] 어찌 또한 얻는 것이 없겠는가?

---

97) 躁 : 필사본에는 '조燥'자로 되어 있는 것을 옮긴이가 수정했다.

信不足, 有不信.

믿음이 부족하니 믿지 못한 것이 있다.

此兩句, 至是凡再言之, 其示人丁寧之意, 切矣. 盖信者, 誠也中也土也. 土沖二氣, 中制萬運, 誠統萬化, 信貫四德. 故因上文失亦得之之言, 推本於人所稟得之沖氣而曰, 同於失者, 無他焉, 以其初生稟得沖氣不足, 未能全有信實之心, 故其於道德不自信, 及以致其失之如此也.

이 두 구절은 여기까지 모두 두 번 언급했으니, 사람들에게 보여주는 정중한 뜻이 간절하다. 대개 믿음(信)이란 성실(誠)이고 중中이고 토土이다. '토기와 온화함이라는 두 기운'(土沖二氣)은 중심으로써 모든 운용을 제어하고 성실(誠)로써 모든 변화를 통제하며 믿음(信)으로써 네 덕을 관통한다. 그러므로 위의 글에서 "잘못된 것도 얻는 것이 있다."는 말에 따라 사람이 부여받은 온화한 기운에까지 근본을 미룸에 "잘못된 것과 하나가 되는 경우는 다름이 아니라, 처음 부여받은 온화한 기운이 부족해 신실한 마음을 완전하게 가질 수 없기 때문에 도와 덕에 있어서 스스로 믿지 못하고 이처럼 잘못되는 일을 저지르는 데까지 이른다."라고 말한 것이다.

右第二十二章.

위의 것은 제22장이다.[98]

---

98) 21장은 원래 왕필주나 『신주도덕경』에서는 22장이다. 여기에서 빠진 21장은 『덕경』의 1장인 37장에 있다.

제22장

跂者不立,

발돋움하여 있는 자는 [오래] 서 있을 수 없고,

擧踵曰跂. 跂者, 本欲增高, 而反不能自立.

발뒤꿈치를 들어 올리는 것을 '발돋움하는 것'(跂)이라고 한다. 발돋움 하는 것은 본래 높이를 더하고자 하는 것인데 도리어 스스로 [오래] 서 있을 수 없게 된다.

跨者不行.

엉큼성큼 걷는 자는 [오래] 걸어갈 수 없다.

張脚曰跨. 跨者, 本欲增濶, 反不能自行. 凡此兩句, 皆引起下文 四句, 猶詩之有興.

다리를 넓게 내딛는 것을 '엉큼성큼 걷는 것'(跨)이라고 한다. 엉큼성큼 걷는 것은 본시 보폭을 넓게 하고자 하는 것인데 도리어 [오래] 갈 수 없게 된다. 위의 두 구절은 모두 아래의 네 구절을 일으키는 것이니, 시에서 흥興99)이 있는 것과 같다.

自見者不明, 自是者不彰, 自伐者無功, 自矜者不長. 見, 賢遍反.

스스로 드러내는 자는 밝지 않고, 스스로 옳다고 여기는 자는 드러 나지 않으며, 스스로 자랑하는 자는 공이 없고, 그리고 스스로 자

---

99) 흥興:『시경』에서 육의六儀의 하나로 노래해서 전하려는 것과 비슷한 다른 일을 먼저 읊조려 분위기를 조성하는 문체이다.

만하는 자는 오래가지 않는다. 현見자의 음은 현賢자의 '흥'과 편遍자의 '년'을 반씩 취해 합한 현이다.

自見, 謂自表顯之也.

'스스로 드러낸다'(自見)는 것은 스스로 겉으로 드러낸다는 말이다.

其於道也, 曰餘食贅行, 物或惡之. 行, 去聲.

[이런 것들을] 도의 관점에서는 남은 음식이나 쓸데없는 행동이라고 하니, 사물이 싫어한다. 行行자는 거성으로 사용되었다.

餘食, 食之殘者也, 贅行, 行之疣者也. 盖食本美矣, 其殘則可穢也. 行本善矣, 其疣則可厭也. 言此以明上文之意. 是亦道也, 而自是, 則爲餘贅于道也, 功亦道也, 而自伐, 則爲餘贅于道也, 長亦道也, 而自矜, 則爲餘贅于道也. 人心物情, 莫不憎惡於此, 所以不彰無功不長也. 老子盖於物情人心, 諳練敦揣, 故其言若是刺骨.

'남은 음식'(餘食)은 음식찌꺼기이고, '쓸데없는 행동'(贅行)은 군더더기 행동이다. 대개 음식은 본래 맛이 좋을지라도 찌꺼기는 더럽게 될 수 있다. 행동이 본시 훌륭할지라도 군더더기 행동은 싫어할 수 있다. 이 구절을 말해서 위에 있는 구절의 뜻을 밝혔다. 옳은 것이 또한 도에 맞을지라도 스스로 옳다고 하게 되면 도의 관점에서는 음식찌꺼기나 군더더기 행동이 되고, 공을 세운 것이 또한 도에 맞을지라도 스스로 자랑하게 되면 도의 관점에서는 음식찌꺼기나 군더더기 행동이 되며, 뛰어난 것이 또한 도에 맞을지라도 스스로 자만하게 되면 도의 관점에서는 음식찌꺼기나 군더더기 행동이 된다. 사람의 마음과 사물의 실정에서 이런 것들을 증오하지 않음이 없기 때문에 드러나지 않고 공이 없으며 오래가지 않는 것이다. 노자는 대개 사물의 실정과 사람의 마음을 아주 익숙하게 알고 헤아렸기 때문에 그 말이 이처럼 뼈 속에 사무치는 것이다.

故有道者不處也.

그러므로 도를 터득한 자는 그렇게 하지 않는다.

以其非道, 故有道者, 不居也.

그런 행동은 도에 맞지 않기 때문에 도를 터득한 자는 그렇게 하지 않는다.

右第二十三章.

위의 것은 제23장이다.

自第十七章至此, 凡七章爲一節, 而象少陽之含七.

제17장부터 여기[23장]까지 모든 7장을 하나의 절로 삼아 소양少陽 속에 칠七이 있음을 상징했다.[100]

---

100) 『易經』, 「周易卷首」, "曰其七八九六之數, 不同何也. …. 此又陰陽老少, 互藏其宅之變也." 구절에 대한 미주, "…. 또 다음처럼 말하였다. 일一과 육六은 모두 근본이니, 일一은 노양의 위치가 되고, 육六은 노음의 수가 된다. …. 이二와 칠七은 친구가 되니, 이二는 소음의 위치가 되고 칠七은 소양의 수가 된다. 삼三과 팔八도 같은 이치이니, 삼三은 소양의 위치가 되고, 팔八은 소음의 수가 된다. …(…. 又曰, 一六共宗, 一爲老陽之位, 六爲老陰之數. …. 二七爲朋, 二爲少陰之位, 七爲少陽之數. 三八同道, 三爲少陽之位, 八爲少陰之數. ….).";『參同攷』卷一「初擬攷」第一 "七八道已窮屈折低下降" 구절에 대한 주, "십오十五라고 하지 않고 칠팔七八이라고 한 것은 칠七이 소양이고 팔八이 소음이니 소음과 소양을 합하면 십오十五이기 때문이다.(不曰十五, 而曰七八者, 七爲少陽, 八爲少陰, 合二少而爲十五也.)"

제24장

有物混成, 先天地生.

뒤섞여 있는 무엇인가가 천지가 나온 것보다 앞서 있다.

混, 與渾通, 物, 無極也. 未有天地, 先有無極, 以爲太極之本, 所謂無名, 天地之始, 是也.

'뒤섞이다'(混)는 말은 '분간이 되지 않는다'(渾)는 말과 통하고, '무엇인가'(物)라는 말은 무극無極을 의미한다. 천지가 있기도 전에 먼저 무극이 있어 그것이 태극太極의 근본이 되니, 이른바 1장의 "'이름 없음'(無名)은 천지의 시작이다."라는 구절이 여기에 해당한다.

寂兮寥兮, 獨立而不改, 周行而不殆, 可以爲天下母.

[무엇인가가] 고요히 휑하게 홀로 서 있으면서도 [그 형체를] 변경하지 않고, 두루 다니면서도 차질이 없으니, 천하의 어미가 될 수 있다.

寂寥, 無聲無臭也. 獨立而不改, 言無極墮在陰陽之中, 則遂爲太極, 卓然獨立, 而不爲陰陽所雜改其形體也. 周行而不殆, 言太極樞紐陰陽, 萬轉萬變, 終始一轍, 無少差跌也. 爲天下母, 言陰闔陽闢之間, 萬物由是化生, 如子女之生於母也.

'고요히 휑하다'(寂寥)는 말은 소리도 없고 냄새도 없다는 것이다. '홀로 서 있으면서도 변경하지 않는다.'(獨立而不改)는 구절은 무극無極이 음양의 가운데로 내려와 있게 되면, 마침내 태극이 되어 홀로 서 있으면서도 음양 때문에 그 형체를 잡다하게 변경시키지 않는다는 말이다. '두루 다니면서도 차질이 없다.'(周行而不殆)는 구절은 태극이 음양의

'긴요한 것'(樞紐)이니, 온갖 것으로 옮겨 다니면서 변화할지라도 처음과 끝이 일관되고 조금도 차질이 없다는 말이다.[101] '천하의 어미가 된다.'(爲天下母)는 구절은, 음양이 열리고 닫히는 사이에 만물이 이것으로 말미암아 변화되어 나오니, 자녀가 어머니에게서 나오는 것과 같다는 말이다.

吾不知其名, 字之曰道.

나는 그것의 이름을 무엇이라고 해야 할지 알지 못해 별명을 붙여서 도(道)라고 한다.

不知, 是無極乎太極乎. 未定其名, 故以道爲其字也.

알지 못하는 것이 바로 무극이고 태극일 것이다. 그것의 이름이 무엇이라고 정해지지 않기 때문에 도(道)로 그 별명을 붙인 것이다.

强爲之名曰大.

[음양을] 억지로 이름 붙여서 큰 것이라고 한다.

此以陰陽言之. 蓋上文旣以道而字太極, 則今不應復名之故也. 有名, 萬物之母, 則陰陽可以名矣. 然名可名, 非常名, 故其名强爲之名也. 大, 盛大流行之意也.

이 구절은 음양을 기준으로 말한 것이다. 대개 위의 구절에서 이미 도

---

101) 『參同攷』, 「易參同契」上篇, "乾坤者, 易之門戶, 衆卦之父母" 구절에 대한 주, "…. 先天圖, 自坤之純陰而闢之, 極其長, 則爲乾之純陽. 又自乾之純陽而闔之, 極其消, 則爲坤之純陰. 一闔一闢, 皆樞紐乎乾坤, 而萬化由是出入. 故曰…."

道라는 이름을 가지고 태극의 별명을 삼았다면, 이제 다시 이름 붙여서는 되지 않는다. 이름 있음은 만물의 모체이니 음양으로 이름 붙일 수 있다. 그러나 명명할 수 있는 이름은 한결같은 이름이 아니기 때문에 그 이름은 억지로 이름 붙인 것이다. '큰 것'(大)이라는 말은 성대하게 유행한다는 의미이다.

大曰逝, 逝曰遠, 遠曰反.

큰 것을 끊임없이 가는 것이라고 하고, 끊임없이 가는 것을 멀어지는 것이라고 하며, 멀어지는 것을 반대로 되는 것이라고 한다.

逝, 如論語逝者如斯之逝. 言日往而月來, 寒往而署來, 皆陰陽承載太極之道, 繼續不已也. 遠, 如易繫[辭],[102] 遠則不禦之遠. 言陰陽承載太極之道, 無遠不到, 莫得以限止之也. 反, 如先天對待後天反對之反. 言先天之終, 必爲後天, 對待之終, 必爲反對也.

'간다'(逝)는 말은 『논어』 「자한」에서 "가는 것이 이 물과 같구나."[103]라고 할 때의 '간다'(逝)는 말과 같다. 날이 가고 달이 오며 추위가 가고 더위가 오니, 모두 음양이 태극이라는 도를 받들어 싣고 계속해서 그치지 않는다 말이다. '멀어진다'(遠)말은 『역』의 「계사상」에서 "멀어지는 것으로 말하면 다함이 없다."[104]라고 할 때의 '멀어진다'(遠)는 말과 같다. 음양이 태극이라는 도를 받들어 싣고는 아무리 멀어도 도달하지 않는 곳이 없으니, 제한하는 것으로 멈추게 할 수 없다는 말이다.[105]

---

102) 辭 : 옮긴이가 문맥에 맞추어 보충한 글자이다.

103) 『論語』, 「子罕」, "子在川上曰, 逝者如斯夫. 不舍晝夜."

104) 『周易』, 「繫辭上」 六章, "夫易廣矣大矣. 以言乎遠則不禦, 以言乎邇則靜而正, 以言乎天地之."間則備矣.

105) 『도덕지귀』 37장, "自古及今, 其名不去, 以閱衆甫." 구절에 대한 주, "음양

'반대로 되는 것'(反)이라는 말은 선천先天이 후천後天을 마주 대하여 반대가 된다고 할 때의 '반대가 된다'(反)는 말과 같다. 선천의 끝은 반드시 후천이 되니, 서로 마주 대하는 끝은 반드시 반대가 된다는 말이다.

故道大. 天大, 地大, 王亦大. 域中有四大, 而王居其一焉.

그러므로 도가 크다. 하늘이 크고 땅이 크며 왕도 또한 크다. 영역에는 네 가지 큰 것이 있는데, 왕이 그 하나를 차지하고 있다.

域, 上天下地之界域也. 道爲天之中, 天爲地之中, 地爲天之中, 而王又主天地之中. 盖天地之中, 二氣升降, 王實爲之樞紐. 故洪範, 皇極, 亦以王心言之.

'영역'(域)은 하늘(上天)과 땅(下地)의 범위이다. 도는 하늘의 중심이 되고, 하늘은 땅의 중심이 되며, 땅은 하늘의 중심이 되는데, 왕은 또 천지를 주관하는 중심이다. 대개 하늘과 땅 가운데에 [음양의] 두 기운이 오르내리니, 왕은 실로 그 중심이 된다. 그러므로 「홍범」에서 황극皇極을 또한 왕의 마음으로 말했다.[106]

人法地, 地法天, 天法道, 道法自然.

사람은 땅을 본받고, 땅은 하늘을 본받으며, 하늘은 도를 본받고, 도는 저절로 그렇게 됨을 본받는다.

이라고 하면 이것은 바로 태극을 '받들어 싣고 있다는 것'(承載)이다.(曰陰陽, 則是乃承載太極者也.)"

[106] 『書經』, 「洪範」, "五, 皇極, 皇建其有極, 斂時五福, 用敷錫厥庶民, 惟時厥庶民, 于汝極, 錫汝保極. …… 曰, 皇極之敷言, 是彝是訓, 于帝其訓."

人心之謙沖柔弱, 法地之虛靜, 地之虛靜, 法天之玄穆, 天之玄
穆, 法道之太極陰陽, 道之太極陰陽, 又法無極之自然, 此所以天
地人之道也. 邵子皇極經世書, 亦引用地法天, 天法道之語, 盖老
子此言, 精深微妙, 得大易之要旨. 但其自居於太極陰陽, 而五行
以下, 皆藐視之, 不使與於道者, 與儒道爲不同也.

사람 마음의 겸손함과 비어있음과 부드러움과 약함은 땅의 비어있음
과 고요함을 본받았고, 땅의 비어있음과 고요함은 하늘의 검은 색과
맑음을 본받았으며, 하늘의 검은 색과 맑음은 도의 태극과 음양을 본
받았고, 그리고 도의 태극과 음양은 또 극이 없는 것의 저절로 그렇게
됨을 본받았으니, 이것이 하늘과 땅과 사람의 도가 되는 까닭이다. 소
강절(邵子)이 『황극경세서』107)에서 또한 "땅은 하늘을 본받고 하늘은
도를 본받는다."108)는 말을 인용했으니, 대개 노자의 이 말이 정밀하고
심오하며 미묘해서 위대한 『역』의 요지를 얻었다는 것이다. 다만 노자
가 태극과 음양에 대해서는 자처하면서 오행 이하에 대해서는 모두
무시하고 도와 관련시키지 않았으니, 이것이 유가의 도와 같지 않은
것이다.

右第二十四章.
위의 것은 제24장이다.

---

107) 『황극경세서』: 책 이름으로 송유(宋儒) 소옹(邵雍)의 저술이다. 모두 12권
   으로 주역에 의거하여 소옹 자신의 철학설을 기술하였다.
108) 宋 祝泌의 『觀物篇解』 「卷五」 "天之道盡于地矣" 구절의 주에 나오는 말이다.

제25장

重爲輕根,

무거운 것은 가벼운 것의 뿌리가 되고,

觀於樹木, 則根本必重, 枝葉必輕, 是重爲輕之根也.

수목을 살펴보면 뿌리와 밑동은 반드시 무겁고 가지와 잎은 반드시 가벼우니, 바로 무거운 것이 가벼운 것의 뿌리가 됨이다.

靜爲躁[109]君,

안정된 것(靜)은 조급한 것의 주재자가 된다.

觀於人身, 則心君安靜, 五官躁[110]動, 是安靜爲躁[111]動之君也.

사람의 몸을 살펴보면 마음이라는 주재자는 안정되어 있고, '다섯 감각기관'(五官)은 조급하게 움직이니, 바로 안정된 것이 조급한 것의 주재자가 됨이다.

是以君子終日行, 不離輜重, 雖有榮觀, 燕處超然.

이 때문에 군자는 종일 길을 갈지라도 짐수레에서 이탈하지 않고, 비록 화려한 볼거리가 있을지라도 한가로운 마음으로 초연히 있다.

---

109) 躁 : 필사본에 '조燥'자로 되어 있는 것을 옮긴이가 수정했다. 『노자집해』에 '躁'자로 되어 있다.

110) 躁 : 필사본에는 '조燥'자로 되어 있는 것을 옮긴이가 수정했다.

111) 躁 : 필사본에는 '조燥'자로 되어 있는 것을 옮긴이가 수정했다.

君子, 有位者之稱也. 輜重, 所以載其奉養君子者, 盖古者吉行乘
乘車, 師行乘兵車, 皆有輜重. 衣蔽前後, 載服食器械, 隨車之後,
行止不離, 亦輕躁本重靜之義也. 榮觀, 榮耀之觀, 穀梁傳[112]云,
常事曰視,[113] 非常曰觀. 燕處超然, 謂不躁心輕身於榮觀, 而歙
退閑居, 高出衆物之表也.

군자는 지위가 있는 사람에 대한 칭호이다. '짐수레'(輜重)는 군자를 봉
양할 물건을 싣는 것으로 대개 옛날의 '즐거운 일로 인한 행차'(吉行)에
는 '네 마리 말이 끄는 수레'(乘車)를 탔으며, '전쟁으로 인한 행차'(師
行)에는 '전쟁에 사용하는 수레'(兵車)를 탔는데 모두 짐수레가 있었다.
천으로 앞뒤를 가려놓고 의복과 음식 그리고 그릇과 기구를 싣고는 수
레의 뒤에 따라가면서 갈 때나 멈추어 있을 때나 수레를 이탈하지 않았
으니, 또한 본문 앞 구절에서 '가볍고 조급한 것'(輕躁)이 '무겁고 안정
된 것'(重靜)을 뿌리로 한다는 의미이다. '화려한 볼거리'(榮觀)는 환하
게 빛나는 광경이니, 『곡량전』[114]에서 "보통의 일에 대해서는 '본다'
(視)고 하고, 보통을 벗어난 일에 대해서는 '관찰한다'(觀)"[115]고 하는
경우이다. '한가로운 마음으로 초연히 있다'(燕處超然)는 것은 환하게
빛나는 광경에 대해서 마음을 조급하게 하거나 몸을 가볍게 움직이지

112) 穀梁傳 : 필사본에는 '公羊傳'으로 되어 있다. 그런데 다음에 이어지는 인용
　　 문이 『곡량전穀梁傳』의 내용이기 때문에 옮긴이가 수정했다.
113) 視 : 필사본에는 '見'자로 되어 있는데, 『春秋穀梁傳』에 '視'자로 되어 있기
　　 에 옮긴이가 수정했다.
114) 『춘추곡량전春秋穀梁傳』 : 전국시대 魯나라의 곡량적穀梁赤이 『춘추』의 의
　　 례義禮를 풀이한 책이다. 제齊나라의 공양고公羊高가 지은 『공양전公羊傳』,
　　 춘추시대 노魯나라 사관史官 좌구명左丘明이 지은 『좌씨전左氏傳』과 함께
　　 『춘추』삼전春秋三傳으로 불린다.
115) 『春秋穀梁傳』, 「隱公」, "五年, 春, 公觀魚于棠. 傳曰, 常事曰視, 非常曰
　　 觀. 禮, 尊不親小事, 卑不尺大功, 魚, 卑者之事也, 公觀之, 非鄭也."

않고, '자신을 단속함으로 물러나 한가롭게 있으면서'(歛退閑居) '모든 사물의 밖'(衆物之表)으로 고고하게 벗어난다는 말이다.

奈何萬乘之主, 而以身輕天下. 輕則失臣, 躁則失君.

어찌 천자의 신분이 되어서 자신[의 사욕] 때문에 천하를 가볍게 보겠는가? 가볍게 보면 신하를 잃게 되고, 조급하게 굴면 임금 자리를 잃게 된다.

輕則失臣, 謂人君輕脫, 則臣下不爲其用也, 躁則失君, 謂人君躁擾, 則人君自失其國家也.

'가볍게 보면 신하를 잃는다'(輕則失臣)는 것은 임금이 탈선을 가볍게 여기면 신하들을 제대로 부릴 수 없다는 말이고, '조급하게 굴면 임금의 자리를 잃게 된다'(躁則失君)는 것은 임금이 조급하면 임금이 스스로 국가를 잃게 된다는 말이다.

右第二十五章.

위의 것은 제25장이다.

제26장

善行, 無轍跡, 善言, 無瑕謫, 善計, 不用籌策. 善閉, 無116)關
鍵而不可開, 善結, 無繩約而不可解.

수레를 잘 몰고 가는 자는 바퀴자국의 흔적을 남기지 않고, 말을
잘하는 자는 꾸짖을 티가 없으며, 사물을 잘 헤아리는 자는 산가지
를 사용하지 않는다. 잘 닫아놓은 것은 빗장이 없지만 열 수 없고,
잘 묶어놓은 것은 묶어놓은 줄이 없지만 풀 수 없다.

轍, 車跡也, 跡, 尋跡也, 無轍跡, 言無轍可跡也. 瑕, 疵也, 謫,
責也, 無瑕謫, 言無瑕可謫也. 籌策, 以竹爲之, 計者執以度事. 如
長良所謂, 請借前箸, 爲大王籌之, 是也. 關鍵, 拒門木也. 約, 束
也. 歷言此以明天下之至善, 不屈於虛, 有用於無者, 乃太極陰
陽, 無兆朕無形體, 而出天地之萬化也.

'바퀴자국'(轍)이라는 말은 수레바퀴의 자국이라는 것이고, '흔적'(跡)이
라는 말은 찾을 수 있는 흔적이라는 것이니, '바퀴자국의 흔적을 남기
지 않는다'(無轍跡)라는 말은 찾을 수 있는 수레바퀴의 흔적이 없다는
것이다. 티(瑕)는 흠이고, '꾸짖는다'(謫)는 말은 나무란다는 것이니,
'꾸짖을 티가 없다'(無瑕謫)는 말은 꾸짖을 흠이 없다는 것이다. '산가
지'(籌策)는 대나무로 만든 것인데, 계산하는 사람이 그것을 가지고 일
을 헤아리는 것이다. 이를테면 장양張良이 이른바 [식탁] 위의 젓가락
으로 왕(大王)을 위하여 일을 헤아려보겠다고 한 것이 이런 경우이다.
'빗장'(關鍵)은 문을 닫는 나무이다. '묶어놓는다'(約)는 말은 결박한다

---

116) 無 : 필사본에는 '不'자로 되어 있는 것을 옮긴이가 수정했다. 『노자집해』에
'無'자로 되어 있기 때문이다.

는 것이다. 차례차례 위와 같은 사례를 말함으로써 천하에서 지극히
잘하는 것은 '비어있는 것'(虛)에서 끝나지 않고 '아무 것도 없는 것'(無)
에서 쓰임이 있다는 것을 밝혔으니, 바로 태극과 음양은 조짐도 없고
형체도 없지만 천지의 모든 변화를 내놓는다는 것이다.

是以聖人常善救人, 故無棄人, 常善救物, 故無棄物. 是謂襲明.
이렇게 함으로써 성인은 항상 사람을 잘 구제하기 때문에 버리는
사람이 없고, 사물을 항상 잘 구제하기 때문에 버리는 사물이 없
다. 이것을 '거듭 밝은 것'(襲明)이라고 한다.

救人於禍患, 而使救人之跡, 彰著於外, 則其禍人患人者, 反爲可
惡可棄之人. 而一人雖救, 一人不全, 是在我者, 不可謂之善救人
矣. 惟聖人則不然, 使其跡未嘗彰著, 以爲兩全之道焉. 救物倣
此. 襲, 重也. 救人爲明, 故善救人, 爲重明也.
재앙과 우환에서 사람을 구제하면서 사람을 구한 흔적이 밖으로 드러
나도록 하면, 남에게 재앙과 우환이 있게 한 장본인은 도리어 미움을
받게 되어 추방되어야 할 사람이 된다. 한 사람이 구제되었을지라도
다른 한 사람이 온전하게 되지 못한다면, 이것은 자신에게 있어서 남을
잘 구제한 것이라고 말할 수 없다. 오직 성인이라면 그렇게 하지 않고
그 흔적이 드러나지 않도록 함으로써 양쪽이 온전해지는 도를 행한다.
사물을 구제할 때도 이와 동일하게 한다. '거듭'(襲)이라는 말은 중첩해
서(重)라는 것이다. 사람을 구제하는 것이 밝음이기 때문에 사람을 잘
구제하는 것은 '거듭 밝은 것'(重明)이다.

故善人, 不善人之師, 不善人, 善人之資.

그러므로 훌륭한 사람은 훌륭하지 못한 사람의 스승이고, 훌륭하지 못한 사람은 훌륭한 사람의 밑천이다.

無法而可爲法, 故曰師, 不用而常見用, 故曰資.
본받을 점이 없는데도 본보기가 될 수 있기 때문에 스승(師)이라고 했고, 사용하지 않는데도 항상 사용되기 때문에 밑천이라고 했다.

不貴其師, 不愛其資, 雖智大迷, 是謂要妙.
그런데 남의 스승이 되는 것에 대해 존귀하게 보지 않고, 자신의 밑천으로 삼는 것에 대해 아끼지 않으며, 비록 지혜로울지라도 크게 미혹된 듯이 하니, 이렇게 하는 것을 중요하고 묘한 것이라고 한다.

不貴不愛, 猶第五章, 天地不仁, 聖人不仁之語. 言不自貴其爲人之師, 不常愛其爲吾之資也, 雖有高智, 自視亦若大迷者, 是爲至要至妙之道. 盖道則太極陰陽, 而太極陰陽, 冲澹無情, 不貴, 不自愛, 不自智. 故爲道者, 亦象之而然也.
'존귀하게 보지 않는다'(不貴)는 것과 '아끼지 않는다'(不愛)것은 5장의 "천지는 어질지 않고 성인은 어질지 않다"는 말과 같다. 남의 스승이 되는 것에 대해 스스로 귀하게 여기지 않고, 자신의 밑천으로 삼는 것에 대해 늘 아끼지 않으며, 비록 높은 지혜를 가지고 있으면서도 스스로 보기를 또한 크게 미혹된 듯이 하니, 이렇게 하는 것이 바로 지극히 중요하고 지극히 묘한 도를 행하는 것이라는 말이다. 대개 도라면 태극과 음양인데, 태극과 음양은 '비어있고 조용하며'(冲澹) 정이 없음으로 스스로 귀하게 여기지도 않고 스스로 아끼지도 않으며 스스로 지혜롭게 보지도 않는다. 그러므로 도를 행하는 자도 그것을 본받아서 그렇게 하는 것이다.

右第二十六章.
위의 것은 제26장이다.

제27장

知其雄, 守其雌, 爲天下谿. 爲天下谿, 常德不離, 復歸於嬰
兒. 復, 扶又反. 下同.

수컷[의 특성]을 알면서 암컷[의 특성]을 지켜 천하의 시내가 된다.
천하의 시내가 되면 한결같은 덕이 떠나가지 않아 다시 아기의 상
태로 돌아간다. '부復'자의 음은 '부扶'자의 'ㅂ'과 '우又'자의 'ㅜ'를 합한 '부'
이다. 아래에서도 같다.

知以識言, 守以行言. 雄雌, 陰陽之象也. 陽統乎陰, 雄統乎雌, 擧
雄則雌在其中, 雌不能兼雄也. 谿, 谷之衆水所注也. 常德, 卽與
道合一之德也. 嬰兒, 所以本始於長老也. 盖知崇象天, 天無不
包, 故通陽雄陰雌, 而欲其幷知之也. 守卑法地, 地常在下爲基,
故靜在動下, 爲基於動, 謙在名下, 爲基於名也. 夫如是, 則人心,
亦恬然趨向, 如衆水咸注於谿谷, 而與道合一之德, 不離於身. 以
世則爲太古, 以人則爲嬰兒. 嬰兒雖剛暴之人, 莫不愛之也.

'안다'(知)는 말은 지식을 기준으로 말한 것이고, '지킨다'(守)는 말은
행위를 기준으로 말한 것이다. 수컷(雄)과 암컷(雌)은 '음양의 상징'(陰
陽之象)이다. 양이 음을 통솔해서 수컷이 암컷을 통솔하니, 수컷을 든
다면 암컷이 그 가운데 있지만, 암컷이 수컷을 겸할 수 없다. 시내(谿)
는 골짜기의 모든 물이 모여드는 곳이다. '한결같은 덕'(常德)은 곧 도
와 합일된 덕이다. 아기는 노인들에게 근본이고 시작이다. 대개 숭상할
것을 알아 하늘을 본받는데, 하늘은 감싸주지 않는 것이 없기 때문에
양인 수컷과 음인 암컷에 통하며 그것들을 아울러서 주관하고자 한다.
그리고 낮은 것을 지켜 땅을 본받는데, 땅은 항상 아래에서 기반이 되
므로, 고요함(靜)을 움직임(動)의 아래에 두어 움직임의 터전을 삼고,

겸손함(謙)을 명예의 아래에 두어 명예의 터전을 삼는다. 이와 같이하면 사람의 마음이 또한 적절히 나아가기를 마치 모든 물이 모두 시내로 흘러 들어가는 것처럼 되어 도와 합일된 덕이 자신에게서 떠나가지 않는다. [이와 같이 한 것이] 세대(世)를 기준으로 하면 태고太古가 되고 사람을 기준으로 하면 아기가 된다. 아기는 비록 난폭한 사람일지라도 사랑하지 않는 경우가 없다.

知其白, 守其黑, 爲天下式. 爲天下式, 常德不忒, 復歸於無極.
백을 알면서 흑을 지켜 천하의 본보기가 된다. 천하의 본보기가 되면 한결같은 덕이 어긋나지 않아 극이 없음으로 다시 돌아온다.

白黑, 以陰陽之色言之, 與參同契言金水之色, 不同矣. 忒, 差也. 無極者, 太極之本然也, 無極本無聲臭, 本無方體, 而及其乘陰陽 運陰陽也. 惟陰靜肖無極之本然, 至於陽動之後, 則氣機推盪, 不 復見其本然. 故人之處心立事, 常主於靜. 如從容者, 氣象之靜 也, 謹愼者, 言語之靜也, 深密者, 措處之靜也, 韜光歛華者, 保全 身名之靜也. 誠能於此, 眞積力久, 則可以復歸無極之本然, 而嬰 兒又不足言矣. 復歸無極, 如中庸篇末, 淡簡溫, 無聲無臭之意. 大抵天道至大, 仁知之見, 雖或參差, 而其大段全體之所歸宿, 則 不能易也.

흑과 백은 음양의 색을 가지고 말한 것이니, 『참동계』117)의 [오행에서] 금金과 수水의 색118)이라고 한 것과는 같지 않다. '어긋나다'(忒)는 말

---

117) 『참동계』: 도가의 내단內丹 수련에 관한 서적으로 한대漢代의 위백양魏伯陽이 지었다.
118) 『周易參同契』, 「上篇第三」, 第七章, "知白守黑, 神明自來. 白者金精, 黑者水基."

은 '잘못되었다'(差)는 것이다. 극이 없음은 태극의 본연이니, 극이 없음은 본시 소리와 냄새가 없고 방향과 형체가 없으면서 음양을 타고 음양을 운행하게 된다. 오직 '음의 고요함'(陰靜)만이 극이 없음의 본연과 비슷하니, 양이 움직인 다음이라면 기운의 기틀이 밀려나오고 움직여서 다시 그 본연을 볼 수 없다. 그러므로 사람의 마음 씀과 일 처리는 항상 고요함을 주로 한다. 이를테면 '조용'(從容)한 것은 기상(氣象)에 있어서 고요함이고, 근신하는 것은 말함에 있어서 고요함이며, '깊고 치밀한 것'(深密)은 일을 처리함에 있어서 고요함이고, 빛을 감추고 화려한 것을 검속하는 것은 몸과 명예를 보전함에 있어서 고요함이다. 진실로 이것을 능하게 해 착실하게 오래도록 힘을 쌓아간다면 다시 극이 없음의 본연으로 복귀할 수 있으니, 아기에 대해서는 또 그다지 말할 필요가 없다. 극이 없음에 다시 복귀한다는 것은 이를테면 『중용』끝 부분에서 '[군자의 도는] 담박해[지만 싫증나지 않고 간략해[지만 문채가 있고 온화해[지만 조리가 있다',119)고 하고 '[하늘의 일은] 소리도 없고 냄새도 없다.'120)라고 한 의미이다. 대체로 천도는 지극히 커서 어짊과 슬기로움으로 드러남이 비록 혹 다를 수 있을지라도 '큰 요지'(大段)와 전체가 귀착하는 것은 바꿀 수 없다.

**知其榮, 守其辱, 爲天下谷. 爲天下谷, 常德乃足, 復歸於樸.
樸散而爲器. 聖人用之, 則爲官長, 故大制不割.**

영화로움을 알면서 욕됨을 지켜 천하의 골짜기가 된다. 천하의 골짜기가 되면 한결같은 덕이 풍족해져서 질박한 것으로 다시 복귀한다. 질박한 것이 분산되면 그릇이 된다. 성인이 그것을 사용한다

---

119) 『中庸』, 33章, "君子之道, 淡而不厭, 簡而文, 溫而理."
120) 『中庸』, 33章, "詩曰, 德輶如毛, 毛猶有倫. 上天之載, 無聲無臭, 至矣."

면 [일정한 직무는 없지만 모든 직무를 통솔하는] 장관처럼 하기 때문에 위대한 제재는 분할하지 않는 것이다.

知榮守辱, 如徐孺子韓康,[121] 有顯達之才, 而隱于賣鏡賣藥, 是也. 樸, 木之渾然者也. 渾然之木, 割裂分散, 各爲一器之用, 其用者狹. 若聖人之用, 則不然, 如官長無一職, 而衆職無不統, 如大樸無一器, 而衆器無不具. 故裁制之大者, 盡用其全體, 初不割裂斷裁也. 朱子曰, "老子之學只要退步柔伏, 不與儞爭. 才有一毫主張計較思慮之心, 這氣便粗了. 故曰, '爲天下谿, 爲天下谷,' 所謂谿谷, 只是低下處. 讓儞在高處, 他只要在卑下處, 全不與儞爭."

영화로움을 알면서 욕됨을 지킨다는 것은 이를테면 서유자徐孺子[122] 와 한강韓康[123]이 입신출세할 수 있는 재주를 가지고 있으면서 거울이나 약초를 팔며 숨어 지낸 것이 여기에 해당한다. '질박한 것'(樸)은

---

121) 필사본에는 '강康'자 뒤에 '백伯'자가 더 있는데, 옮긴이가 문맥에 따라 수정했다.

122) 서유자徐孺子 : 후한後漢 때의 남창南昌 사람 서치徐穉의 자가 유자孺子이다. 집안이 가난하여 몸소 농사를 지어 생계를 꾸렸다. 조정에서 여러 차례 초빙했으나 벼슬하지 않았다. 진번陳蕃이 태수가 되었음에도 빈객을 접대하지 않다가 유자가 오자 특별히 그를 위해 의자 하나를 놓았다가 떠나가자 매달아 놓았다. 『후한서後漢書』에 전기가 있다.

123) 한강韓康 : 후한後漢 때의 패릉霸陵 사람으로 자字는 백휴伯休. 항상 명산에서 약초를 캐 장안長安의 저자에서 팔기를 30년 이상 하면서 값을 결코 에누리하지 않았는데, 그 때문에 이름이 나자 한탄하면서 산중으로 숨었다. 환제桓帝가 후한 예를 갖추어 초빙했으나 오는 중도에 달아나 천수를 누렸다. 『후한서後漢書』에 전기가 있다. 원래의 원문에 한강백韓康伯으로 되어 있는 것은 그 이름 한강韓康에다가 그 자 백휴伯休에서 백伯을 합쳐 부른 것으로 보인다.

다듬지 않아 온전한 나무이다. 다듬지 않아 온전한 나무를 잘라서 나누면 제각기 어떤 하나의 그릇으로 효용이 있지만 그 효용은 협소하다. 성인께서 사용하실 것 같으면 그렇게 하지 않으시니, 이를테면 장관이 일정한 직무는 없지만 모든 직무를 통솔하지 않음이 없는 것과 같고, '전혀 다듬지 않아 온전한 나무'(大樸)에 어떤 [모양의] 그릇도 없지만 모든 그릇이 [이것에서] 갖추지 않음이 없는 것과 같다. 그러므로 제재하는 것이 큰 자는 그 전체를 모두 사용하고 처음부터 나누어서 재단하지 않는다. 주자는 "노자의 학은 단지 물러나 부드럽게 엎드려 있으면서 남들과 다투지 않으려는 것이다. 아주 조금이라도 무엇인가 주장하고 헤아리며 생각하는 마음이 있게 되면 기운이 바로 거칠어진다. 그러므로 '천하의 시내가 되고 천하의 골짜기가 된다.'고 했으니, 이른바 시내와 골짜기는 단지 낮은 곳일 뿐이다. 높은 곳에 있기를 남에게 사양하고 그는 단지 낮은 곳에 있고자 하니, 남과 전혀 다투지 않는 것이다."[124]라고 했다.

右第二十七章.
위의 것은 제27장이다.

---

124) 『朱子語類』卷第一百二十五,「老氏莊列附」,「谷神不死章第六」, "老子之學只要退步柔伏, 不與你爭. 才有一毫主張計較思慮之心, 這氣便粗了. 故曰, 致虛極, 守靜篤, 又曰, 專氣致柔, 能如嬰兒乎. 又曰, 知其雄, 守其雌, 爲天下谿, 知其白, 守其黑, 爲天下谷. 所謂谿, 所謂谷, 只是低下處. 讓你在高處, 他只要在卑下處, 全不與你爭. 他這工夫極離."

제28장

將欲取天下而爲之. 吾見其不得已.

천하를 취하려고 무엇인가 한다. 그런데 나는 그렇게 해서는 할
수 없을 뿐임을 안다

取, 猶致也. 爲之, 謂有爲而爲之也. 不得, 不得於治也. 已, 語辭.
'취한다'(取)는 말은 '끌어들인다'(致)는 것과 같다. '무엇인가 한다'(爲
之)는 말은 무엇인가 할 것이 있어 한다는 것이다. '할 수 없다'(不得)는
말은 다스릴 수 없다는 것이다. '뿐이다'(已)는 말은 어조사이다.

天下神器, 不可爲也. 爲者敗之, 執者失之.

천하의 신묘함과 그릇은 다스려서는 안 된다. 다스릴 경우 손상되
고 잡을 경우 놓친다.

神, 猶太極, 器, 猶陰陽, 無方所, 無定體, 非可爲可執之物也. 速
水司馬氏曰, 爲之則傷自然, 執之則乖通變.
'신묘함'(神)은 태극과 같고, '그릇'(器)은 음양과 같아 방향도 없고 일정
한 형체도 없으니 무엇인가 하고 잡을 수 있는 것이 아니다. 속수사마
速水司馬씨는 "무엇인가 하면 저절로 그렇게 됨을 해치고, 잡으면 '모
든 변화'(通變)를 어그러뜨린다."[125]라고 했다.

故物或行或隨, 或呴或吹, 或强或羸, 或載或隳.

---

125) 『道德眞經論』 卷二第三-四의 註, "爲之則傷自然, 執之則乖變通."

그러므로 사물들 중에는 혹 앞서 나가는 것도 있고 뒤에 따라가는 것도 있으며, 따뜻한 것도 있고 서늘한 것도 있으며, 강한 것도 있고 약한 것도 있으며, 올라가는 것도 있고 내려오는 것도 있다.

天下之物, 或行而先, 或隨而後, 或呴而溫, 或吹而寒, 或强而剛, 或羸而弱, 或載而升, 或墮而降. 變態千萬, 至不齊焉, 此亦陰闔陽闢, 自然之勢也. 於此若欲以人爲一之, 則愈見其煩擾雜亂, 適足以敗事取患也.

천하의 사물은 앞서서 나아가기도 하고 뒤쳐져서 따라가기도 하며, 입으로 더운 김을 내쉬듯이 따스하기도 하고 입으로 찬바람을 내쉬듯이 서늘하기도 하며, 세차서 굳세기도 하고 앓아서 약하기도 하며, 머리에 올려놓은 듯이 올라가기도 하고 무너지듯이 내려오기도 한다. 변화의 형태가 천태만상으로 같지 않으니, 이런 것들이 또한 음이 닫히고 양이 열리면서 저절로 그렇게 되는 추세이다. 이런 것들을 만약 인위적으로 동일하게 하려고 하면, 더욱 번잡함과 혼란스러움을 드러내면서 마침내 거의 일을 망치고 근심을 얻게 될 것이다.

是以聖人去甚, 去奢, 去泰.

이 때문에 성인은 심한 것을 제거하고 사치한 것을 제거하며 멋대로 하는 것을 제거한다.

奢, 濫也, 泰, 肆也. 承上文言聖人因天下自然之勢, 而但於其中, 損去泰甚者, 以應之. 此盖治道之虛靜因應也. 漢書黃霸傳曰, 凡治道去其泰甚者耳, 其言盖本諸此.

'사치한 것'(奢)은 넘치는 것이고 '멋대로 하는 것'(泰)은 방자한 것이다. 위의 구절에 이어 성인은 천하의 저절로 그렇게 되는 추세로 말미암으면서 단지 그 가운데 멋대로 하고 심한 것을 덜어내 제거함으로써 대응한다는 말이다. 이것은 대개 다스리는 방법에서 비워서 고요하게 하는 것과 말미암아 대응하는 것이다. 『한서』「황폐전黃霸傳」에서 "다스리는 방법은 '멋대로 하고 심한 것'(泰甚)을 제거하는 것일 뿐이다."[126]라고 했는데, 그 말은 대개 이 구절에 근거를 둔다.

愚按太史公曰, 老子所貴道, 虛無因應, 變化於無爲, 而朱子亦曰, 道家之說最要這因, 萬件事, 只因來做云云. 然因應之說, 不見於老子, 而其見於諸子, 則蓋班班焉. 管子曰, 其應非所設也, 其動非所取也, 此言因也. 因也者, 捨己而以物爲法[127]者也. 感而後應, 非所設也, 緣理而動, 非所取也. 莊子曰, 虛無因應, 呂氏春秋曰, 因者, 君術也, 爲者, 臣道也. 爲則擾矣, 因則靜矣. 因冬爲寒, 因夏爲暑, 君奚事哉. 故君道無知無爲, 而賢於有知有爲, 則得之矣. 豈因應二字, 本在經文, 古本而後或脫簡歟. 抑後人之爲老子者, 創立此名, 如已發未發, 孔子未之言, 子思言之也歟.

내가 생각해 보건대, 태사공은 "노자가 귀하게 여긴 도는 마음을 비우고 말미암아 응해 아무 것도 함이 없는 상태에서 변화시키는 것이다."[128]라고 했고, 주자도 "도가의 설은 말미암는 것을 최고의 요체로

---

126) 『前漢紀』,「前漢孝宣皇帝紀卷第十九」, "潁川太守黃霸, 以治行尤異. ……. 霸不聽. 或問其故. 曰: '數易長吏, 送故迎新之費, 乃爲姦史因緣. 公私費耗甚多, 皆出於民, 新長吏又未必賢. 凡治道去其太甚耳.' 霸外寬內明, 得吏民心. 戶口歲增, 治爲天下第一.";『老子集解』, 29章註, "……. 漢書黃霸傳曰: '治道去其泰甚者耳.' 其言蓋本於此, 而意實不同. 事有太過者, 去之, 若夫小而無害者, 則因循而不必改作. 此漢儒之意也. 物有固然, 不可强爲, 事有適當, 不可復過. 此老子之本意也."

127) 法 : 필사본에는 '거去'자로 되어 있다.

128) 『老子集解』, 6章註, "史記曰, 老子所貴道, 虛無因應, 變化於無爲. 至哉言乎. 蓋卽谷神之說也.";『史記』, 卷六十三,「老子韓非列傳」第三, "太史公

해서 모든 일을 말미암을 뿐이라고들 한다."[129]라고 했다. 그렇지만 '말미암아 대응한다는 설'(因應之說)은 『노자』에 없고, 제자백가에 있는 것이라면 분명하다. 관자[130]가 "'그 대응은 [인위적으로] 만든 것이 아니고, 그 움직임은 취한 것이 아니[다'고 했으니, 이 구절이 '말미암음'(因)을 말한 것이다. 말미암음이란 자신[의] 생각을 버리고 사물로 모범을 삼는 것이다. 감응한 이후에 대응하는 것은 [인위적으로] 만든 것이 아니고, 이치로 말미암아서 움직이는 것은 취한 것이 아니다."[131]라고 했다. 장자가 "비움과 말미암음과 응함."[132]이라고 했고, 『여씨춘추』[133]에서 "'말미암는 것'(緣)은 '임금의 통치술'(君術)이고, '무엇인가

曰, 老子所貴道, 虛無因應, 變化於無爲. 故著書辭稱微妙難識."

129) 『朱子語類』卷第一百二十五,「莊子書」「内篇養生第三」, "因者, 君之綱. 道家之說最要這因. 萬件事, 且因來做. 因擧史記老子傳贊云云, 虛無因應, 變化於無窮. 曰, 虛無是體, 與因應字當爲一句. 蓋因應是用因而應之之義云爾."

130) 관자 : 관중管仲을 높여 부르거나 그의 책을 관자라고 한다. 관중이 지었다고 하지만 책 중에 관중이 죽은 다음의 일이 많이 실려 있는 것으로 봐서 후세의 사람들이 보충한 것이 많은 것 같다. 법치주의와 경제정책을 기술하고 기타 철학과 윤리까지도 언급하였다. 원본은 86편이었으나 후세에 10편은 사라졌다.

131) 『管子』,「心術上」第三十六, "惡不失其理, 欲不過其情, 故曰, 君子, 恬愉無爲, 去智與故, 言虛素也. 其應非所設也其動非所取也, 此言因也. 因也者, 舍己而以物爲法者也. 感而後應, 非所設也, 緣理而動, 非所取也."

132) 『장자』에서 허무虛無는 「각의刻意」에, 인인因人은 「재유在宥」에 응應은 「천운天運」에 있다.

133) 『여씨춘추呂氏春秋』: 책이름으로 20권이고, 『여람呂覽』으로 부르기도 한다. 진秦나라의 여불위呂不韋가 지은 것이라고 하나 실상은 그의 빈객이 수집한 것이다. 십팔기十二紀·팔람八覽·육론六論으로 나뉘어 총 160편인데, 기사記事는 대개 당시의 유서儒書에서 수록하였고 도가道家·묵가墨家의 것도 섞여 있다. 여불위는 진秦나라 양적陽翟 사람으로 본시 거상巨商으로서 장양왕莊襄王이 즉위하기 전에 초楚나라에서 볼모로 고생하는 것을 돌아오게 하였

하는 것'(爲)은 '신하의 도리'(臣道)이다. 무엇인가를 행하면 소란해지고, 말미암으면 고요해진다. 겨울로 말미암아 [기온이] 차게 되고 여름으로 말미암아 [날씨가] 덥게 되니, 임금이 무엇을 일삼겠는가? 그러므로 임금의 도가 '주관함이 없고 다스림이 없으면서'(無知無爲) '주관함이 있고 다스림이 있는 것'(有知有爲)보다 낫다면 '제대로 된 것'(得)이다."[134]라고 했다. 어찌 '말미암아 대응한다'(因應)는 말이 본래 경문에 있었는데, 고본古本 이후로 죽간竹簡에서 어쩌다가 빠졌겠는가? 후세의 사람들 중에 노자를 전공하는 자가 이 명칭을 처음으로 만들었을 것이니, 마치 '이미 일어났다'(已發)는 말과 '아직 일어나지 않았다'(未發)는 말은 공자께서 미처 말씀하시지 못했는데 자사께서 말씀하신 것과 같다고나 할까!

右第二十八章.

위의 것은 제28장이다.

다. 그 후에 그 공로로 승상丞相으로 발탁되고 문신후文信侯로 봉후되었다. 그가 사통私通하여 난 진시황秦始皇이 즉위한 후에 태후와 간통하고 그 죄를 두려워하여 자살하였다.

134) 『呂氏春秋』卷第十七」, 「審分覽第五」, "古之王者, 其所爲少, 其所因多. 因者, 君術也, 爲者, 臣道也. 爲則擾矣, 因則靜矣. 因冬爲寒, 因夏爲暑, 君奚事哉. 故曰, '君道無知無爲, 而賢於有知有爲, 則得之矣.'"

제29장

以道佐人主者, 不以兵强天下, 其事好還. 好去聲還旋通

도로 임금을 보좌하는 자는 무력(兵)으로 천하에서 강자노릇을 하지 않으니, 그렇게 한 일은 거의 그대로 되돌려 받기 때문이다. '호好'자는 거성으로 사용되었고 '환還'자는 '선旋'자와 통한다.

好還, 猶云出乎爾, 反乎爾也. 言不以兵强天下者, 盖以其事之好還故也.

'거의 그대로 되돌려 받는다'(好還)는 말은 "너에게서 나온 것은 너에게로 되돌아간다."[135]라고 말하는 것과 같다. 무력으로 천하에서 강자노릇을 하지 않는 것은 대개 그렇게 한 일은 거의 그대로 되돌려 받기 때문이다.

師之所處, 荊棘生焉, 大軍之後, 必有凶年.

군대가 머무는 곳은 가시나무가 자라고 대군이 지나간 다음에는 반드시 흉년이 든다.

荊棘生者, 營壘遍地, 農務盡廢也. 有凶年者, 殺伐千和, 陰陽愆伏也. 此申終上文好還之語.

'가시나무가 자란다'(荊棘生)는 말은 군대의 진영(營壘)이 농지를 차지해서 농사일을 할 수 없다는 것이다. '흉년이 든다'(有凶年)는 말은 살벌한 기운이 '모든 곳에 섞여서'(千和) 음양이 조화를 잃는다는 것이다. 이 구절은 위 구절의 거의 그대로 되돌려 받는다는 말에 대해 거듭

---

135) 『孟子』, 「梁惠王章句下」, "曾子曰, 戒之戒之. 出乎爾者, 反乎爾者也."

설명하고 끝맺은 것이다.

善者果而已, 不敢以取强. 果而勿矜, 果而勿伐, 果而勿驕, 果而不得已, 果而勿强.

뛰어난 자는 용기 있게 과감할 뿐이고, 감히 강자가 되려고 하지 않는다. 과감하지만 자만하지 않고, 과감하지만 자랑하려고 하지 않으며, 과감하지만 교만하지 않고, 과감하지만 부득이한 경우이며, 과감하지만 강자가 되려고 하지 않는다.

善, 謂善用兵也. 果, 決也, 言善用兵者, 但疾決而止, 不敢以取强於天下. 詩曰, 不留不處, 孫武曰, 兵聞拙速, 未覩巧之久, 皆此意也. 此申終上文不以兵强天下之語.

'뛰어나다'(善)는 것은 용병술에 뛰어나다는 말이다. '과감하다'(果)는 말은 결단한다는 것이니, 용병술이 뛰어난 자는 빠르게 결단할 뿐이고, 감히 천하에서 강자가 되려고 하지 않는다. 『시』에서 "머무르지 아니하고 거처하지 않는다."[136]라고 하고, 손무孫武가 "용병에는 '서툴러도 신속하게 한다고 들었고 교묘해도 오래도록 하는 것을 본 적이 없다."[137]라고 했는데 모두 이런 의미이다. 이 구절은 위 구절의 '무력으

---

136) 『시경』, 「상무常武」 "왕께서 윤씨에게 이르사 정백程伯 휴보에게 명하여 좌 우로 열을 벌여 우리 군대를 경계하여 저 회수를 따라 이 서주 땅을 살피시니 머무르지 아니하고 거처하지 아니하여 삼사가 실마리에 나아가게 하도다. (王謂尹氏, 命程伯休父. 左右陳行, 戒我師旅. 率彼淮浦, 省此徐土. 不留 不處, 三事就緒.)"

137) 『孫子』, 「作戰篇」 第二, "孫子曰, 凡用兵之法, 馳車千駟, 革車千乘, 帶甲 十萬, 千里饋糧, 則內外之費, 賓客之用, 膠漆之材, 車甲之奉, 日費千金, 然後十萬之師擧矣. 其用戰也, 勝久則鈍兵·挫銳, 攻城則力屈, 久暴師

로 천하에서 강자노릇을 하지 않는다.'는 말에 대해 거듭 설명하고 끝맺은 것이다.

物壯則老, 是謂不道. 不道早已.

사물이 장성할 경우 노쇠해지니 이렇게 되는 것은 도답지 않은 것이다. 도답지 않으면 오래갈 수 없다.

凡物強壯, 便老而衰, 唯道不然, 故壯而老, 則非道. 非道則不能久也. 言此以反結章首之道. 大抵通全章, 皆用兵之虛靜因應. 下章放此.

모든 사물은 강하게 되고 장성하게 되면 바로 노쇠해지지만 도道만은 그렇지 않기 때문에 장성해서 노쇠해지는 것은 도답지 않은 것이다. 도답지 않으면 오래갈 수 없다. 이 말을 함으로써 되돌아가서 이 장 첫머리의 도에 대해 끝맺었다. 대체로 이 장은 전체적으로 모두 용병에서 비워서 고요하게 되는 것과 말미암고 대응하는 것이다. 다음 장도 이와 같다.

右第二十九章.

위의 것은 제29장이다.

則國用不足. 夫鈍兵挫銳, 屈力殫貨, 則諸侯乘其弊而起. 雖有智者, 不能善其後矣. 故兵聞拙速, 未睹巧之久也. 夫兵久而國利者, 未之有也. 故不盡知用兵之害者, 則不能盡知用兵之利也."

제30장

夫佳兵者, 不詳138)之器, 物或惡之, 故有道者不處也.

뛰어난 군대란 상서롭지 못한 것이고, 사람(物)들도 싫어하기 때문
에 도를 체득한 자는 그것으로 다스리지 않는다.

速水司馬氏曰, 兵愈佳, 則害人愈多.

속수사마씨는 "군대가 뛰어날수록 사람을 더욱 더 많이 해친다."139)라
고 했다

君子居則貴左, 用兵則貴右.

군자는 평소에 왼쪽을 귀하게 여기지만 전시에는 오른 쪽을 귀하
게 여긴다.

左爲陽爲生, 右爲陰爲死.

왼쪽은 양陽이 되고 '살리는 것'(生)이 되지만 오른 쪽은 음陰이 되고
'죽이는 것'(死)이 된다.

**兵者, 不詳140)之器, 非君子之器. 不得已而用之, 恬澹爲上,
勝而不美. 而美之者, 是樂殺人也. 夫樂殺人者, 不可得志於
天下矣.**

---

138) 詳 : 『老子集解』에는 '祥'자로 되어 있다.
139) 『道德眞經論』 二卷第四의 註, "兵愈佳, 則害人愈多."
140) 詳 : 『老子集解』에는 '祥'자로 되어 있다.

군대란 상서롭지 못한 것이고 군자의 기구가 아니다. 부득이하게 군대를 부릴지라도 '담박한 마음'(恬澹)을 최상으로 여기고 승리를 할지라도 달가워하지 않는다. 승리를 달가워하는 자는 바로 살인을 즐기는 사람이다. 살인을 즐기는 사람은 천하에서 뜻을 이룰 수 없다.

此終首節之文. 恬澹, 忿慾之反, 亦虛靜之意也. 美之, 猶言夸伐也. 其事好還, 故樂殺人者, 不可得志於天下也

이 구절에서는 첫 구절의 의미를 끝맺었다. '담박한 마음'(恬澹)은 분노하고 욕심내는 것의 반대이니, 또한 비워서 고요하다는 의미이다. '달가워한다'(美之)는 것은 자랑한다는 말과 같다. 그렇게 하는 일은 거의 그대로 되돌려 받기 때문에 살인을 즐기는 자는 천하에서 뜻을 이룰 수 없다.

吉事尚左, 凶事尚右. 偏將軍處左, 上將軍處右, 言以喪禮處之. 殺人衆多, 以悲哀泣之, 戰勝, 以喪禮處之.

길한 일에는 왼쪽을 높이고 흉한 일에는 오른 쪽을 높인다. [전쟁용 수레에서는] 편장군은 왼쪽에 자리잡고 상장군은 오른 쪽에 자리잡으니, [전쟁에서는] 상례喪禮로 모든 것을 처리한다는 말이다. 많은 사람을 죽였으니 가슴아파하면서 읍하고, 전쟁에 승리해도 상례로 모든 것을 처리한다.

此終次節之文. 禮, 吉事上左, 凶事上右. 而兵軍偏將軍以卑居左, 上將軍以尊居右, 是則上右也. 上右者, 喪禮也. 古之車制, 如此者, 盖以殺人衆多, 以悲哀泣之之意. 故戰勝之後, 亦必以喪禮處之也.

이 구절에서는 두 번째 구절의 의미를 종결했다. 예禮는 길한 일에 왼 쪽을 높이고 흉한 일에 오른 쪽을 높인다. 그런데 전쟁용 수레에서는 편장군이 낮은 신분으로 왼 쪽에 자리 잡고 상장군이 높은 신분으로 오른 쪽에 자리 잡으니, 이것은 오른 쪽을 높이는 것이다. 오른 쪽을 높이는 것은 상례이다. 옛날의 수레를 타는 제도가 이와 같았던 것은 대개 죽인 사람이 많기 때문에 가슴아파하면서 읍한다는 의미이다. 그 러므로 전쟁에서 승리를 한 다음에도 반드시 상례로 처리하는 것이다.

右第三十章.
위의 것은 제30장이다.

제31장

道常無名樸, 雖小, 天下不敢臣.

도의 한결같음은 이름 없이 질박해 비록 하잘 것 없을지라도 천하에서 감히 어느 누구도 신하 삼을 수 없다.

道常, 猶言道之常, 卽首章常道常名, 謂經常也. 樸, 木之不斲不雕者, 以世則太古, 以人則嬰兒也. 不加華飾, 退藏於密, 則疑若甚小然. 有物之後, 未有先於樸者, 天下孰能臣使之乎.

'도의 한결같음'(道常)은 '도가 한결같음'(道之常)이라고 말하는 것 곧 1장의 '한결같은 도'(常道)와 '한결같은 이름'(常名)과 같으니, '항상 일정하여 변하지 않는 것'(經常)을 말한다. '질박함'(樸)은 깎거나 다듬지 않은 나무이니, 세대(世)를 기준으로 한다면 태고이고, 사람을 기준으로 한다면 아기이다. 화려한 수식을 가하지 않고 은밀한 곳에 물러나 숨어 있으니 정말 하잘 것 없는 것 같다. 그러나 사물이 있은 뒤에 질박함보다 앞서 있는 것은 없으니, 천하에서 어느 누가 그것을 신하로 삼아 부릴 수 있겠는가?

侯王若能守, 萬物將自賓, 天地相合, 以降甘露, 民莫之令而自均.

후와 왕이 그것을 지킬 수 있다면, 만물은 저절로 손님이 될 것이고, 천지는 서로 화합해 단 이슬을 내릴 것이며, 백성들은 아무도 명령하지 않아도 저절로 균일하게 될 것이다.

侯, 諸侯也, 王, 天王也, 守, 守樸也, 賓, 賓服也. 蓋萬物皆始於樸, 而反本歸根, 物性之常, 故自然賓服於樸也. 天地之樸, 陽開

陰闔是已, 故侯王萬物, 在天地之中者, 誠能一於樸, 則導達流行
之氣, 使合陰陽之本, 太和所鍾釀甘露. 於是民或有緣飾之文, 知
見之異, 議論之歧, 而不能一於樸者, 至此, 則不期均而自均矣.

후侯는 제후이고 왕王은 천자이며, '그것을 지킨다'(守)는 말은 질박함
을 지킨다는 것이고 '손님이 된다'(賓)는 말은 복종한다는 것이다. 대
개 만물이 모두 질박한 것에서 시작되어 근본으로 되돌아가는 것은
사물의 본성에서 한결같음이기 때문에 저절로 그렇게 질박한 것에 복
종하게 된다. 천지의 질박함은 양陽은 열고 음陰은 닫는 것일 뿐이기
때문에 후와 왕과 만물로서 천지 가운데 있는 것들이 진실로 질박한
것과 하나로 될 수 있다면 '유행하는 기운'(流行之氣)을 소통시켜 음양
의 근본과 합하게 하니, '만물의 원기'(太和)가 모여 단 이슬을 빚어내
는 것이다. 이때에 백성들이 혹 외관을 꾸미고 생각이 다르며 의논이
갈리는 것이 있어 질박한 것과 하나로 될 수 없는 경우일지라도 이런
경지에 이르게 되면 균일해지기를 기약하지 않아도 저절로 균일해지
는 것이다.

始制有名. 名亦旣有, 夫亦將知止. 知止, 所以不殆.

처음 제도를 세우니 이름이 있게 되었다. 이름까지 있게 되었다
면 멈출 줄 알아야 한다. 멈출 줄 아는 것이 위태롭게 되지 않는
길이다.

洪荒以後, 聖人迭興, 刱爲制度, 立之衆名, 以贍民用, 無復餘憾.
則名之旣立, 遂卽止之, 不使至於彌文. 苟其彌文, 則文滅其質,
爭鬪相尋, 必至於危殆也.

태고(洪荒) 이후에 성인이 교대로 나타나 제도를 만들고 온갖 이름을
세움으로써 백성들의 일용을 넉넉하게 해 조금도 유감이 없게 했다.

그렇다면 이름이 이미 세워졌으니, 마침내 즉시 그 정도에서 멈추고 문식을 널리 하는 지경까지 가지 않도록 해야 한다. 만약 문식까지 널리 하게 되면 문식이 바탕을 멸해 다툴 구실을 서로 찾으니 반드시 위태롭게 된다.

大寧薛氏曰, 制者裁其樸, 而分析之也. 天下之生漸久, 帝王之制迭作. 或燔黍捭[141]豚, 或折俎加豆, 而飮食之禮起矣. 或檜巢營窟, 或上棟下宇, 而宮室之制興矣. 或貿遷有無, 而食貨之利出矣, 或餝[142]化八材, 而器械之用備矣. 或觀民設敎, 而官府之治立矣, 或任土作貢, 而財賦之法修矣. 天下之名, 因事寖[143]多, 於斯時也, 知止可也. 過此以往, 簡者繁, 儉者奢, 質者華, 衰薄之風作, 而陵夷之勢成矣. 夫善定傾者, 先其未危, 工救衰者, 及其方盛, 故名旣有而知止, 所以保恒久之治, 而無危殆之患也.

대녕설大寧薛씨는 다음처럼 말했다. "'제도를 세운다'(制)는 말은 질박한 것을 재단해서 나누는 것이다. 천하가 생겨 점점 오래되니 제왕의 제도가 서로 번갈아 만들어졌다. 어떤 분은 돌에 기장(黍)을 올려놓고 그 아래에 불을 피워서 익히기도 하고 돼지고기를 나누어 돌 위에 놓고 불을 지펴 익히기도 하며,[144] 어떤 분은 희생의 고기를 해체해서 재기에 담아 그릇의 수를 더하니, 음식에 대한 예가 생겼다. 어떤 분은 새둥

---

141) 捭 : 필사본에는 '椑'자로 되어 있다.
142) 餝 : 필사본에는 '餙'자로 되어 있다.
143) 寖 : 필사본에는 '寢'자로 되어 있다.
144) 『禮記』「禮運第九」, "夫禮之初, 始諸飮食. 其燔黍捭豚, 汙尊而抔飮, 蕢桴而土鼓, 猶若可以致其敬於鬼神, 及其死也, 升屋而號告曰, 皐某復. 然後飯腥而苴孰, 故天望而地藏也, 體魄則降, 知氣在上, 故死者北首. 生者南鄕. 皆從其初."

지 같은 집을 짓기도 하고 굴을 파서 거처로 삼기도 하며, 어떤 분은 위에 기둥을 놓음으로 아래에 집을 만들기도 하니, 궁실에 대한 제도가 생겼다. 어떤 분은 무역을 해서 있는 것과 없는 것을 옮기기도 하니, 재정과 경제에 대한 이익이 생겼으며, 어떤 분은 '여덟 가지 재료'(八材)를 잘 정리해서 변화시키니, 기계에 대한 효용이 구비되었다. 어떤 분은 백성들을 살피며 교육을 베풀기도 하니, 관부官府의 다스림이 확립되었으며, 어떤 분은 토지에 따라 공을 이루기도 하니, 재부財賦에 대한 법이 닦여졌다. 천하의 이름이 일에 따라서 점점 많아지니, 이쯤에서 멈출 줄 알아야 한다. 이 이상을 넘어가면 간소한 것이 번거롭게 되고 검소한 것이 사치스럽게 되며 질박한 것이 화려하게 되어서, 쇠하고 박한 기풍이 일어나고 쇠퇴하는 기세가 이루어진다. 그러니 기울어지는 것을 잘 안정시키는 자는 위태롭게 되기 전에 대비하며, 쇠한 것을 교묘하게 구제하는 자는 바야흐로 왕성할 때에 준비한다. 그러므로 이름이 있고 난 다음에 멈출 줄 아는 것은 항구한 다스림을 보전하고 위험한 환란을 없애는 것이다."145)

---

145) 『老子集解』, 31章註, "始制, 承上文之樸而言. 有名, 承無名而言, 道之樸無名及始制, 則有名矣. 制者裁其樸, 而分析之也. 上古之時, 天下之生漸久, 帝王之制始作, 億兆之衆, 必立長, 以統率之, 斯有君臣之名矣. 諸夏之遠, 必建國, 以分治之, 斯有侯王之名矣. 或燔黍捭豚, 或折俎加豆, 而飮食之禮起矣. 或檜巢營窟, 或上棟下宇, 而宮室之制興矣. 或懋遷有無, 而食貨之利出矣. 或飭化八材, 而器械之用備矣. 或觀民設敎, 而官府之治立矣. 或任土作貢, 而財賦之法修矣. 天下之名, 因事寝多, 於斯時也, 知止可也. 過此以往, 名愈衆而實愈喪矣. 後世由不知此, 故事多創於易, 姓名倍增於變. 古簡者更而繁, 儉者化而奢, 質者改而華, 厚者易而薄, 日新月盛, 莫知紀極, 由是衰薄之風不絶, 而陵夷之勢成矣. 原其所由來, 咎在徇名背實, 而不知之故也. 是以侯王及夫始制有名之時, 宜爲初吉終亂之慮, 貴因循, 重改作, 知有名之可已也. 尙質實, 損文致, 知無益之不足事也. 夫善定傾者, 先其未危工, 救衰者, 及其方盛今也. 名旣有, 而亟知

譬道之在天下, 猶川谷之與江海.

비유하자면 도가 천하에 있는 것은 하천과 골짜기가 강과 바다로
흘러가 함께 하는 것과 같다.

潁濱蘇氏曰, 江海, 水之146)鍾也, 川谷, 水之147)分也. 道, 萬物之
宗也, 萬物, 道之末也. 皆水也, 故川谷歸其所鍾, 皆道也, 故萬物
賓其所宗.148)

영빈소潁濱蘇씨는 "강과 바다는 물이 모이는 곳이고 하천과 골짜기는
물이 나누어져 있는 곳이다. 도는 만물의 '근원'(宗)이고, 만물은 도의
말단(末)이다. 모두 물이므로 하천과 골짜기는 물이 모이는 곳으로 돌
아오고, 모두 도이므로 만물은 도가 근원하는 곳에 복종한다."149)라고
했다.

右第三十一章.

위의 것은 제31장이다.

自第二十四150)章至此, 凡八章爲一節, 而象少陰之含八.

146) 水之 : 필사본에는 '之水'로 되어 있다.
147) 水之 : 필사본에는 '之水'로 되어 있다.
148) 宗 : 필사본에는 '槳'자로 되어 있다.
149) 『老子解』, 32章註, "江海, 水之鍾也, 川谷, 水之分也. 道, 萬物之宗也, 萬
物, 道之末也. 皆水也, 故川谷歸其所鍾. 皆道也, 故萬物賓其所宗."
150) 필사본에는 '오五'자로 되어 있다.

제24장부터 여기 31장까지 모든 8장을 하나의 절로 삼아 소음少陰 속에 팔八이 있음을 상징했다.[151]

---

151) 『易經』, 「周易卷首」, "曰其七八九六之數, 不同何也. …. 此又陰陽老少, 互藏其宅之變也." 구절에 대한 미주, "…. 또 다음처럼 말하였다. 一과 六은 모두 근본이니, 一은 노양의 위치가 되고, 六은 노음의 수가 된다. …. 二와 七은 친구가 되니, 二는 소음의 위치가 되고 七은 소양의 수가 된다. 三과 八도 같은 이치이니, 三은 소양의 위치가 되고, 八은 소음의 수가 된다. …. (…. 又曰, 一六共宗, 一爲老陽之位, 六爲老陰之數. …. 二七爲朋, 二爲少陰之位, 七爲少陽之數. 三八同道, 三爲少陽之位, 八爲少陰之數. ….)"; 『參同攷』 卷一 「初擬攷」 第一 "七八道已窮屈折低下降" 구절에 대한 주, "15라고 하지 않고 7·8이라고 한 것은 7이 소양이고 8이 소음이니 소음과 소양을 합하면 15이기 때문이다.(不曰十五, 而曰七八者, 七爲少陽, 八爲少陰, 合二少而爲十五也.)"

제32장

知人者智, 自知者明.

남을 아는 자는 슬기롭고 자신을 아는 자는 명철하다.

自知難於知人, 明則智不足言矣.

자신을 아는 것이 남을 아는 것보다 어려우니, 명철한 것에서는 슬기로움을 굳이 말할 필요가 없다.

勝人者有力, 自勝者强.

남을 이기는 자는 힘이 있고 자신을 이기는 자는 강하다.

自勝其物慾之累者, 匪至强不能, 强則有力不足言矣.

스스로 사물에 대한 욕망의 장애를 극복하는 것은 지극히 강함이 아니면 할 수 없으니, 강한 것에서는 힘이 있음을 굳이 말할 필요가 없다.

知足者富.

족함을 아는 자는 부유하다.

心常知足, 則雖貧如富也.

마음에서 언제나 풍족하다고 알고 있으면 가난할지라도 부유한 것과 같다.

强行者有志.

힘써 행하는 자는 뜻이 있다.

志者, 將欲見諸行事, 若不强行, 不可謂有志也.
뜻은 하는 일로 드러내려고 하니, 힘써 행하는 것이 없다면 뜻이 있다고 말할 수가 없다.

不失其所者久.

자신이 있을 곳을 잃지 않는 자는 오래도록 간다.

頻遷其所, 則雖得旋失, 惟不失其所, 然後能長久也.
자신이 있을 곳을 자주 옮기면, 비록 있을 곳을 얻을지라도 도리어 잃게 되니, 오직 자신이 있을 곳을 잃지 않은 다음에 오래도록 갈 수 있다.

死而不亡者壽.

죽더라도 없어지지 않는 자는 천수를 누린 것이다.

身雖死, 而其名常存者, 亦無異其身之長存也. 龜山楊氏曰, 顔蹠之壽夭, 不齊, 何也. 老子曰, 死而不亡者壽. 顔雖夭而不亡者, 猶在也, 非夫知性知天者, 其孰能識之.
몸은 죽었을지라도 그의 이름이 떳떳하게 남아있는 자는 또한 그 몸이 오래 남아 있는 것과 다름이 없다. 구산양龜山楊氏[152)는 "안연의 요절

---

152) 구산양씨 : 북송北宋의 학자 양시楊時로 자는 중립中立이고 호는 구산선생龜山先生이다. 정호程顥와 정이程頤에게서 배웠으며, 주희의 학문에도 간접적으로 영향을 미쳤다. 저서로는 『이정수언二程粹言』과 『구산집龜山集』등이 있다.

함과 도척의 천수를 누림이 같지 않는 것은 무엇 때문인가? 노자는 '죽었을지라도 없어지지 않는 자는 천수를 누린 것이다.'라고 했다. 안연은 요절했을지라도 없어지지 않는 것이 여전히 있으니, [하늘이 부여한] 본성과 하늘에 대해 아는 자가 아니면, 누가 이것에 대해 알 수 있겠는가?"153)라고 했다.

朱子曰, 楊氏引老聃之言, 非吾儒之所宜言也. 且其所謂不亡者, 果何物哉. 若曰, 天命之性, 則是古今聖愚公共之物, 而非顏子所能專. 若曰氣散而其精神魂魄, 猶有存者, 則是物而不化之意, 猶有滯於冥漠之間, 尤非所以語顏子也. 愚按老子之意, 專言令名之常存. 而楊氏推之太過, 流入佛氏眞性尙在之說, 故朱子辨之.
그런데 주자께서는 "양씨가 노담의 말을 인용했지만, 우리 유학자들이 해야 할 말은 아니다. 또한 『도덕경』에서 이른바 '없어지지 않는 것'이란 과연 어떤 것이겠는가? 만약 하늘이 명한 본성이라고 한다면, 이는 고금의 성인과 어리석은 자가 공유하는 것이니 안연만이 할 수 있는 것이 아니다. 만약 기氣가 흩어지면서 정신과 혼백이 여전히 남아있는 것이라고 한다면, 이는 사물로서 변화하지 않는다는 뜻으로 여전히 [정신과 혼백이] 어두운 가운데에 머물러 있는 것이니, 더욱 안자를 말한 것은 아니다."154)라고 하셨다. 내가 생각하기로는 노자의 의도는 단지

---

153) 『老子集解』33章註, "龜山楊氏有言, '顏蹠之夭壽, 不齊, 何也. 老子曰, 死而不亡者壽. 顏雖夭而不亡者, 猶在也. 非夫知性知天者, 其孰能識之.' 晦庵論之曰, 楊氏援老聃之言, …. ……. 二先生之說, 學者之所當辯也."

154) 『老子集解』33章註, "龜山楊氏有言, 顏蹠之夭壽, 不齊, 何也. 老子曰, ……. ……. 晦庵論曰, 楊氏援老聃之言, 非吾儒之所宜言也. 且其所謂不亡者, 果何物哉. 若曰, 天命之性, 則是古今聖愚公共之物, 而非顏子所能專. 氣散而其精神魂魄, 猶有存者, 則是物而不化之意, 猶有滯於冥漠之間, 尤非所以語顏子也. 二先生之說, 學者之所當辯也."

'아름다운 이름'(令名)이 영원히 남아있는 것에 대해 말한 것이었다. 그런데 양씨가 그것을 너무 지나치게 미루어 불교에서 마음의 본체(眞性)[155]가 여전히 남아 있다는 설명으로 잘못 흘러 들어가게 했기 때문에 주자께서 밝히신 것이다.

右第三十二章.

위의 것은 제32장이다.

---

155) 마음의 본체(眞性) : 거짓이 아닌 것을 '진眞'이라 하고, 변하지 않는 것을 '성性'이라 하니, 바로 우리 사람들이 본래부터 가지고 있는 마음의 본체本體를 말한다.

제33장

大道汎兮, 其可左右.

큰 도는 떠돌고 있으니, 어찌 좌우로 가겠는가?

大道, 道之具於方寸, 爲萬化之本者也. 汎, 如遊汎之汎, 汎兮, 無情慾思慮貌. 其可左右, 言無情慾思慮, 則旣不之左, 又不之右, 而常在一處也, 此道之體也.

'큰 도'(大道)는 도가 마음(方寸)에 구비되어 모든 조화의 근본이 되는 것이다. '떠돈다'(汎)는 말은 '놀면서 떠돈다.'(遊汎)고 할 때의 떠돈다는 것이니, '떠돌고 있다'(汎兮)는 말은 욕망과 사려가 없는 모양이다. '어찌 좌우로 가겠는가?'(其可左右)라는 말은 욕망과 사려가 없으면 이미 왼 쪽으로도 가지 않고 오른 쪽으로도 가지 않으며 항상 한 곳에 있으니, 이것이 도의 본체라는 말이다.

萬物恃之以生而不辭, 功成不名有, 愛養萬物而不爲主.

만물이 자신에 의지해서 생겨나도 사절하지 않고, 공을 이루어도 공이 있다고 이름붙이지 않으며, 만물을 아끼고 길러주어도 주인 노릇하지 않는다.

不名有, 不自名其有功也. 自萬物之歸己而言, 則曰不辭, 自己之養萬物而言, 則曰不爲主, 此道之用也.

'이름붙이지 않다'(不名有)는 말은 스스로 공이 있다고 이름붙이지 않는 것이다. 만물이 자신에게로 귀의하는 것에서 말하면 사절하지 않는다고 하고, 자신이 만물을 길러주는 것에서 말하면 주인노릇하지 않는다고 하니, 이것이 도의 작용이다.

162

常無欲, 可名於小.

한결같이 하고자 하는 것이 없으니 하찮다고 이름붙일 수 있다.

無欲, 無情慾思慮也. 小, 以一身而言之, 此又道之體也.

'하고자 하는 것이 없다'(無欲)는 것은 욕망과 사려가 없는 것이다. '하찮
다'(小)는 것은 일신一身을 가지고 말한 것이니, 이것이 또 도의 본체이다.

萬物歸焉, 而不爲主, 可名於大.

만물이 되돌아와도 주인노릇을 하지 않으니 대단하다고 이름붙일
수 있다.

大, 以萬物而言之, 此又道之用也.

'대단하다'(大)는 것은 만물을 가지고 말한 것이니, 이것이 또 도의 작
용이다.

是以聖人終不爲大. 故能成其大.

이것을 본받음으로써 성인은 끝내 대단한 일을 하지 않는다. 그러
므로 그 대단함을 이룰 수 있다.

總結上文.

총괄적으로 위의 문장을 맺었다.

右第三十三章.

위의 것은 제33장이다.

제**34**장

執大象, 天下往.

큰 상을 지키고 있으면 천하가 이로부터 움직여 나간다.

前章大道, 以太極言, 此章大象, 以陰陽言. 陰陽大象也, 自陰陽
分爲五行, 則小象也. 五行各具一物, 陰陽兼統全體. 故執大象,
則天下往焉, 盖以能總其綱也.

앞장에서의 '큰 도'(大道)는 태극을 가지고 말한 것이고, 이 장에서의
'큰 상'(大象)은 음양을 가지고 말한 것이다. 음양은 큰 상이니, 음양으
로부터 나누어져서 오행이 된 것이라면 '작은 상'(小象)이다. 오행이 제
각기 하나의 사물을 갖추고 있을지라도 음양이 전체를 겸하여 통솔한
다. 그러므로 큰 상을 지키고 있으면 천하가 이로부터 움직여 나가는
것은 대개 그 벼리를 다스릴 수 있기 때문이다.

往而不害, 安平泰.

움직여 나갈지라도 해치지 않으니, 편안하게 되고 고르게 되며 너
그럽게 된다.

天下旣往之後, 若能虛靜因應, 不以有爲而害之, 則風俗自然, 安
寧平均泰舒也.

천하가 이미 움직여 나간 다음에 만약 [모든 것을] 비워서 고요하고 말
미암아 대응하며 무엇인가 함으로써 해치지 않는다면, 풍속이 저절로
그렇게 되어 편안하게 되고 고르게 되며 너그럽게 된다.

樂與餌, 過客止.

음악과 먹거리는 나그네의 발길을 멈추게 한다.

樂, 鼓樂也, 餌, 飮食也. 樂只是感人之耳, 餌只是悅人之口, 猶且
使過去之客, 遲徊停止, 不忍遽去. 況道之感悅人心. 又非口耳之
比, 則凡天下之有人心者, 孰不樂趨往之乎.

'음악'(樂)은 '북으로 연주하는 음악'(鼓樂)이고, '먹거리'(餌)는 음식이
다. 음악은 단지 사람의 귀를 감동시킬 뿐이고, 먹거리는 사람의 입을
즐겁게 할 뿐인데도 오히려 또 지나가는 객이 기웃거리며 멈추어 차마
떠나가지 못하도록 한다. 그런데 하물며 도道가 사람의 마음을 감동시
키고 기쁘게 하는 것임에야 말해 무엇 하겠는가! 이것은 또 입이나 귀
에 비교할 것이 아니니, 천하에서 사람의 마음을 가진 자라면 누가 기
꺼이 따라가지 않겠는가?

道之出口, 淡乎其無味, 視之不足見, 聽之不足聞. 用之不可旣.
그런데 도가 입으로 표현되면, 맛없이 담박해 보아도 별로 눈요기
할 것이 없고, 들어도 그다지 귀를 솔깃하게 할 것이 없다. 그런데
도 그 작용은 끝이 없다.

曰出口, 則可見其根心也, 言根心之道, 出乎口, 無味色與聲, 而
及其用之生生, 不可窮也.

[도가] 입으로 표현되었다고 말한 것은 '근본적인 마음'(根心)을 알아야
한다는 것이니, 근본적인 마음의 도가 입으로 표현되면, 맛과 색과 소
리가 없어도 낳고 낳는 작용은 끝이 없다는 말이다.

右第三十四章.
위의 것은 제34장이다.

제35장

將欲歙之, 必固張之, 將欲弱之, 必固强之, 將欲廢之, 必固興
之, 將欲奪之, 必固與之. 是謂微明.

움츠려들게 하려면 반드시 진실로 신장시켜야 하고, 약하게 하려
면 반드시 진실로 강하게 해야 하며, 쇠퇴하게 하려면 반드시 진실
로 일으켜야 하고, 빼앗고자 하면 반드시 진실로 주어야 한다. 이
것이 미묘한 밝음이다.

將欲要其終之辭, 必固據其始之辭, 皆以陰陽造化自然之機而言
之也. 凡天下之理, 張開者, 歙闔之機, 强剛者, 柔弱之機, 作興
者, 廢墜之機, 推與者, 奪取之機, 皆一端爲盛, 一端爲衰. 如吸之
不能不呼, 視之不能不瞬, 而乃世態因應之自然者也. 微, 隱微
也, 明, 昭明也, 言其理隱微而昭明也.

끝맺는 말을 얻고 싶다면, 반드시 진실로 시작하는 말에 근거해야 하
니, 모두 음양의 조화와 저절로 그렇게 되는 기틀을 가지고 말한 것이
다. 모든 천하의 이치에서 신장하고 열어주는 것은 움츠려들게 하고
닫게 하는 기틀이고, 강하고 굳세게 하는 것은 부드럽고 약하게 하는
기틀이며, 진작시키고 일으키는 것은 쇠퇴하게 하고 추락하게 하는 기
틀이고, 밀어주고 보태주는 것은 빼앗고 취하는 기틀이니, 모두 '한 쪽'
(一端)으로 흥성하면 다른 한 쪽으로 쇠락한다는 것이다. 이를테면 숨
을 들이쉬면 내쉬지 않을 수 없고 무엇을 보면 눈을 깜짝거리지 않을
수 없는 것이니, 바로 세태가 말미암고 대응하는 것으로 저절로 그런
것이다. 본문의 '미묘한'(微)이라는 말은 드러나지 않아 은미하다는 것
이고, '밝음'(明)이라는 말은 환하게 밝다는 것이니, [미묘한 밝음은] 그
이치가 드러나지 않아 은미해도 환하게 밝은 것이라는 말이다.

柔勝剛, 弱勝強.

부드러운 것이 굳센 것보다 뛰어나고 약한 것이 강한 것보다 뛰어나다.

勝, 愈也. 或讀如勝負之勝. 承上文以起下文曰, 以此理推之, 柔之勝剛, 弱之勝强, 灼然明甚也.

'뛰어나다'(勝)는 말은 '더 낫다'(愈)는 의미이다. 혹 '이기고 진다'(勝負)고 할 때의 이긴다(勝)는 것과 같이 읽기도 한다. 위의 문맥을 이어 아래의 문맥을 일으키면서 "이런 이치로 미루어 보면 부드러운 것이 굳센 것보다 뛰어나고 약한 것이 강한 것보다 뛰어나다."고 했으니, 환하게 아주 분명하다는 것이다.

魚不可脫於淵, 國之利器, 不可以示人.

물고기는 연못을 벗어나서는 안 되고, 국가의 이로운 기구는 사람들에게 보여주어서는 안 된다.

避剛强, 守柔弱也. 魚恃其剛猛之氣力而跳躍, 脫淵則張極歙至, 必爲人所捕矣. 君恃其威權之利器而峻法, 黷武夸示於人, 則亦張極歙至, 必爲人所伐矣.

굳세고 강한 것은 피하고 부드럽고 약한 것을 지키는 것이다. 물고기가 왕성한 기운을 믿고 뛰어오르다가 연못에서 벗어나게 되면, 펼치는 것이 다해 움츠려들게 되니, 반드시 사람들에게 잡힌다. 임금이 위엄과 권세라는 이로운 기구를 믿고 법을 엄하게 집행하면서 무력을 남용하는 것을 사람들에게 자랑스럽게 보여주면, 또한 펼치는 것이 다해 움츠려들게 되니, 반드시 사람들에게 징벌 당하게 된다.

右第三十五章.

위의 것은 제35장이다.

제36장

道常無爲, 而無不爲.

도는 언제나 아무것도 하지 않을지라도 하지 못하는 것이 없다.

無爲, 順自然而無跡也, 無不爲, 惟所往而皆通也. 無爲, 體也, 無
不爲, 用也.

'아무것도 하지 않는다.'(無爲)는 말은 저절로 그런 것을 따라 흔적이
없다는 것이고, '하지 못하는 것이 없다.'(無不爲)는 말은 움직이고 있
는 것일 뿐인데 모두 통한다는 것이다. '아무것도 하지 않는 것'은 본체
이고 '하지 못하는 것이 없는 것'은 작용이다.

王侯若能守, 萬物將自化.

왕과 후[156]가 지킬 수 있다면 만물은 저절로 감화될 것이다.

守, 以信言之, 守無爲, 則無不化也.

'지킨다'(守)는 말은 '진실'(信)을 가지고 말한다는 것이니, 아무것도 하
지 않음을 지키면 감화되지 않는 것이 없다는 것이다.

化而欲作, 吾將鎭之以無名之樸.

감화되었는데도 일어난다면, 나는 이름 없는 질박함으로 진압할 것
이다.

---

156) 왕과 후 : 『도덕지귀』 31장의 주에서 서명응이 "후侯는 제후이고 왕王은 천자
    이다(侯, 諸侯也, 王, 天王也.)"라고 한 것을 참고하기 바란다.

作, 動也. 無名之樸, 卽首章所謂無名天地之始, 渾然淳樸也. 言
民雖自化, 而及其旣久, 或欲動作, 以文勝質, 則當鎭壓之以無名
之樸, 使不流於文滅其質也.

'일어난다'(作)는 말은 '움직인다'(動)는 것이다. '이름 없는 질박함'(無
名之樸)은 곧 제1장의 이른바 "이름 없음은 천지의 시작이다."라는 것
이니, 뒤섞여 순박한 것이다. 백성들이 비록 저절로 감화되었을지라도
이미 오래 되었기 때문에 혹 움직이면서 문식으로 질박함을 누르려고
한다면, 이름 없는 질박함으로 진압해서 문식이 바탕을 멸하는 지경까
지 가지 못하도록 해야 한다는 말이다.

無名之樸, 夫亦將不欲, 不欲以靜, 天下將自正.

그러나 이름 없는 질박함마저도 하고자 하지 않을 것이다. 아무
것도 하고자 하지 않아 가만히 있으면 천하는 저절로 바르게 될
것이다.

承上文, 言無名之樸, 亦無他道, 只是天下事, 皆不欲而已. 天下
事, 皆不欲, 亦無他道, 只是虛靜而已. 夫如是, 則天下不期正, 而
自正也.

위의 문맥을 이어 받아 이름 없는 질박함은 또한 다른 도가 아니라
단지 천하의 일에 대해 모두 아무것도 하지 않고자 하는 것일 뿐이라고
말했다. 천하의 일에 대해 모두 아무것도 하지 않고자 하는 것은 또한
다른 도가 아니라 단지 [마음을] 비우고 가만히 있는 것일 뿐이다. 이와
같이 하면 천하는 바르게 되기를 기약하지 않아도 저절로 바르게 된다.

右第三十六章.
위의 것은 제36장이다.

[自第三十二章至此, 凡五章爲一節, 而象信之含五, 以起卷下德
經也.]157)

---

157) 이 구절은 다음 『易經』과 『先天四演』 그리고 『道德指歸』를 근거로 역자가
보충한 것이다. 『易經』, 「周易卷首」, "주자는 다음처럼 말했다. '천지에는
하나의 기운이 있을 뿐이다. 나누어져 둘이 되면 음과 양이 되니, 오행의
조화와 만물의 시종이 여기에서 주관을 받지 않는 것이 없다. 그러므로 하도
의 배치는 一과 六을 모두 근본으로 해서 북쪽에 있게 하고, …, 五와 十은
서로 지키는 것으로 해서 가운데 배치했다. …'.(朱子曰, 天地之間, 一氣而
已. 分而爲二, 則爲陰陽, 而五行造化, 萬物始終, 無不管於是焉. 故河圖
之位, 一與六共宗, 而居乎北, …, 五與十相守, 而居乎中. ….);『先天四演』
卷一, "대체로 복희씨께서 하늘과 땅을 관찰하여 만물을 종류대로 적절히
분류하셨다. 신지神知가 이미 80%에서 90% 정도 열려 있었지만 다만 천지자
연의 법상法象을 아직 터득하지 못해 만물에 의지해서 인문人文을 제작하는
근간으로 삼으셨다. 이때에 하늘이 용마龍馬를 낳아 영하滎河로 나오게 함에
사람들이 왕궁으로 끌어오게 되었다. 그러니 복희씨께서 말의 등에 돌아가
며 난 털을 보셨는데, 별의 형상과 같은 것이 모두 55점이 있었다. 이 55점에
기양우음奇陽偶陰의 상象이 있어 일一·삼三·칠七·구九·이二·사四·육六·
팔八이라는 숫자가 있었는데, 오五라는 숫자는 중앙에 자리를 잡아 태극太
極이 되니 사방의 모든 숫자를 거느리는 의미가 있었다. …'.(大抵伏羲氏,
仰觀俯察, 中類萬物. 神知已八九分開, 但未得天地自然之法象, 以據依
而爲人文制作之槙幹. 於是天生龍馬, 出於滎河, 及其牽來赤埵, 則伏羲
見馬背之旋毛, 有如星象者, 凡五十五點. 而是五十五點, 有奇陽偶陰之
象, 有一三七九二四六八之數, 有五數居中爲太極, 以統四方諸數之意.
….)";『道德指歸』17章, "信不足, 有不信.)" 구절에 대한 주, 『도덕경』에서
'믿음이 부족하니 믿지 못하는 것이 있다.'는 말을 여러 번 언급했으니, 잊지
않고 되돌아보도록 재삼 그 뜻을 표현하여 전달하는 것이다. 대개 믿음(信)
은 토土에 속하고, 토는 '음양의 온화한 기운'(陰陽之冲氣)이 되기 때문에,
노자는 오행에서 유독 토를 취했다..(篇內屢言, 信不足有不信, 以眷眷然
三致其意. 盖信屬土, 土爲陰陽之冲氣, 故老子於五行獨取土焉.)"; 22章,
"信不足, 有不信." 구절에 대한 주, "이 두 구절은 여기까지 모두 두 번 언급
했으니, 사람들에게 보여주는 정중한 뜻이 간절하다. 대개 믿음(信)이란 성
실(誠)이고 중中이고 토土이다. '토기와 온화함이라는 두 기운'(土冲二氣)은

중심으로써 모든 운용을 제어하고 성실(誠)로써 모든 변화를 통제하며 믿음(信)으로써 네 덕을 관통한다.(此兩句, 至是凡再言之, 其示人丁寧之意, 切矣. 盖信者, 誠也中也土也. 土冲二氣, 中制萬運, 誠通萬化, 信貫四德.)"; 37章, "道之爲物, 惟恍惟惚. …. 其精甚眞, 其中有信." 구절에 대한 주, " '믿음'(信)에 있어서는 '집'(宅)을 기준으로 하면 '흙'(土)이고, '위치'(位)를 기준으로 하면 '중앙'(中)이며, 전체全體를 기준으로 하면 '성실함'(誠)이고, '묘한 작용'(妙用)을 기준으로 하면 '하나'(一)이며, '오로지 하는 기운'(專氣)을 기준으로 하면 '비어 있음'(冲)이다.(至於信者, 以其宅則土也, 以其位則中也, 以其全體則誠也, 以其妙用則一也, 以其專氣則冲也.)"; "吾何以知衆甫之狀哉, 以此." 구절에 대한 주, "○ 이 장이 구본舊本에서는 죽간이 뒤바뀌어서 「도경(上篇)」 20장 '배움을 끊어버리면 괴로움은 없을 것이다(絶學無憂).'라는 구절의 아래에 있었다. 지금 덕德을 말하고 믿음을 말하는 것을 가지고 밝혔으니, 바로 「덕경(下篇)」의 첫 장이다. 그러므로 다시 바로 잡아 여기에 두었다.(○ 此章舊本錯簡, 在上篇絶學無憂之下. 今以言德言信, 明是下篇之首章. 故更正在此.)"; 42章, "道生一, …, 三生萬物." 구절에 대한 주, "'하나'(一)는 양(陽: ─)의 하나이고, '둘'(二)은 음(陰: ──)의 둘이고, '셋'(三)은 음기와 양기의 교합에서 '온화한 기운'(沖氣)이 일어나는 것이다. 음양이 '온화한 기운'(沖氣)을 얻은 다음에 만물이 나온다.(一者, 陽之一也, 二者, 陰之二也, 三者, 沖氣立于陰陽之交也. 陰陽得沖氣, 然後萬物生焉.)"; "萬物負陰而抱陽, 沖氣以爲和." 구절에 대한 주, "이 구절에서는 셋에서 만물이 나오기 때문에 만물이 셋을 구비하지 않음이 없다는 것을 거듭 말함으로써 덕이 어떻게 덕이 되는지를 밝혔다. 일반적으로 뒤에 있는 것은 음陰에 속해 고요한 것이고, 앞에 있는 것은 양陽에 속해 움직이는 것이다. 동물을 기준으로 말하면 등이 정지해 있는 것은 음을 업고 있기 때문이고, 이목구비가 움직이는 것은 양을 안고 있기 때문이다. 식물을 기준으로 말하면 뿌리가 정지해 있는 것은 음을 업고 있기 때문이고, 가지와 잎과 꽃 그리고 열매가 움직이는 것은 양을 안고 있기 때문이다. 온화한 기운이라면 앞뒤로 돌아다니면서 앞뒤를 조화롭게 한다. 노자는 사람들이 천지에 만약 오행이 없다면 조화를 이루지 못하게 될 것이라고 생각함으로써 자신의 말에 흠을 잡을까 염려했다. 그러므로 미리 이런 논의를 해서 말도 꺼내지 못하게 했다.(此申言三生萬物, 故萬物莫不其三, 以明德之所以爲德也. 凡物在後者, 屬陰而靜, 在前者, 屬陽而動. …. 若夫沖氣, 則運行于前後,

[제32장부터 여기 36장까지 모든 5장을 하나의 절로 삼아 믿음(信) 속에 오五가 있음을 상징함으로써 하권의 덕경과 연결했다.]

<hr />

而和其前後焉. 老子恐人以爲天地若無五行, 不能成造化云爾, 而誚己之言. 故預爲是論, 以折之也.)"; 81章 장을 정리하는 주, "그런데 상편에서는 지와 신을 오토五土의 시작과 끝에 두고, 하편에서는 지와 신을 한꺼번에 책의 끝으로 한 것은 무엇 때문인가?(然上篇則知信居五土之始終, 而下篇則知信幷爲一書之終, 何也.)" 그리고 무엇보다 결정적인 근거는 36장의 주에 "본문의 '지킨다'(守)는 말은 '진실'(信)을 가지고 말한다는 것이니, 아무것도 하지 않음을 지키면 감화되지 않는 것이 없다는 것이다.(守, 以信言之, 守無爲, 則無不化也.)라는 말이 있다는 것이다.

道德指歸卷下
『도덕지귀』 하권

達城 徐命膺 註
달성 서명응이 주하다.

德經
덕경

제37장

孔德之容, 惟道是從.

큰 덕을 묘사하는 것은 도를 따르기 위한 것일 뿐이다.

孔, 大也. 言大德所以形容乎道, 故德在此, 則道亦在此也.
'크다'(孔)는 말은 '두루 미치다'(大)는 의미이다. '두루 미치는 덕'(大德)
은 도를 묘사하기 위한 것이기 때문에 덕이 여기에 있다면 도 또한
여기에 있다는 말이다.

**道之爲物, 惟恍惟惚. 惚兮恍兮, 其中有象, 恍兮惚兮, 其中有
物, 窈兮冥兮, 其中有精. 其精甚眞, 其中有信.**

도라는 것은 황홀하고 황홀할 뿐이다. 황홀하고 황홀해 그 가운데
형상이 있고, 황홀하고 황홀해 그 가운데 사물이 있으며, 조용하고
깊어 그 가운데 정기가 있다. 그 정기는 아주 참되어 그 가운데

믿음이 있다.

恍惚, 謂忽然在此, 又忽然在彼, 而不可名狀也. 窈冥者, 幽深不可見也. 象以神而言之, 物以魂而言之, 精以魄而言之. 魄生於魂, 魂生於神. 至於信者, 以其宅則土也, 以其位則中也, 以其全體則誠也, 以其妙用則一也, 以其專氣則冲也.

'황홀하다'(恍惚)는 것은 홀연히 여기에 있으면서 또 홀연히 저기에 있어서 그 상태를 무엇이라고 명명할 수 없다는 말이다. '조용하고 깊다'(窈冥)는 것은 '조용하고 깊어서'(幽深) 알 수 없다는 말이다. '형상'(象)은 신神을 기준으로 말했고, '사물'(物)은 혼魂을 기준으로 말했으며, '정기'(精)는 백魄을 기준으로 말했다. 혼魂은 백魄에서 나오고, 백魄은 신神에서 나온다. '믿음'(信)에 있어서는 '집'(宅)을 기준으로 하면 '흙'(土)이고, '위치'(位)를 기준으로 하면 '중앙'(中)이며, 전체全體를 기준으로 하면 '성실함'(誠)이고, '묘한 작용'(妙用)을 기준으로 하면 '하나'(一)이며, '오로지 하는 기운'(專氣)을 기준으로 하면 '비어 있음'(冲)이다.

自古及今, 其名不去, 以閱衆甫.
옛날부터 지금까지 그 이름이 사라지지 않고 모든 것들을 받아들이고 있다.

名, 陰陽之名也. 曰陰陽, 則是乃承載太極者也. 不去, 謂無所更改也, 閱, 閱歷也, 衆甫, 天地萬物也.

'이름'(名)은 음양에 대한 이름이다. 음양이라고 하면 이것이 바로 태극을 '받들어 싣고 있는 것'(承載)이다.[1] '사라지지 않는다'(不去)는 것은

---

1) 『도덕지귀』 24장, "大曰逝, 逝曰遠, 遠曰反." 구절에 대한 주, "본문의 '멀어진

바뀌는 것이 없다는 말이고, '받아들이고 있다'(閱)는 것은 '거쳐 간다' (閱歷)는 것이며, '모든 것들'(衆甫)은 천지만물이다.

吾何以知衆甫之然哉, 以此.

내가 어떻게 모든 것들이 그렇다는 것을 아는가? 위와 같기 때문이다.

天地萬物, 何爲亙古今常然哉. 以有承載太極之陰陽貫徹其中, 爲之楨幹也. ○ 此章舊本錯簡, 在上篇絶學無憂之下. 今以言德 言信明, 是下篇之首章. 故更正在此.

천지만물이 어떻게 고금에 걸쳐 언제나 그런가? 태극을 받들어 싣고 있는 음양이 그 중심을 꿰뚫고 있는 것을 가지고 근본을 삼았기 때문이다.

○ 이 장이 구본(舊本)에서는 죽간이 뒤바뀌어서 「도경(上篇)」 20장 '배움을 끊어버리면 괴로움은 없을 것이다(絶學無憂).'라는 구절의 아래에 있었다. 지금 덕德을 말하고 믿음을 말하는 것을 가지고 밝혔으니, 바로 「덕경(下篇)」의 첫 장이다. 그러므로 다시 바로잡아 여기에 두었다.

右第三十七章.

위의 것은 제37장이다.[2]

다(遠)는 말은 『역』의 「계사상」에서 '멀어지는 것으로 말하면 다함이 없다.'라고 할 때의 '멀어진다'(遠)는 말과 같다. 음양이 태극이라는 도를 받들어 싣고 있음에 멀어도 이르지 않는 곳이 없고 한정된 곳에 머물러 있지 않는다는 말이다.(遠, 如易繫(辭), 遠則不禦之遠. 言陰陽承載太極之道, 無遠不到, 莫得以限止之也.)"

[2] 37장은 원래 『노자집해老子集解』에서 21장이다.

제38장

上德不德, 是以有德.

'최상의 덕을 체득한 사람'(上德)은 덕이 있다고 하지 않으니, 이 때문에 덕이 있다.

上德, 與道爲一, 在儒家, 則幾於聖者也. 不德, 法道之不自居也.

'최상의 덕을 체득한 사람'(上德)은 도와 일체가 되었으니, 유학에 있어서라면 성인(聖)에 가까운 자이다. '덕이 있다고 하지 않는다'(不德)는 말은 도를 본받았다고 자처하지 않는다는 것이다.

下德不失德, 是以無德.

'최하의 덕을 체득한 사람'(下德)은 덕을 잃었다고 하지 않으니, 이 때문에 덕이 없다.

不失德, 謂欲以德自居也. 欲以德自居, 則已不免有爲, 而其心不虛, 故又曰無德.

'덕을 잃었다고 하지 않는다'(不失德)는 것은 덕이 있다고 자처하고자 한다는 말이다. 덕이 있다고 자처하고자 하면, 이미 무엇인가 일삼고 있음을 벗어나지 못해 그 마음이 비워지지 않기 때문에 또 "덕이 없다." 고 한다.

上德無爲, 而無以爲,

'최상의 덕을 체득한 사람'(上德)은 아무것도 함이 없어 행해야 할 것이 없다.

固自無爲, 而亦無可以爲之者也.
진실로 스스로 아무것도 함이 없어 또한 행해야 할 것이 없다.

下德爲之, 而有以爲.
'최하의 덕을 체득한 사람'(下德)은 무엇인가를 행해 행하는 것이 있다.

因其爲之, 却生弊端, 而合當克治, 則是眞有可以爲之者也.
행하는 것으로 말미암아 도리어 폐단을 내놓지만 당연히 감당해서 다스려야 하니, 바로 진실로 행해야 할 것이 있는 것이다.

上仁爲之, 而無以爲.
'최상의 어짊을 체득한 사람'(上仁)은 어짊을 행하지만 그것을 행한 것이 없다.

陰陽動靜闔闢, 然後乃生木金. 木神爲仁, 金神爲義. 仁主於利物, 則不能不爲之. 利物而不自居, 則亦無可以爲之. 視上德, 已有等級矣.
음양이 움직이고 고요해지면서 열리고 닫힌 다음에야 목(木)과 금(金)을 낳는다. '목의 신묘함'(木神)은 어짊(仁)이 되고, '금의 신묘함'(金神)은 의로움이 된다. '어짊을 체득한 사람'(仁)은 사물 이롭게 하기를 주로 하니 그것을 행하지 않을 수 없다. 그런데 사물을 이롭게 하면서도 자처하지 않아 또한 그것을 행했다고 할 것이 없다. 그러나 '최상 덕을 체득한 사람'(上德)과 비교해 보면 이미 차이가 있다.

上義爲之而有以爲,

'최상의 의로움을 체득한 사람'(上義)은 의로움을 행하고 그것을 행하는 것이 있다.

義主於處物, 則在我求其當, 故不能不爲之, 在物求其宜, 故亦有可以爲之. 視上仁, 又益下矣.

'의로움을 체득한 사람'(義)이 사물 처단하기를 주로 하는 것은 자신에게 합당함을 요구하는 것이기 때문에 의로움을 행하지 않을 수 없고, 남(物)에게 마땅함을 구하는 것이기 때문에 또한 의로움을 행해야 하는 것이다. '최상의 어짊을 체득한 사람'(上仁)과 비교해 보면 또한 더욱 아래가 된다.

上禮爲之而莫之應, 則攘臂而仍之.

'최상의 예를 체득한 사람'(上禮)은 예를 행하고 아무도 응하지 않으면 팔을 걷어 부치고 거듭한다.

仍, 就也. 禮有往來, 不荅則爭鬪而就之. 禮有節文, 不合則責望而就之. 禮有常變, 不同則覆難而就之. 故好禮之家, 謂之聚訟. 視仁義, 又益下矣. 蓋禮生於仁之條達. 而氣化之漸推漸弊, 乃其勢之自然. 故禮之弊, 甚於仁義也. 言此以見本始之不可不務焉.

'거듭한다'(仍)는 말은 '나선다'(就)는 것이다. 예에는 오고 가는 것이 있으니, 답을 듣지 못하면 다투면서 나선다. 예에는 '형식화시켜 드러내는 것'(節文)이 있으니, 그것에 합하지 않으면 책망하면서 나선다. 예에는 '일정한 변화'(常變)가 있으니 그것과 같지 않으면 거듭 힐난하면서 나선다. 그러므로 예를 좋아하는 집안(家)에 대해 송사가 쌓이는 곳이라고 했다. '어짊을 체득한 사람'(仁)이나 '의로움을 체득한 사람'

(義)과 비교해 보면 또 더욱 아래가 된다. 대개 예는 어짊을 두루 통달하기 위한 목적에서 생겼다. 그러나 '기운의 변화'(氣化)에서 점차 나아갈수록 더욱 잘못되는 것은 바로 저절로 그렇게 되는 추세이다. 그러므로 예의 폐단은 어짊이나 의로움보다 심하다. 이런 점을 말함으로써 시초에 힘쓰지 않아서는 안 된다는 점을 드러냈다.

故失道而後德, 失德而後仁, 失仁而後義, 失義而後禮.

그러므로 도에서 벗어난 다음이 덕이고, 덕에서 벗어난 다음이 어짊이며, 어짊에서 벗어난 다음이 의로움이고, 의로움에서 벗어난 다음이 예이다.

前以人之自修,　而明道德仁義禮之等級, 此以下又以世變之升降, 而明道德仁義禮之等級. 盖自羲農淳樸之道降, 而爲五帝聖哲之德. 自五帝聖哲之德又降, 而爲虞夏熙皞之仁, 自虞夏熙皞之仁又降, 而爲湯武征伐之義, 自湯武征伐之義, 又降而爲周末文勝質之禮. 擧一元, 則一世之化, 可知也, 擧一世, 則一人之身, 可知也.

앞 구절에서는 사람들이 스스로 수양하는 것을 가지고 도·덕·어짊·의로움·예의 등급을 밝혔고, 이 구절 이하에서는 세상의 변화가 오르내리는 것을 가지고, 도·덕·어짊·의로움의 등급을 밝혔다. 대개 복희씨나 신농씨의 순박한 도로부터 내려와 오제(五帝)와 성인 그리고 철인의 덕이 되었다. 오제와 성인 그리고 철인의 덕으로부터 또 내려와 '우'(虞)3)와 '하'(夏)4)의 태평성대를 이루는 어짊이 되었고, 우와 하의 태평

---

3) '우'(虞) : 요堯임금의 선양을 받은 고대의 성군聖君으로 순舜임금의 성을 말한다. 우순虞舜은 순임금의 성과 이름이다.

성대를 이루는 어짊으로부터 또 내려와 탕 임금과 무 임금의 정벌하는 의로움이 되었으며, 탕 임금과 무 임금의 정벌하는 의로움으로부터 또 내려와 주대 말기에 문식이 바탕을 누르는 예가 되었다. '한 임금의 연호'(一元)를 든다면 당대의 변화에 대해 알 수 있고, 당대의 변화를 들면 한 사람의 신상에 대해 알 수 있다.

夫禮者, 忠信之薄, 而亂之首. 前識者, 道之華, 而愚之始.
예란 정성(忠)과 믿음(信)이 야박해진 것이고, 어지러움의 시작이다. 미리 아는 것은 도의 화려함 같지만 어리석음의 시작이다.

禮, 末也, 忠信, 本也, 禮, 文也, 忠信, 質也. 末所以庇本, 文所以飾質. 故禮生於忠信之薄, 而所以厚其薄, 使維持其忠信也. 此其所以禮又生弊, 則爭鬪起, 而反爲禍亂之始也.
예는 말단이고 정성(忠)과 믿음(信)은 근본이며, 예는 문식이고 정성과 믿음은 바탕이다. 말단은 근본을 감싸기 위한 것이고 문식은 바탕을 꾸미기 위한 것이다. 그러므로 예는 정성과 믿음의 야박함에서 나올지라도 그 야박함을 두텁게 해서 오직 정성과 믿음이 유지되도록 하기 위한 것이다. 그런데 이렇게 하는 것이 예에서 또 폐단이 나오게 되는 까닭이라면, 다툼이 일어나서 도리어 화나 어지러움의 시작이 되는 것이다.

前識以下, 暗擧五德之知, 而言其弊. 有道者, 自然前識, 猶忠信者, 自然有禮, 故曰, 道之華也. 然一向耽其屢中, 以是爲矜, 則神

---

4) '하(夏) : 우왕禹王이 세운 고대 왕조. 십칠주十七主 471년 동안 존속하였다고 한다. 걸桀에 이르러 상商나라의 탕왕湯王에게 망했다.

馳於外, 而迷其本體者, 愚於內也. 預言禍福, 爲人中傷, 如京房
郭璞之爲者, 愚於外也.

'미리 아는 것'(前識) 이하는 암암리에 다섯 덕에서의 지혜를 들어 그
폐단을 말한 것이다. '도를 체득한 자'(有道者)는 저절로 그렇게 먼저
알게 되어 '정성스럽고 믿음있는 자'(忠信者)가 저절로 그렇게 예를 갖
추는 것과 같기 때문에 "도의 화려함"(道之華)이라고 했다. 그런데 오
로지 자주 적중하는 데 빠져 이것으로 자랑을 삼는다면 신명(神)이 밖
으로 달려 나가서 본체를 혼란스럽게 하니, 안에서 어리석게 되는 것이
다. 화복을 예언해 사람들에게 해코지를 당하는 것은 경방(京房)5)이나
곽박(郭璞)6)이 한 것과 같으니, 밖에서 어리석게 되는 것이다.

是以大丈夫處其厚, 不處其薄, 居其實, 不居其華. 故去彼取此.
이 때문에 대장부는 중후함으로 처신하고 야박함으로 처신하지 않
으며 실속 있음을 차지하고 화려함을 차지하지 않는다. 그러므로
저것을 버리고 이것을 취한다.

厚, 忠信也, 薄, 禮也. 實, 道也, 華, 前識也. 去其薄與華, 而取其
厚與實, 所謂去彼取此也.
중후함(厚)은 정성(忠)과 믿음(信)이고, 야박함(薄)은 예이다. '실속 있
음'(實)은 도이고, '화려함'(華)은 '미리 아는 것'(前識)이다. 야박함과 화

---

5) 경방(京房) : 서한西漢 금문역학今文易學 경씨학京氏學의 창시자이다. 동군東
  郡 순구인純丘人으로 자字는 군명君明이다.
6) 곽박郭璞 : 동진東晉의 학자이며 복서가卜筮家로 자字는 경순景純이다. 원제元
  帝 때 저작좌랑著作左郎을 지냈다. 박학하고 시부詩賦를 잘했으며 『이아주爾
  雅註』·『산해경주山海經註』·『초사주楚辭註』 등을 지었다. 후에 왕돈王敦의
  기실참군記室參軍이 되었는데 왕돈이 모반하고자 할 때 불가함을 점을 쳐서
  아뢰었기 때문에 화가 난 왕돈에게 피살되었다.

려함을 버리고 중후함과 실속 있음을 취하는 것이 이른바 '저것을 버리고 이것을 취한다'는 것이다.

右第三十八章.

위의 것은 제38장이다.

제39장

昔之得一者. 天得一以淸, 地得一以寧, 神得一以靈, 谷得一
以盈, 侯王得一以爲天下貞. 其致之一也.

옛날에 하나를 얻은 것들. 하늘은 하나를 얻어서 맑고 땅은 하나를
얻어서 편안하며, 귀신은 하나를 얻어서 신령하고 계곡은 하나를
얻어서 채우니, 제후와 천자는 하나를 얻어서 천하의 바름을 삼는
다. 그러니 그것을 이루는 것은 동일하다.

一者, 誠一不貳也. 貞, 正而固也. 天以輕淸, 而誠一不貳, 故其淸
常淸. 地以寧靜, 而誠一不貳, 故其寧常寧. 鬼神以靈昭, 而誠一
不貳, 故其靈常靈. 川谷以虛受, 而誠一不貳, 故其盈常盈. 此侯
王所以體誠一不貳之道, 以爲天下正固之道, 而其貞常貞也. 其
致之一, 謂洪纖高下, 大小幽顯, 其理皆同也.

'하나'(一)란 진실하고 순일하며 변하지 않는 것이다. '바름'(貞)은 바르
고 굳건한 것이다. 하늘은 가벼움과 맑음을 가지고 진실하고 순일하며
변하지 않기 때문에 그 맑음이 항상 맑다. 땅은 편안함과 고요함을 가
지고 진실하고 순일하며 변하지 않기 때문에 그 편안함이 항상 편안하
다. 귀신은 신령함과 밝음을 가지고 진실하고 순일하며 변하지 않기
때문에 그 신령함이 항상 신령하다. 하천과 계곡은 비움과 받아들임을
가지고 진실하고 순일하며 변하지 않기 때문에 그 채움이 항상 차 있
다. 이런 것들이 제후와 천자가 진실하고 순일하며 변하지 않는 도를
체득해 천하의 바르고 굳건한 도를 행하면서 그 바름을 항상 바르게
하는 까닭이다. '그것을 이루는 것은 동일하다'(其致之一)은 것은 굵고
가늘든, 높고 낮든, 크고 작든, 숨겨져 있고 드러나 있든 그 이치에서는
모두 동일하다는 말이다.

天無以淸, 將恐裂, 地無以寧, 將恐發, 神無以靈, 將恐歇, 谷無以盈, 將恐竭, 侯王無以爲貞而貴高, 將恐蹶.

하늘은 맑음을 사용하지 않으니 분열될까 염려하기 때문이고, 땅은 편안함을 사용하지 않으니 흔들릴까 염려하기 때문이며, 귀신은 신령함을 사용하지 않으니 소멸될까 염려하기 때문이고, 계곡은 채움을 사용하지 않으니 고갈될까 염려하기 때문이며, 제후와 천자는 바르게 함을 사용해서 고귀하게 되지 않으니 넘어질까 염려하기 때문이다.

以, 用也, 發, 動也, 蹶, 仆也. 天雖常淸, 而不自用其淸, 自用其淸, 則孤高之極, 將恐至於坼裂也. 地雖常寧, 而不自用其寧, 自用其寧, 則堙鬱之極, 將恐至於發動也. 神雖常靈, 而不自用其靈, 自用其靈, 則費滅之極, 將恐至於止歇也. 侯王不自用其正固而貴高. 自用其正固而貴高, 則將恐至於顚仆也.

'사용한다'(以)는 말은 행한다는 것이고, '흔들린다'(發)는 말은 진동한다는 것이며, '넘어진다'(蹶)는 말은 기울어진다는 것이다. 하늘이 비록 항상 맑을지라도 스스로 그 맑음을 사용하지 않으니, 스스로 그 맑음을 사용하면 너무 고고한 나머지 더럽혀지고 분열될까 염려되기 때문이다. 땅이 비록 항상 편안할지라도 스스로 그 편안함을 사용하지 않으니, 스스로 그 편안함을 사용하면 너무 막히고 답답한 나머지 진동할까 염려되기 때문이다. 귀신이 비록 항상 신령할지라도 스스로 그 신령함을 사용하지 않으니, 그 신령함을 스스로 사용하면 너무 낭비하고 없앤 나머지 멈추고 다할까 염려되기 때문이다. 제후와 천자는 그 바르고 굳건함을 스스로 사용해서 고귀하게 되지 않으니, 스스로 바르고 굳건함을 사용해서 고귀하게 되면 넘어질까 염려되기 때문이다.

故貴以賤爲本, 高以下爲基. 是以後王自謂孤寡不穀, 此其以
賤爲本邪. 非乎.

그러므로 귀한 것은 천한 것을 근본으로 삼고 높은 것은 낮은 것을
기반으로 한다. 이 때문에 제후와 천자는 스스로 고아·덕이 적은
자·선하지 않은 자라고 하니, 이것은 아마도 천한 것을 근본으로
한 것이겠지? 그렇지 않은 것인가?

此終第二段之文. 貴不自貴, 以賤爲本而貴焉, 高不自高, 以下爲
基而高焉. 橫竪曲直, 無往非此之理. 故以王侯之至貴至高, 而自
稱曰孤, 則孤者, 窮民無父之稱也. 又自稱曰寡人, 則寡人者, 下
民寡德之稱也. 又自稱曰不穀, 則穀善也, 不穀者, 無一善狀之稱
也. 凡此皆以賤爲本之義也. 非乎者, 復說問其果不然乎, 以致其
丁寧之意.

이 구절에서 둘째 단락의 문맥을 종결했다. 귀한 것은 스스로 귀하게
되지 못해 천한 것을 근본으로 삼아서 귀하게 되고, 높은 것은 스스로
높게 되지 못해 낮은 것을 기반으로 삼아서 높게 된다. 가로와 세로,
곧은 것과 굽은 것까지 어디를 갈지라도 이렇지 않은 이치는 없다. 그
러므로 제후와 천자라는 지극히 고귀한 신분으로도 '고아'(孤)라고 스
스로 칭하는 것이니, 고아란 궁색한 백성으로 아비가 없는 것에 대한
일컬음이다. 또 과인寡人이라고 자칭하니, 과인이란 아래의 백성으로
덕이 없는 것에 대한 칭호이다. 또 자신을 '선하지 않은 자'(不穀)라고
스스로 칭하니, '선하다'(穀)는 말은 훌륭하다는 의미이고, 선하지 않은
자라는 것은 조금도 훌륭한 것이 없는 모양에 대한 칭호이다. 일반적으
로 이런 것들은 모두 천한 것으로 근본을 삼는다는 의미이다. '그렇지
않은 것인가'(非乎)라는 말은 '그것이 과연 그렇지 않은 것인가?'라고
거듭 의문을 제기함으로써 간절하게 하려는 의미이다.

故致數輿無輿, 不欲琭琭如玉, 落落如石. 數上聲

그러므로 수레를 궁구하여 헤아리다보면 수레가 없어지니, 옥처럼
빛나고자 하지 않고 돌처럼 우뚝 솟아 있고자 하지 않는다. 수數자
는 상성上聲이다.

此終第一段之文. 致, 推致也. 數, 物之數也. 輿, 車輿也. 蓋輈軸
之上加板, 謂之箱, 箱後橫木, 謂之較, 箱前橫木, 謂之軾, 箱左右
橫木, 謂之樅. 又合其四圍, 謂之軫, 軫間橫木, 謂之軨. 是車輿之
數, 分之又分, 蓋無輿之名矣, 譬如一爲天地神谷侯王之道然. 言
天地神谷侯王, 又不見一之定名定位也, 所以然者, 不欲琭琭如
玉之粹潔, 不欲落落如石之斗截故爾. 道之謙下冲虛如此, 則尚
德者, 其可不象之乎.

이 구절에서 첫째 단락의 문맥을 종결했다. '궁구한다'(致)는 말은 끝까
지 추구한다는 것이다. '헤아린다'(數)는 말은 사물을 헤아린다는 것이
다. '수레'(輿)는 거여(車輿)이다. 대개 끌채(輈)와 굴대(軸) 위에 널빤
지(板)를 올려놓으니, 그것을 찻간이라 하고, 찻간 뒤에 가로놓인 나무
를 '수레난간의 가로장'(較)이라 하며, 찻간 앞에 가로놓인 나무를 '수레
앞의 가로장'(軾)이라 하고, 찻간 좌우의 가로놓인 나무를 '수레 옆의
가로장'(樅)이라 한다. 또 사면에서 에워싼 것을 합하여 '사면의 가로
장'(軫)이라 하고, 차량 중간의 가로놓인 나무를 '굴대빗장'(軨)이라 한
다. 이것이 수레를 헤아린다는 것으로 나누고 또 나누어 수레라는 이름
을 없애버리는 것이니, 비유하자면 하나(一)가 하늘·땅·귀신·계곡·
제후와 천자의 도가 된 것과 같다. 하늘·땅·귀신·계곡·제후와 천자
는 또 하나라는 일정한 이름과 지위를 드러내지 않으니, 그렇게 하는
까닭은 깨끗한 옥처럼 빛내려고 하지 않고 갑자기 두절된 돌처럼 우뚝
솟아나 있고자 하지 않기 때문이라는 말이다. 도의 겸손함과 비어있음
이 이와 같으니, 덕을 숭상하는 자가 본받지 않아서야 되겠는가?

右第三十九章.

위의 것은 제39장이다.

제40장

反者, 道之動.

되돌아가는 것이 도가 움직이는 것이다.

此章, 專以一陽初動於冬至, 狀道之妙, 此一段, 言其機也. 反者, 反復也. 動者, 來復也. 來復之機, 實在於反復之中. 故人能凝聚收斂其心神, 使反復吾身, 則天機, 亦反復于其中也.

이 장에서는 오로지 동지에 하나의 양기가 움직이는 것을 가지고 도의 묘함을 형용했으니, 이 단락에서는 도의 기틀에 대해 말한 것이다. '되돌아간다'(反)는 것은 되풀이한다는 것이다. '움직인다'(動)는 것은 '와서 회복된다는 것'(來復)[7]이다. 와서 회복되는 기틀은 실로 되풀이하는 가운데 있다. 그러므로 사람들이 마음의 신령함을 모으고 단속하기를 내 몸에서 되풀이될 수 있게 하는 것은 하늘의 기틀이 또한 그 가운데에서 되풀이되게 하는 것이다.

弱者, 道之用.

미약한 것이 도의 작용이다.

此一段, 言其施也. 方一陽之初動, 其氣至弱. 太史公所謂, 細若氣, 微若聲, 是也. 然惟此微弱之氣, 爲本於造化發育之用. 故人之立心處事, 切不可强暴. 强暴, 非氣之本然也.

이 단락에서는 그 펴짐에 대해 말했다. 바야흐로 하나의 양기가 비로소 움직일 때 그 기운(氣)은 지극히 약하다. 태사공太史公이 이른바 "기운

---

7) 『易經』, 「復卦」, "反復其道, 七日來復, 利有攸往. 象曰, …. 反復其道七日來復, 天行也."

처럼 가늘고 소리처럼 미미하다."8)는 구절이 이것이다. 그러나 이런 미약한 기운만이 조화와 발육이라는 작용의 근본이 된다. 그러므로 사람들이 마음을 확립하고 일을 처리하는 데 절대로 사납게 해서는 안된다. 사납게 하는 것은 기운의 본래 그런 것이 아니기 때문이다.

天下之物生於有, 有生於無.

천하의 사물은 유에서 나오고, 유는 무에서 나온다.

有, 發動也, 無, 翕寂也. 德之謙虛, 生出無限道理, 何以異於此哉. 大寧薛氏曰, 橫渠張子云, 大易不言有無, 言有無, 諸子之陋也, 然則周子之言靜無而動有, 何也. 亦將謂之陋乎. 大抵古人名理之辭, 同實而異名. 如大易之寂感, 卽老子之有無也, 顯藏卽老子之有無也.

유有는 '일어나 움직이는 것'(發動)이고 무無는 '거두어 들어가 조용한 것'(翕寂)이다. 덕의 겸허함은 무한한 도리를 내놓으니 무엇을 가지고 이것보다 뛰어나다고 하겠는가? 대녕설大寧薛씨는 다음처럼 말했다. "장횡거9) 선생이 '위대한 『역경』에서는 유와 무에 대해서 말하지 않았다. 유와 무에 대해 말하는 것은 여러 선생들의 견해가 좁기 때문이다.'10)고 했는데, 그렇다면 주렴계11) 선생이 '고요한 것이 무이고 움직

---

8) 『史記』, 卷二十五.
9) 장횡거 : 송대宋代의 유학자 장재張載로 자字는 자후子厚이다. 세상에서는 횡거橫渠선생이라 불렸다. 하남성河南城 대량大梁 사람으로 인종仁宗의 가우嘉祐 연간年間에 과거에 급제하여 운암령雲巖令을 지낸 후 신종神宗의 희녕초熙寧初에 숭정원崇政院 교서校書가 되었다가 이윽고 관직을 사퇴하고 남산南山 밑에 병거屏居하여 제생諸生을 모아 강학하였다. 그의 철학설은 일원설一元說로서 기氣에 의한 우주 구성 및 기질을 변화시키는 수양론을 주장하여 주희朱熹의 철학설에 큰 영향을 끼쳤다. 저서에 『정몽正蒙』・『동명東銘』・『서명西銘』 등이 있다.

이는 것이 유이다.'12)라고 한 것은 무엇 때문이겠는가? 또한 주렴계 선생에 대해서도 견해가 좁다고 평가해야 할 것인가? 대개 옛 사람들이 이치를 명명한 말에는 내용(實)이 같은데도 이름이 다른 것이 있다. 이를테면 위대한 『역경』에서 '고요함'(寂)과 '감응함'(感)이라는 말이13) 바로 『노자』에서 유와 무이고, [『역경』에서] '드러남'(顯)과 '드러나지 않음'(藏)이라는 말이14) 바로 『노자』에서 유와 무이다."15)

右第四十章.

위의 것은 제40장이다.

---

10) 『近思錄』, 「辨異端類」 13卷, "橫渠先生曰, 釋氏妄意天性, 而不知範圍天用, 反以六根之微, 因緣天地. …… 大易不言有無. 言有無, 諸子之陋也."

11) 주렴계 : 송대宋代의 유학자 주돈이周敦頤로 도주道州 사람이고 자字는 무숙茂 叔이다. 영도현영道縣 염계濂溪가에서 세거世居하였으므로 세상에서 염계선 생이라고 일컬었다. 『태극도설太極圖說』・『통서通書』 등을 지어 이기학理氣學 의 개조가 되었다. 정호程顥・정이程頤 형제는 모두 그의 제자이고, 시호諡號 는 원공元公이다.

12) 『濂溪先生集』, 「誠下第二」, "静無而動有, 至正而明達也."

13) 『易經』, 「繫辭上傳」 10, "易无思也无爲也, 寂然不動, 感而遂通天下之故, 非天下之至神, 其孰能與於此."

14) 『易經』, 「繫辭上」 5, "顯諸仁, 藏諸用, 鼓萬物而不與聖人同憂, 盛德大業至 矣哉."

15) 『老子集解』, 40章註, "首章無名天地之始, 有名萬物之母, 即此義也. 橫渠張 子曰, 大易不言有無, 言有無, 諸子之陋也. 學者, 以先人之言爲主, 安知其 有未然乎. 凡古人名理之辭, 多同實而異名, 而後世師心之論, 恒隨名而生 解, 所謂知二五, 而不知十也. 夫大易之寂感, 與老子之有無, 其實未始不同 也, 安在其爲不言乎. 周子曰, 静無而動有. 亦將謂濂溪爲陋乎. 抑有無云 者, 其辭約其道大, 非知者, 莫能與之也. 莊子曰, 古之人, 其知有所至矣. 惡 乎至有. 以爲未始有物者, 至矣盡矣, 不可以有加矣. 又曰, 覿有者, 今之君 子, 覿無者, 天地之友. 學者有見於莊子之言, 始可與言有無之說矣."

제41장

上士聞道, 勤而行之, 中士聞道, 若存若亡, 下士聞道, 大笑之.
不笑, 不足以爲道.

최상의 선비가 도에 대해 들으면 힘써 행하고, 중간 정도의 선비가
도에 대해 들으면 염두에 두는 것 같기도 하고 잊어버리는 것 같기
도 하며, 최하의 선비가 도에 대해 들으면 크게 비웃어 버린다.
비웃음을 당할 정도의 말이 아니라면 도라고 하기에 부족하다.

上士未及乎道德, 而學爲道德者也, 知道眞切, 故勤而行之. 疑信
相反, 故若存若亡. 全無所見, 故大笑之. 然道隱無名, 若下士不
笑, 則淺近易見, 而非道也. 嚴氏君平曰, 中士所聞, 非至美也, 下
士所見, 非至善也. 中士所眩, 下士所笑, 乃美善之美善者也.

최상의 선비는 도와 덕을 체득하지는 못했지만 도와 덕을 배우고 행하
는 자인데, 도에 대해 아는 것이 진실하고 절실하므로 힘써 행하는 것
이다. [중간 정도의 선비는] 반신반의하므로 염두에 두는 것 같기도 하
고 잊어버리는 것 같기도 하다. [최하의 선비는] 전혀 아는 것이 없으므
로 크게 비웃어 버린다. 그러나 도는 드러나지 않아 이름이 없으니 최
하의 선비가 비웃을 정도가 아니면 평범(淺近)하고 알기 쉬워서 도가
아니다. 엄군평(嚴君平)[16]은 "중간 정도의 선비가 들어서 알 수 있는
것은 지극히 아름다운 것이 아니고 최하의 선비가 알아 볼 수 있는
것은 지극히 선한 것이 아니다. 중간 정도의 선비에게는 헷갈리는 것이

---

16) 엄군평嚴君平 : 한漢의 촉蜀 사람으로 이름은 준遵이고 자는 행行이다. 성도成
都의 저자에 점집을 차려놓고 사람들에게 점으로 충효신의忠孝信義를 가르쳤
고, 하루의 수입으로 100전이 들어오면 가게 문을 닫고 『노자』를 읽었다고
한다. 저서에 『노자지귀老子指歸』가 있다.

고 최하의 선비에게는 비웃음을 당할 정도의 것이 바로 아름답고 선한 것 중에서 아름답고 선한 것이다."[17]라고 했다.

故建言有之, 明道若昧, 進道若退, 夷道若纇. 纇音類

그러므로 옛말에 밝은 길은 마치 어두운 듯 하고, 나아가는 길은 마치 물러나는 듯하며, 평평한 길은 마치 두둘두둘한 듯하다. 뇌纇 자는 음이 뇌類이다.

建言, 古之立言也, 夷, 平夷也, 纇, 絲有節也. 黜聰明, 故若昧, 損浮浪, 故若退, 容衆垢, 故若纇.

'옛말'(建言)은 옛날부터 전해오는 말이고, '평평하다'(夷)는 말은 평탄하다는 것이며, '두둘두둘하다'(纇)는 말은 실에 마디가 있다는 것이다. 총명함을 물리쳤기 때문에 어두운 듯 하고, 떠돌아다니는 것을 덜어버렸기 때문에 물러나는 듯하고, 모든 더러움을 받아들였기 때문에 두둘두둘한 듯하다.

上德若谷, 大白若辱, 廣德若不足,

최상의 덕은 골짜기 같으며, 아주 결백한 것은 더러운 것 같고, 넓은 덕은 부족한 것 같으며,

知雄守雌, 故若谷, 和光同塵, 故若辱, 不矜不伐, 故若不足.

수컷[의 기상]을 알면서도 암컷[의 유순함]을 지키기 때문에 골짜기 같

---

17) 『老子指歸』,「上士聞道篇」註, "⋯⋯. 是故, 中士所聞, 非美也, 下士所見, 非至善也. 中士所眩, 下士所笑, 乃美善之美善者也. ⋯⋯."

고, 자신의 빛남을 부드럽게 해서 세속과 함께 하기 때문에 더러운 것 같으며, 교만하거나 자랑하지 않으므로 부족한 것 같다는 것이다.

建德若偸, 質眞若渝, 大方無隅.

굳건한 덕은 가벼운 것 같고, 질박하고 진실한 것은 변덕스러운 것 같으며, 크게 모난 것은 모서리가 없다.

建德, 謂不及於上德, 而能自立於德也. 偸, 苟且也. 渝, 變也, 若渝, 言若可變而趨於文勝也. 不較不爭, 故若偸. 去華去飾, 故若渝. 隱廉隱角, 故無隅.

굳건한 덕은 최상의 덕에 도달하지는 못했지만 덕을 스스로 세울 수 있다는 말이다. '가볍다'(偸)는 말은 구차하다는 의미이다. '변덕스럽다'(渝)는 말은 변한다는 의미이니, '변덕스러운 것 같다'(若渝)는 말은 변심해서 세련되게 꾸미는 것으로 달아날 것 같다는 말이다. 비교하지도 않고 다투지도 않기 때문에 가벼운 것 같다.[18] 화려한 것과 꾸미는 것을 제거하기 때문에 변덕스러운 것 같다. 청렴한 것을 드러내지 않고 모난 것을 드러내지 않기 때문에 모서리가 없다.

大器晚成, 大音希聲, 大象無形, 道隱無名.

큰 그릇은 늦게 완성되고, 큰 소리는 들리지 않으며, 큰 형상은

---

18) 바로 앞에서 "'변덕스러운 것 같다'(若渝)는 말은 변심해서 세련되게 꾸미는 것으로 달아날 것 같다는 말이다."라고 하고, 여기서 또 "화려한 것과 꾸미는 것을 제거하기 때문에 변덕스러운 것 같다."라고 하는 것은 서로 모순이다. 그러나 본문에 넣어서 각기 따로 보면 또한 말은 된다.

드러나지 않으니, 도는 숨어 있어 이름이 없다.

完備具足, 故晚成. 平淡和緩, 故希聲. 渾灝微妙, 故無形. 窈冥
幽隱, 故無名.

완비해서 빠짐없이 갖추기 때문에 늦게 이루어진다. 평범하고 담백하
며 부드럽고 느슨하기 때문에 들리지 않는다. 뒤섞여 있고 아득하고
미묘하기 때문에 드러남이 없다. 어스레하고 드러나지 않기 때문에 이
름이 없다.

夫惟道, 善貸且成.

도만이 잘 빌려주고 잘 완성한다.

上文歷言, 道德之氣象, 至此指其功效, 曰惟道善假予萬物, 而且
能成就之也.

위에서 거듭 도와 덕의 기상을 말했고, 여기에 와서는 그 공효를 지적
해서 '도만이 만물에게 잘 빌려주고 또 완성할 수 있다.'고 했다.

右第四十一章.

위의 것은 제41장이다.

제42장

道生一, 一生二, 二生三, 三生萬物.
도에서 하나가 나오고, 하나에서 둘이 나오고, 둘에서 셋이 나오
고, 셋에서 만물이 나온다.

一者, 陽之一也, 二者, 陰之二也, 三者, 冲氣立于陰陽之交也. 陰
陽得冲氣, 然後萬物生焉. 涑水司馬氏曰, 道生一, 自無而有, 一
生二, 分陰分陽, 二生三, 陰陽交而生和, 三生萬物, 和氣聚而生
萬物.

'하나'(一)는 양(陽 : ━)의 하나이고, '둘'(二)은 음(陰 : ━━)의 둘이고,
'셋'(三)은 음기와 양기의 교합에서 '온화한 기운'(冲氣)이 일어나는 것
이다. 음양이 '온화한 기운'(冲氣)을 얻은 다음에 만물이 나온다. 속수
사마涑水司馬씨는 다음처럼 말했다. "도가 하나를 낳는 것은 무無로부
터 유有가 되는 것이고, 하나가 둘을 낳는 것은 음과 양으로 나누어지
는 것이며, 둘에서 셋이 나오는 것은 음기와 양기가 교합해서 온화함
(和)을 낳는 것이고, 셋에서 만물이 나오는 것은 '온화한 기'(和氣)가
모여서 만물을 낳는 것이다."[19]

---

19) 『道德眞經論』卷三第三, "道生一" 구절의 註, "自無入有."; "一生二" 구절의
註, "分陰分陽."; "二生三" 구절의 註, "淸以中和."; "三生萬物, 負陰而抱陽."
구절의 註, "負稱背也, 抱猶嚮也"; 『老子集解』, 42章註, "司馬溫公曰, 道生
一, 自無而有, 一生二, 分陰分陽, 二生三, 陰陽交而生和, 三生萬物, 和氣
聚而生萬物." 『도장』에 있는 사마광의 『도덕진경론』과 설혜의 『노자집성』에
있는 『노자집해』의 내용이 상당히 다른 것으로 봐서 설혜가 본 사마광의 주석
은 서로 다른 본이 있었던 것인지도 모르겠다.

萬物負陰而抱陽, 冲[20]氣以爲和.

만물은 음기를 등에 지고 양기를 가슴에 안고서 온화한 기운으로 조화를 이룬다.

此申言三生萬物, 故萬物莫不具三, 以明德之所以爲德也. 凡物在後者, 屬陰而靜, 在前者, 屬陽而動. 以動物言, 則背之止, 負陰也, 耳目口鼻之動, 抱陽也. 以植物言, 則根之止, 負陰也, 枝葉華實之動, 抱陽也. 若夫冲氣, 則運行于前後, 而和其前後焉. 老子恐人以爲天地若無五行, 不能成造化云爾, 而誚己之言. 故預爲是論, 以折之也.

이 구절에서는 셋에서 만물이 나오기 때문에 만물이 셋을 구비하지 않음이 없다는 것을 거듭 말함으로써 덕이 어떻게 덕이 되는지를 밝혔다. 일반적으로 뒤에 있는 것은 음(陰)에 속해 고요한 것이고, 앞에 있는 것은 양(陽)에 속해 움직이는 것이다. 동물을 기준으로 말하면 등이 정지해 있는 것은 음을 업고 있기 때문이고, 이목구비가 움직이는 것은 양을 안고 있기 때문이다. 식물을 기준으로 말하면 뿌리가 정지해 있는 것은 음을 업고 있기 때문이고, 가지와 잎과 꽃 그리고 열매가 움직이는 것은 양을 안고 있기 때문이다. 온화한 기운이라면 앞뒤로 돌아다니면서 앞뒤를 조화롭게 한다. 노자는 사람들이 천지에 만약 오행이 없다면 조화를 이루지 못하게 될 것이라고 생각함으로써 자신의 말에 흠을 잡을까 염려했다. 그러므로 미리 이런 논의를 해서 말도 꺼내지 못하게 했다.

人之所惡, 惟孤寡不穀, 而王公以爲稱. 故物或損之而益, 或益之而損.

---

20) 冲 : 『老子集解』에는 '沖'자로 되어 있다.

사람들이 싫어하는 것은 고아·덕이 적은 사람·선하지 않은 자인데, 왕공은 그것을 칭호로 삼는다. 그러므로 사람들은 덜어내서 더하기도 하고, 더해서 덜어내기도 한다.

王公居至高之位, 故必自抑損, 而以人之所惡者自稱. 則衆民悅其謙沖, 咸歸附之, 此所謂損之而益也. 不然而或自矜高, 則高而益高, 必致顚覆, 此所謂益之而損也. 此言謙沖爲德之冲氣也.

왕공은 지극히 높은 지위에 있으므로 반드시 스스로 억누르고 덜어내어서 사람들이 싫어하는 것을 가지고 스스로 칭한다. 그렇게 하면 뭇 백성들이 그 겸허(謙沖)한 것을 좋아해서 모두 그에게 귀의하니, 이것이 이른바 덜어내서 더하는 것이다. 그렇게 하지 않고 혹 스스로 자랑하고 높이면, 높은데 높은 것을 더해 반드시 전복하게 되니, 이것이 이른바 더해서 덜어내는 것이다. 이 구절에서는 겸허가 덕에 있어서는 온화한 기운임을 말했다.

人之所教, 我亦教之. 强梁者, 不得其死, 吾將以爲教父.

사람들이 교훈으로 삼는 것은 나도 교훈으로 삼는다. 사나운 자는 제 명대로 살지 못하니, 나는 이것을 교훈의 아비로 삼을 것이다.

世人之所相教戒者, 固有恒言, 即下文强梁者, 不得其死, 是也. 今我亦當以此教之. 盖柔弱之爲道, 强剛之爲非道, 不待多言. 但觀强梁者, 不得其死之說, 一一有驗, 則可知柔弱爲生之徒也. 母生之, 父教之, 故曰教父. 此言柔弱爲德之陰靜也.

세상 사람들이 서로 교훈으로 삼아 경계하는 것에 진실로 늘 하는 말이 있으니, 곧 본문에서 "사나운 자는 제 명대로 살지 못한다."는 말이 이 것이다. 그러니 이제 나도 이 말을 당연히 교훈으로 삼아야 하겠다.

대개 부드럽고 약한 것이 도이고, 강하고 억센 것이 도가 아니라는 것은 여러 말이 필요하지 않다. "사나운 자는 제 명대로 살지 못한다."는 말만 살펴봐도 낱낱이 증험이 있으니, 부드럽고 약한 것이 사는 무리가 됨을 알 수 있다. 어미가 낳지만 아비가 가르치므로 '교훈의 아비'라고 한다. 이 구절에서는 부드럽고 약한 것이 덕에 있어서는 음과 고요한 것임을 말했다.

右第四十二章.
위의 것은 제42장이다.

제43장

天下之至柔, 馳騁天下之至堅,

천하의 지극히 부드러운 것이 천하의 지극히 견고한 곳을 달리며,

車輪之至柔也, 而馳騁山石之至堅, 馬蹄之至柔也, 而馳騁棧路
之至堅, 皆是類也.

지극히 부드러운 수레바퀴인데도 산 속의 지극히 단단한 돌길을 달리
고, 지극히 부드러운 말굽인데도 험준한 절벽의 지극히 단단한 나무다
리를 달리는 것들이 모두 이런 종류이다.

無有入無間.[21]

아무것도 없는 것이 틈이 없는 것으로 들어간다.

無有, 無極也, 無間, 無內也. 無極之眞, 常入於無內之中也.

'아무것도 없는 것'(無有)은 '극이 없는 것'(無極)이고, '틈이 없는 것'(無
間)은 '속이 없는 것'(無內)이다. 극이 없는 것의 참됨은 항상 속이 없는
것으로 들어간다.

吾是以知無爲之有益也.[22]

그러니 나는 이 때문에 아무 것도 함이 없는 것의 유익함을 안다.

以物理天理, 知人之爲德, 亦當以無爲爲有益. 此盖言其體也.

----

21) 間 : 『老子集解』에는 '閒'자로 되어 있다.
22) 『老子集解』에는 '也'자가 없다.

사물의 이치와 하늘의 이치를 가지고 사람에게 덕이 되는 것은 또한 아무것도 함이 없는 것으로 유익함을 삼아야 하는 것임을 안다. 이 구절에서는 대개 그 본체(體)에 대해 설명하였다.

不言之敎, 無爲之益, 天下希及之.

말하지 않음으로 교화시키고 아무것도 함이 없는 것으로 유익하게 하는 경지는 천하에서 도달한 사람이 거의 없다.

不言之敎, 謂躬行而率之, 不煩言說, 此盖言其用也. 嚴氏君平曰, 有爲之爲, 有廢無功, 無爲之爲, 成遂無窮, 天地是造, 人物是興. 有聲之聲, 聞於百里, 無聲之聲, 動於天外, 震於四海. 言之所言, 異類不通, 不言之言, 陰陽化天地感.²³⁾ 且道德無爲, 而天地成, 天地不言, 而四時行, 此二者, 神明之符, 自然之驗也.

'말하지 않음으로 교화시키는 것'(不言之敎)은 몸소 행하면서 솔선하고 말을 번잡하게 하지 않는 것이다. 이 구절에서는 대개 그 작용(用)에 대해 설명하였다. 엄군평嚴君平은 다음처럼 말했다. "'무엇인가 하는 것으로 다스리는 것'(有爲之爲)은 폐단만 있고 공이 없으며, '아무것도 함이 없는 것으로 다스리는 것'(無爲之爲)은 이루는 것이 무궁하니, 천지는 이것으로 조화롭고 사람은 이것으로 흥한다. '소리 있는 소리'(有聲之聲)는 백 리 정도까지 들리지만 '소리 없는 소리'(無聲之聲)는 하늘의 바깥까지 울리고 사해까지 진동한다. 말로 하는 말은 종류가 다르면 통하지 않지만, 말로 하지 않는 말은 음양을 조화롭게 하고 천지를 감응하게 한다. 또 도와 덕은 아무것도 함이 없는데도 천지가 이루어지고, 천지는 아무 말도 하지 않는데도 사시가 운행되니, 이 두 가지는

---

23) 感 : 필사본에는 '威'자로 되어 있다.

신명의 부합이고 저절로 그런 것의 효험이다."24)

右第四十三章.

위의 것은 제43장이다.

---

24) 『老子指歸』,「至柔篇」,"……. 夫道以無有之有, 通無間, …. ……. 由此言之,
有爲之爲, 有廢無功, 無爲之爲, 成遂無窮, 天地是造, 人物是興. 有聲之聲,
聞於百里, 無聲之聲, 動於天外, 震於四海. 言之所言, 異類不通, 不言之言,
陰陽化天地感. 且道德無爲, 而天地成, 天地不言而四時行. 凡此二者, 神
明之符, 自然之驗也. ……."

제44장

名與身, 孰親.

명예와 자신 중에 어느 것이 가까운가?

身親於名, 不待多言, 而世人逐逐於名, 不知其身心之亡. 故設此
問, 使自省悟. 下句放此.

자신이 명예보다 가까운 것은 여러 말을 기다릴 필요가 없는데도 세상
사람들은 명예를 발 빠르게 쫓아다니니, 그렇게 하는 것이 몸과 마음을
망하게 하는 것임을 모르는 것이다. 그러므로 이런 질문을 던짐으로써
스스로 반성하여 깨닫도록 했다. 다음의 구절들도 이와 같다.

身與貨, 孰多.

자신과 재화 중에 어느 것이 큰 것인가?

多, 猶重也.

'크다'(多)는 말은 중요하다는 것이다.

得與亡, 孰病.

얻는 것과 잃는 것 중에 어느 것이 병이 되는가?

得, 謂得貴也, 亡, 指取禍亡身也.

'얻는다'(得)는 것은 귀함을 얻는다는 말이고, '잃는다'(亡)는 것은 재앙
을 취해 자신을 망치는 것을 가리킨다.[25]

是故甚愛必大費,

이 때문에 심하게 아끼면 반드시 크게 허비하게 되고,

愛種植, 而握苗爪膚, 則必致槁[26])枯, 失改種之費. 愛飮食, 而厚
裹深藏, 則必致糜爛, [失][27])改造之費. 愛身求名, 亦由是也.

종자로 심은 것을 애지중지해서 싹을 당겨 놓거나[28]) 손톱으로 겉껍질
을 긁어내면 반드시 말라죽게 되어[29]) 종자를 다시 심어야 하는 비용을

---

25) 이 구절은 그 의미가 모호하다. 다음 구절을 참고해야 그 까닭을 다소 알
수 있으니, 서명응이 『老子集解』 44장 "名與身, 孰親. ……. 得與亡, 孰病"
구절의 다음 주석을 참고한 것으로 보이기 때문이다. "'크다'(多)는 말은 중요
하다는 의미이다. 세상 사람들은 자신을 귀하게 여기고 사물을 천하게 여겨야
한다는 도리를 몰라 자신을 위태롭게 하고 삶을 버림으로써 사물을 좇는다.
노자는 그것을 안타깝게 여겨 다음처럼 교훈을 내렸다. '명예와 자신 중에
어느 것이 가까운가? 그런데 어째서 자신을 소홀히 하고 명예를 중히 여긴단
말인가? 자신과 재화 중에 어느 것이 중요한가? 그런데 어째서 자신을 천시하
고 재화를 귀중하게 여긴단 말인가? 혹 명예와 재화를 얻는 자신을 망치기
도 하고, 혹 자신을 얻는 명예와 재화를 잃기도 하는데 어느 것이 병이 되는
가? 그런데 어째서 명예와 재화를 얻고 자신을 망치는가?(多猶重也. 世之人
不知貴己賤物之道, 而危身棄生以徇物. 老子閔而敎之曰, 名之與身, 何者
其親乎. 何爲外身而內名也. 身之與貨, 何者其重乎. 何爲賤身而貴貨也.
或得名貨而亡身, 或得身而亡名貨, 何者其病乎. 何爲得名貨而亡其身也.)"
이상의 주석을 참고할 경우, 서명응의 주석에서 차라리 '귀함'(貴)을 '자신'(身)
으로 수정하면 이해가 쉬워진다.
26) 槁 : 필사본에 없는 것을 옮긴이가 문맥에 맞추어 보충했다.
27) 失 : 필사본에 없는 것을 옮긴이가 문맥에 맞추어 보충했다.
28) 『孟子』, 「公孫丑章句上」, "……. 宋人有閔其苗之不長而揠之者, 芒芒然歸.
謂其人曰: '今日病矣, 予助苗長矣.' 其子趨而往視之, 苗則槁矣. 天下之不
助苗長者寡矣. 以爲無益而舍之者, 不耘苗者也; 助之長者, 揠苗者也. 非
徒無益, 而又害之."

허비하게 된다. 음식을 아껴서 두껍게 싸놓거나 깊이 넣어두게 되면 반드시 상하게 되어 음식을 다시 해야 하는 비용을 허비하게 된다. 자신을 아끼고 명예를 구하는 것에 있어서도 이것을 [교훈으로] 따라야 한다.

多藏必厚亡.

많이 축적해 놓으면 반드시 크게 잃게 된다.

積財多, 則必有損財之事, 多也.
축적한 재물이 많으면 반드시 재물을 잃게 되는 일이 많다.

知足不辱, 知止不殆, 可以長久.

만족할 줄 알면 욕을 당하지 않고, 멈출 줄 알면 위태롭게 되지 않아 영원할 수 있다.

知不足之亦足, 則無求. 無求, 則豈有辱乎. 知未止之可止, 則無爭. 無爭, 則豈有殆乎. 漢疏廣受二子, 有感斯文, 一朝致仕歸鄕, 生免禍患, 而盡其天年, 沒留令名, 而垂之百世. 豈非長久者乎.
부족한 가운데서도 만족할 줄 안다면 구하는 것이 없게 된다. 구하는 것이 없다면 어찌 욕을 당할 일이 생기겠는가? 멈추지 못하는 가운데서 멈춤 줄 안다면 다툴 일이 없게 된다. 다툴 일이 없다면 어찌 위태

---

29) 『古文眞寶』, 「種樹郭橐駝傳」, "……. 他植者則不然, 根拳而土易, 其培之也 若不過焉, 則不及焉, 苟有能反是者, 則又愛之太恩, 憂之太勤, 且視而暮 撫, 已去而復顧, 甚者爪其膚, 以驗其生枯, 搖其本, 以觀其疏密, 而木之性, 日以離矣. ……."

204

로운 일이 생기겠는가? 한나라 때 소광(疏廣)30)과 그의 조카 소수(疏
受) 두 사람이 이 글을 보고 느끼는 것이 있어서 어느 날 아침에 벼슬
을 그만두고 고향으로 돌아가니, 살아서는 화를 면해 천수를 누렸고,
죽어서는 아름다운 이름을 남겨 백세에 떨쳤다.31) 어찌 영원히 산 것
이 아니겠는가?

右第四十四章.
위의 것은 제44장이다.

---

30) 소광疏廣 : 한나라 난릉蘭陵사람으로 자字는 중옹仲翁이다. 『춘추春秋』에 밝
　　아 선제宣帝 때 태자태부太子太傅가 되었는데, 사람됨이 청렴하고 충만함을
　　경계하여 태자태부가 된지 5년만에 사임하고 치산治産을 하지 않았다.
31) 자세한 것은 『한서漢書』 71권 「소광전疏廣傳」을 참조하기 바란다.

제45장

大成若缺, 其用不弊.

크게 이루어진 것은 모자란 듯하지만 그 쓰임은 곤궁하게 되지
않고,

曰若, 則自外見其似然, 而非眞缺也. 天不足西北, 地不滿東南,
日匿於夜, 月虧於晦, 故能成造化, 其用萬古不弊也.

"…듯하다"고 했으니, 겉으로 보면 그런 것 같지만 참으로 모자란 것이
아니라는 것이다. 하늘은 서북 방향에서 부족하고 땅은 동남 방향으로
가득 채워져 있지 않으며, 해는 밤에 숨고 달은 그믐에 사라지기 때문
에 조화를 이루면서도 그 쓰임은 영원토록 곤궁하게 되지 않는 것이다.

大盈若冲,[32] 其用不窮.

크게 채워진 것은 비어 있는 듯하지만 그 쓰임은 다하지 않는다.

山谷之冲虛也, 而百川注之, 河海之冲虛也, 而衆流趨之. 故能生
寶貨魚鼈, 其用萬古不窮也.

산골짝은 비어 있는데도 모든 개천의 물이 흘러 들어오고, 강과 바다는
비어 있는데도 모든 흐르는 물이 몰려 들어오기 때문에 보화와 물고기
와 자라를 생산하면서도 그 쓰임은 영원토록 다한 적이 없다.

大直若屈, 大巧若拙, 大辯若訥.

---

32) 冲 : 『老子集解』에는 '沖'자로 되어 있다.

반듯하게 곧은 것은 굽은 듯하고, 아주 뛰어난 솜씨는 졸렬한 듯하며, 기막히게 뛰어난 말재주는 어눌한 듯하다.

上兩節, 天地造化之虛, 而此一節, 人事之虛也. 大直, 德也, 大巧, 才也, 大辯, 言也.

위의 두 구절은 천지의 조화에 있어서 비어 있는 것이고, 여기의 한 구절은 사람의 일에 있어서 비어 있는 것이다. 쪽 곧은 것은 덕德에 대한 것이고, 아주 뛰어난 솜씨는 재주에 관한 것이며, 기막히게 뛰어난 말재주는 언변에 관한 것이다.

躁勝寒, 靜勝熱.

조급하게 움직이는 것이 차가움을 이기고, 고요히 있는 것이 뜨거움을 이긴다.

躁動則陽熱, 故勝寒, 靜息則陰寒, 故勝熱. 知陰之爲本於陽, 則人之爲道, 亦當以靜爲本也.

조급하게 움직이는 것은 양陽의 뜨거운 것이기 때문에 차가운 것을 이기고, 고요히 멈추어 있는 것은 음陰의 차가운 것이기 때문에 뜨거운 것을 이긴다. 그러나 음이 양의 근본임을 안다면, 사람들이 도를 행함에 또한 고요한 것으로 근본을 삼아야 한다.

淸靜爲天下正.

맑고 고요한 것이 천하의 바른 것이 된다.

上兩句, 天地造化之靜, 而此一句, 人事之靜也.

위의 두 구절은 천지의 조화에 있어서 고요한 것이고, 여기의 한 구절은 사람의 일에 있어서 고요한 것이다.

右第四十五章.
위의 것은 제45장이다.

제46장

天下有道, 却³³⁾走馬以糞. 天下無道, 戎馬生於郊.

천하에 도가 있으면 잘 달리는 말을 내쳐 거름 주는 데 부린다.
천하에 도가 없으면 전쟁에 쓸 말을 성 밖의 민가에서 동원한다.

有道, 則師旅不用, 故却能走之馬, 載糞田之具. 無道, 則頻年興
師, 買馬遠方, 猶患不足, 括近郊民間之馬, 以充之也.

도가 있는 세상이라면 군대를 부릴 일이 없으므로 잘 달리는 말을 내쳐
밭에 거름 주는 기구를 싣게 한다. 도가 없는 세상이라면 한 해에도
빈번하게 군대를 동원하느라 먼 지방에서 말을 사오면서도 도리어 부
족할 것을 근심해 가까운 성 밖 민가에서 말을 모아 충당한다.

罪莫大於可欲. 禍莫大於不知足, 咎莫大於欲得.

죄는 욕심내는 것보다 큰 것이 없다. 그러니 화는 만족할 줄 모르
는 것보다 큰 것이 없고, 허물은 얻고자 하는 것보다 큰 것이 없다.

承上文言, 因貪欲土地, 使殺伐肆行, 其罪莫大也. 下二句, 反復
言之, 以致其丁寧之意. 此蓋暗指當時諸侯.

위의 글을 이어 토지에 대한 탐욕 때문에 죽이고 정벌하고 함부로 행동
하게 된다면, 그 죄가 다른 무엇보다 크다는 것에 대해 말했다. 아래의
두 구절은 반복해서 말함으로써 재삼 간절하게 뜻을 나타냈다. 여기의
구절은 대개 암암리에 당시의 제후들을 가리킨 것이다.

---

33) 却 : 『老子集解』에는 '卻'자로 되어 있다.

故知足之足, 常足矣.

그러므로 만족할 줄 아는 만족이 영원한 만족이다.

知足, 則雖不足, 亦足矣.

만족할 줄 알면 비록 부족할지라도 만족한다.

右第四十六章.

위의 것은 제46장이다.

제**47**장

不出戶, 知天下,
문밖을 나가지 않아도 천하를 알고,

觀于一身, 知情慾恬澹, 而血氣循軌,[34] 則反之天下, 可知人心淸靜, 而風俗寧謐也.
일신으로 살펴볼 때, 정욕이 담박해지면 혈기가 법도대로 순환함을 알게 되니, 천하로 반성해 볼 때 인심이 맑고, 고요해지면 풍속이 편안하고 조용해짐을 알 수 있다.

不窺牖, 見天道.
창밖으로 내다보지 않아도 천도를 안다.

一身之喘息, 寤寐動靜, 天道之屈伸, 晝夜消長, 一理也.
일신의 호흡이 자나 깨나 움직였다 멈추었다 하고, 천도의 굽힘과 폄이 밤낮으로 줄었다 늘었다 하니, [이 둘은] 하나의 이치이다.

其出彌遠, 其知彌少.
밖으로 나가 멀리 갈수록 그 앎이 더욱 협소하게 된다.

出, 謂暴露於外也. 暴露於外者, 神知易淆, 見聞易雜, 但以耳目所及爲知識, 而其知識有限. 此以知之虛靜而言之也.

---

34) 軌 : 필사본에는 '軏'자처럼 되어 있다.

'나가다'(出)는 것은 밖으로 드러낸다는 말이다. 밖으로 드러내는 것에서는 신령스러움과 앎이 흐려지기 쉽고, 보는 것과 듣는 것이 조잡해지기 쉬우니, 단지 이목이 미치는 것으로 지식을 삼으면 그런 지식에는 한계가 있다는 것이다. 이 구절에서는 앎에 있어서 비어 있고 고요한 것을 가지고 말했다.

是以聖人不行而至, 不見而名, 不爲而成.

이 때문에 성인은 나다니지 않아도 이르고, 드러내지 않아도 유명해지며, 아무 것도 하지 않아도 일을 완성한다.

見, 與見龍在田之見同, 言其見于世也. 無所奔走, 而造其道, 無所章見, 而得其名, 無所作爲, 而成其事, 神之至也. 臨川吳氏曰, 不待行出, 而如至其處, 故不出戶, 知天下也. 不待其窺, 而能名其理, 故不窺牖, 見天道也. 惟其不行而至, 不見而名. 故不待有所作爲, 而事無不成也.

'드러낸다'(見)는 말은 『역경』에서 "나타난 용이 밭에 있다."[35]고 할 때의 '나타났다'(見)는 의미와 같으니, 세상에 드러낸다는 말이다. 달려가는 것 없이 그 도에 나아가고, 드러내는 것 없이 그 이름을 얻으며, 작위 하는 것 없이 그 일을 이루니, 지극히 신묘한 것이다. 임천 오씨는 다음처럼 말했다. "나다니는 것에 의지하지 않고도 갈 곳에 이른 것과 같기 때문에 문밖으로 나가지 않아도 천하를 아는 것이다. 내다보는 것에 의지하지 않아도 그 이치를 명명할 수 있기 때문에 창밖으로 내다보지 않아도 천도를 아는 것이다. 오직 나다니지 않아도 이르고 드러내지 않아도 명명하기 때문에 작위 하는 것에 의지하지 않아도 일이 이루

---

35) 『周易』, 「乾卦第一」, "九二, 見龍在田, 利見大人."

어지지 않는 것이 없다는 것이다."36)

右第四十七章.

위의 것은 제47장이다.

---

36) 『道德眞經註』, 39章註, "不待行出而已, 如徧至其處, 故能悉知天下之事. 不待窺見此物而後能名其理, 故不窺牖而見天道也. 不爲而成, 言上二句 之效. 惟其不行而徧知萬事, 不窺而洞見一原. 故不待有所作爲, 而事事無 不完成也."

제48장

爲學日益.

배움을 행하면 날마다 보탠다.

廣知識, 故日益. 此儒家博文之事也.

지식을 넓히기 때문에 날마다 보탠다. 이것은 유학에서 문헌에 해박하게 되는 일이다.

爲道日損,

그런데 도를 행하면 날마다 덜어내니,

守謙虛, 故日損. 此儒家反約之事也.

겸허를 지키므로 날마다 덜어낸다. 이것은 유학에서 예로 돌이켜 단속하는 일이다.

損之又損, 以至於無爲,

덜어내고 또 덜어내어 아무 것도 하는 일에 없게 되면,

謙則驕吝摧伏, 虛則物慾退聽. 習與性成以造其極, 則念慮之發
淸靜自在, 絶無人爲私智介於其間, 與道之無爲合以爲一. 此德
之體也.

겸손하면 교만하고 인색한 마음이 꺾여 굴복하고, 마음을 비우면 물욕이 물러나 이치를 따르게 된다. 습관이 본성과 함께 함이 이루어져[37] 그 궁극에 나아가면, 생각하는 것이 청정하게 자유자재로 되고 장애가

없어져 사람이 사사로운 지혜로 그 사이에 절대로 개입하지 못하니, 도의 무위함과 합쳐져서 하나가 된다. 이것이 덕의 본체이다.

無爲而無不爲矣,

아무 것도 하는 일이 없으면서도 하지 못하는 것이 없고,

旣無人爲私智介於念慮, 如道之無爲, 則推之事爲, 莫不皆通, 亦如道之無不爲. 此德之用也.

이미 사람이 사사로운 지혜를 생각에 개입하지 않아 도의 무위함과 같아졌으니, 이것을 일하는 것으로 미루어 나가면 어느 것이고 모두 통하지 않는 것이 없게 되어 또한 도가 하지 못하는 것이 없는 것과 같아진다. 이것이 덕의 작용이다.

取天下, 常以無事. 及其有事, 不足以取天下.

천하를 취함에 항상 일삼는 일이 없다. 일삼는 일이 있으면 천하를 취하기에 부족하다.

承上文無不爲, 而復申之. 取天下之人心, 常以淸靜無事. 若夫煩擾有事, 則天下之人心, 憚於更作, 厭於支離, 不能有所悅服也.

위 구절의 "하지 못하는 것이 없다"는 말을 이어서 다시 반복했다. 천하의 인심을 취함에 항상 청정함을 가지고 일삼는 일이 없다. 만약 번거

---

37) 『論語』, 「顔淵」第十二, "子曰, 非禮勿視, 非禮勿聽, 非禮勿言, 非禮勿動. 顔淵曰, 回雖不敏, 請事斯語矣. 구절의 주, "其動箴曰, 哲人知幾, 誠之於思, 志士勵行, 守之於爲. 順理則裕, 從欲惟危, 造次克念, 戰兢自持. 習與性成, 聖賢同歸."

롭게 들쑤셔 일삼는 것이 있게 되면, 천하 사람들의 마음은 고치고 진작시키는 것을 꺼리고 지리멸렬한 것을 싫어하니, 진심으로 복종할 수 없게 된다는 것이다.

右第四十八章.
위의 것은 제48장이다.

제49장

聖人無常心, 以百姓心爲心.

성인께서는 일정한 마음을 갖지 않고 백성의 마음으로 자신의 마음을 삼는다.

記曰, 人情, 聖王之田, 與此同意, 下文乃百姓心爲心之事也.

『예기』에 "[그러므로 성왕께서는 의義라는 기구와 예라는 순서를 닦아서 사람의 정을 다스린다. 그러므로] 사람들의 일반적인 마음은 성왕의 터전이다."[38]라고 했는데, 본문과 동일한 의미로 본문에서 바로 백성의 마음으로 자신의 마음을 삼는 일이다.

善者, 吾善之, 不善者, 吾亦善之. [德善矣.][39]

선하게 보는 자를 자신이 선하게 보고, 선하지 않게 보는 자를 자신이 또 선하게 본다. [그러니 덕이 선해진다.]

善者不善者, 謂百姓善之不善之也. 善之亦善之, 謂聖人善之, 亦善之也. 然於善, 則直曰善, 於不善, 則乃曰亦善, 固自有差等之別也.

'선하게 보는 자'(善者)와 '선하지 않게 보는 자'(不善者)는 백성들이 선하게 여기고 선하지 않게 여긴다는 것을 말한다. '선하게 본다'(善之)와 '또 선하게 본다'(亦善之)는 것은 성인께서 선하게 보시고 또 선하게

---

38) 『禮記』, 「禮運」, "故聖王修義之柄, 禮之序, 以治人情. 故人情者, 聖王之田也."

39) 『老子集解』에는 "德善矣"가 더 있다.

보신다는 것을 말한다. 그러나 선하게 보는 자를 바로 '선하게 본다.'라고 하고, 선하지 않게 보는 자를 또 '선하게 본다.'라고 하였으니, 진실로 저절로 구별되는 등급이 있는 것이다.

信者, 吾信之, 不信者, 吾亦信之. 德信矣.

믿는 자를 자신이 믿고, 믿지 않는 자를 자신이 또 믿는다. 그러니 덕이 미더워진다.

上信信, 理之可信也, 下信信, 心之信之也. 如子産之信校40)人放魚, 是已.

앞에서 '믿는다'(信之)고 할 때의 '믿는다'(信)는 것은 이치를 믿을 수 있다는 것이고, 뒤에서 '믿는다'(信之)고 할 때의 '믿는다'(信)는 것은 마음을 믿는다는 것이다. 이를테면 '연못을 주관하는 관리가 물고기를 놓아주었다는 말을 자산이 믿은 경우'41)가 여기에 해당한다.

聖人之在天下惵惵, 爲天下渾其心, 百姓皆注其耳目, 聖人皆孩之. 惵音帖

성인께서는 천하 사람들에 대해 벌벌 떨며 그들을 위하여 마음을 하나로 하니, 백성들은 모두 그들의 이목을 집중하고, 성인께서는

---

40) 校 : 필사본에는 '圉'자로 되어 있다.

41) 『孟子』, 「萬章章句上」, "……. 曰, 否. 昔者有饋生魚於鄭子産, 子産使校人畜之池. 校人烹之, 反命曰, 始舍之圉圉焉, 少則洋洋焉, 攸然而逝. 子産曰, 得其所哉, 得其所哉. 校人出, 曰, 孰謂産智. 予旣烹而食之, 曰, 得其所哉, 得其所哉. 故君子可欺以其方, 難罔以非其道. 彼以愛兄之道來, 故誠信而喜之, 奚僞焉."

그들 모두를 아이들처럼 여긴다. 첩첩자는 음이 첩帖이다.

慄慄, 危懼也, 言聖人慄慄然危懼. 恐或失天下心, 而自渾一其
心, 不分別善不善信不信. 而百姓皆注其耳目, 以決是非於聖人,
聖人一視均待, 如孩兒然也. 孩兒勿論人品高下, 爲父母者, 莫不
愛之, 而乳哺衣服, 未嘗以厚薄差等也.

'벌벌 떤다'(慄慄)는 것은 두려워한다는 것으로 성인이 벌벌 떨며 두려
워하는 것은 혹 천하 사람들의 마음을 그르칠까 염려해서 스스로 그
마음을 [그들과] 하나로 하고 [자신을] 선하게 보든 말든 믿든 말든 구분
하지 않으니, 백성들은 모두 그들의 이목을 모아 성인에게서 시비를
결단하고, 성인께서는 백성들을 한결같이 보고 균등하게 대하기를 마
치 아이들인 것처럼 한다는 말이다. 아이들에게는 인품의 고하를 따지
지 않고 부모된 자들이 사랑하지 않는 경우가 없으니, 젖을 먹여 기르
고 옷을 입히는 것에서 잘해주고 못해주는 것으로 차등 두지 않는다는
것이다.

右第四十九章.
위의 것은 제49장이다.

제50장

出生入死.

살 곳을 벗어나면 죽을 곳으로 들어간다.

生與死, 如陰陽晝夜, 非生則死, 非死則生. 故人之日用所爲, 非
生之事, 卽死之事, 非死之事, 卽生之事. 下文詳言之.

살 곳과 죽을 곳은 이를테면 음과 양, 낮과 밤이니, 살 곳이 아니면
죽을 곳이고, 죽을 곳이 아니면 살 곳이다. 그러므로 사람들이 날마다
하는 것은 사는 일이 아니면 곧 죽는 일이고, 죽는 일이 아니면 곧 사는
일이다. 다음의 글에서 자세히 설명하겠다.

生之徒十有三, 死之徒十有三. 人之生, 動之死地者, 亦十有
三, 夫何故. 以其生生之厚,

살 사람들이 십 분의 삼 정도가 되고, 죽을 사람들이 십 분의 삼
정도가 된다. 그런데 사람이 살다가 별안간 죽을 곳으로 가는 경우
도 십 분의 삼 정도가 되니, 무엇 때문인가? 너무 잘 살려고 하기
때문이다.

動, 輒也, 之, 適也. 世間任其生, 而久其生者, 十分之中有三分
焉, 傷其生, 而促其生者, 亦十分之中有三分焉. 又有人營營貪
生, 輒適死地者, 亦十分之中有三分焉. 夫求生而反適死者, 是何
故乎. 其心以生爲生, 太過於厚, 則私意起而反惑, 與夫天地之化
不相似, 所以反入於死也.

'별안간'(動)이라는 말은 '갑자기'라는 의미이고, '간다'(之)는 말은 '들어
간다'는 의미이다. 세상에서 사는 그대로 그 생명을 오래도록 하는 경

우가 십 분의 삼 정도가 되고, 삶을 해쳐 그 생명을 재촉하는 경우도 십 분의 삼 정도가 된다. 그런데 또 사람들 중에는 쉬지 않고 열심히 삶을 탐하다가 갑자기 죽을 곳으로 가는 경우도 십 분의 삼 정도가 된다. 삶을 구하면서 도리어 죽을 곳으로 가는 경우는 무엇 때문이겠는가? 그 마음이 삶으로만 삶을 삼아 두텁게 하는 데 너무 지나치면, 사사로운 생각이 일어나면서 도리어 미혹되어 천지의 조화와 서로 같지 않게 되기 때문에 거꾸로 죽을 곳으로 들어가게 되는 것이다.

蓋聞善攝生者, 陸行不避兕虎,[42] 入軍不被甲兵. 兕無所投其角, 虎[43]無所措其爪, 兵無所容其刃, 夫何故, 以其無死地.

대개 "삶을 잘 기르는 자는 육로로 길을 갈지라도 들소나 호랑이를 피할 일이 없고, 군대에 갈지라도 병화를 당할 일이 없다"고 들었다. 들소에게 뿔로 받칠 일이 없고, 호랑이에게 발톱으로 공격당할 일이 없으며, 병기에 상처 입을 일이 없으니 무엇 때문인가? 죽을 일이 없기 때문이다.

攝, 持養也. 蓋於上文九分之外, 能善其道於養生者, 僅有一分也. 但曰攝生, 而不言所以攝生之工者, 引而不發, 欲使人自爲之領悟也. 三者, 猶參同契所謂入水不濡, 入火不焦, 皆攝生之效也. 無死地, 謂全其道德, 物莫不愛敬之, 保護之. 此其所以至人無可死之地也.

'기른다'(攝)는 말은 지키면서 기른다는 의미이다. 대개 위의 글에서 나온 십 분의 구 이외에 삶을 기름에 그 방법을 훌륭하게 할 수 있는

---

42) 虎 : 『老子集解』에는 '虎'자로 되어 있다.
43) 虎 : 『老子集解』에는 '虎'자로 되어 있다.

자는 겨우 십 분의 일이다. 단지 '삶을 기르는 것'(攝生)이라고만 하고 삶을 기르는 공이라고 말하지 않은 이유는 이끌기만 하고 말해주지 않음으로써 사람들이 스스로 깨닫도록 하기 위함이다. 본문에서 세 가지 경우는 『참동계』에서 이른바 "물속에 들어가도 젖지 않고, 불속에 들어가도 타지 않는다."[44]는 것과 같으니, 모두 삶을 기른 효과이다. '죽을 일이 없다'(無死地)는 것은 도덕을 온전하게 하여 사물 중에 어느 하나라도 사랑하고 존경해서 보호하지 않음이 없다는 말이다. 이런 것에서 도덕이 지극히 높은 사람은 죽을 일이 없는 까닭이다.

右第五十章.
위의 것은 제50장이다.

---

44) 『周易參同契』, 「上篇第三」, 第8章, "服食三載, 輕擧遠遊. 跨火不焦, 入水不濡. 能存能亡, 長樂無憂."

222

제51장

道生之,

도는 낳고

道, 指太極也. 曰生之者, 萬物之父也.
도는 태극을 가리킨다. "낳는다."고 한 것은 만물의 아비이기 때문이다.

德畜之, 畜許六反. 下同.

덕은 기르며, 흉畜자의 음은 허자의 'ㅎ'과 육자의 'ㅠ'을 반씩 취한 흉이다.
아래에서도 같다.

畜, 養也. 德, 指陰陽也. 曰畜之者, 萬物之母也.
'기른다'(畜)는 것은 양육한다는 의미이다. 덕(德)은 음양을 가리킨다.
'기른다'고 한 것은 만물의 어미이기 때문이다.

物形之,

사물은 드러내고

物, 指五行也. 萬物皆五行之錯綜以生也.
'사물'(物)은 오행을 가리킨다. 만물은 모두 오행이 이리저리 뒤섞이며
합치는 것으로 나온다.

勢成之.

형세는 이룬다.

勢, 指化機也. 萬物皆化機之斡運以成也.

'형세'(勢)는 변화하는 기틀을 가리킨다. 만물은 모두 변화하는 기틀의 회전운행으로 이루어진다.

是以萬物莫不尊道而貴德. 道之尊, 德之貴, 夫莫之命而常自然.

이 때문에 만물은 도를 높이고 덕을 귀하게 여기지 않음이 없다. 도를 높이고 덕을 귀하게 여기는 것은 아무도 명령하지 않아도 항상 저절로 그렇게 되는 것이다.

人之尊道貴德, 固也. 至如龍之天飛, 虎之霧隱者, 亦皆伏於道德, 可知萬物亦皆尊道貴德也. 是孰有命之者乎. 自然而然也.

사람들이 도를 높이고 덕을 귀하게 여겨야 하는 것은 확고한 것이다. 용이 하늘을 날고 호랑이가 안개 속에 숨는 것과 같은 것까지도 모두 도와 덕을 따른 것이니, 만물이 또한 모두 도를 높이고 덕을 귀하게 여겨야 됨을 알만하다. 이것에 대해 누가 명령을 내리는 자가 있겠는가? 저절로 그렇게 되어서 그런 것이다.

夫道生之畜之, 長之育之, 成之熟之, 養之覆之. 生而不有, 爲而不恃, 長而不宰, 是謂玄德. 覆長, 幷去聲.

도는 낳아주고 길러주며, 성장시키고 양육시키며, 이루어주고 무르익게 하며, 보살펴주고 감싸준다. 그런데 낳아주면서도 소유하지 않고, 위해주면서도 의지하지 않으며, 성장시키면서도 주재하지 않으니, 이것을 현묘한 덕이라고 한다. 복覆자와 장長자는 모두 거성이다.

224

上文以道德幷言之, 此又歸重於道. 不有不恃不宰, 皆天道謙光, 所以下濟者也. 玄德, 謂玄遠幽深之德, 德之最高, 而與道爲一也.

앞의 구절에서는 도와 덕을 가지고 아울러서 말하였고, 이 구절에서는 또 도에 귀중함을 돌렸다. "소유하지 않고 의지하지 않으며 주재하지 않는다."는 것은 모두 하늘의 도가 빛남을 사양하는 것이기 때문에 아래로 구제할 수 있다는 것이다. '현묘한 덕'(玄德)은 아득하고 심원한 덕을 말하니, 덕의 최고이고 도와 하나된 것이다.

右第五十一章.

위의 것은 제51장이다.

自第三十七章至此, 凡十五章爲一節.

제37장부터 여기 51장까지 모두 15장을 하나의 절로 삼았다.[45]

---

[45] 『參同攷』卷一「初擬攷」第一 "七八道已窮屈折低下降" 구절에 대한 주에서 서명응이 다음과 같이 한 말을 참고할 필요가 있다. "15라고 하지 않고 7·8이라고 한 것은 7이 소양이고 8이 소음이니 소음과 소양을 합하면 15이기 때문이다.(不曰十五, 而曰七八者, 七爲少陽, 八爲少陰, 合二少而爲十五也.)"

제52장

天下有始, 以爲天下母.

천하에 시작이 있으니 그것으로 천하의 어미를 삼는다.

五行所成之萬物萬事, 莫不始於陰陽, 如人身之始於母胎也.

오행으로 이루어진 만물과 만사는 어느 것 하나 음양에서 시작되지 않는 것이 없으니, 사람의 몸이 모태에서 시작되는 것과 같다.

旣得其母, 以知其子, 旣知其子, 復守其母, 歿[46]**身不殆.**

그 어미를 얻고 나서 그 자식을 알고, 그 자식을 알고 나서 다시 그 어미를 지킨다면 죽을 때까지 위태롭지 않다.

陰陽之子, 五行是也. 自陰陽生出五行, 而五行强盛, 陰陽柔弱. 然不知强盛, 則安知柔弱之柔弱. 故不得不知其子. 雖并知强盛柔弱, 而若其守之, 則在於柔弱, 故又守其母. 夫如是, 則可以歿身不殆也. 參同契亦引此, 以明修養之法, 曰知白守黑, 神明自來, 言知肺金之氣, 而守賢水之精, 則魂魄自然壯旺. 盖氣可以知而導引, 精可以守而固秘也. 又曰, 金爲水母, 母隱子胎. 水者金子, 子藏母胞, 言肺氣旺, 則可以下宅腎精, 腎精壯, 則可以上宅肺氣也, 皆以五行言之. 觀于此, 則道家仙家之所由分, 可知也.

음양의 자식은 오행이 여기에 해당한다. 음양에서 오행이 나오는데, 오행은 강성하고 음양은 유약하다. 그러나 강성함을 알지 못한다면 어

찌 유약한 것의 유약함을 알겠는가? 그러므로 그 자식을 모를 수 없다. 비록 강성함과 유약함을 모두 알지라도 그것들을 지키는 것이라면 유약함에 있기 때문에 또 그 어미를 지키는 것이다. 이와 같이 한다면 죽을 때까지 위태롭지 않다. 『참동계』에서도 이 구절을 인용해 수양하는 법을 밝히면서 "'백을 알고 흑을 지킨다.'[47]면 신명이 저절로 찾아든다."[48]라고 했으니, 폐肺에서 금金의 기운(氣)을 알면서도 신腎에서 수水의 정기(精)를 지킨다면, 혼백이 저절로 그렇게 왕성하게 된다는 말이다. 대개 기氣는 알아서 이끌어주어야 되고, 정精은 지켜서 견고하게 감추어야 한다. 또 "금金은 수水의 어미이니, 어미는 자식을 태胎에 숨긴다. 수水는 금金의 자식이니, 자식은 어미의 태(胞)에 숨는다."[49]라고 했으니, 폐의 기가 왕성하게 되면 아래로 신장의 정精을 집으로 할 수 있고, 신장의 정이 굳세게 되면 위로 폐의 기를 집으로 할 수 있다는 말로 모두 오행을 가지고 설명한 것이다. 여기에서 보면 도가와 선가仙家가 어디에서부터 나누어지는지 알 수 있다.

塞其兌, 閉其門, 終身不勤. 開其兌, 濟其事, 終身不救.
입을 막고 문을 닫으면, 죽을 때까지 지치지 않는다. 입을 열어놓고 일을 구제하려고 하면, 죽을 때까지 구하지 못한다.

兌, 口也, 易曰, 兌爲口也. 門者, 精[50]所出入之門也. 勤, 竭也,

---

47) 『道德指歸』, 27章, "知其白, 守其黑." 대부분의 다른 본에는 이 구절이 28장에 있다.
48) 『周易參同契』, 「上篇第三」, 第7章, "知白守黑, 神明自來. …."
49) 『周易參同契』, 「上篇第三」, 第7章, "金爲水母, 母隱子胎. 水者金子, 子藏母胞."
50) 精 : 필사본에는 '情'자로 되어 있다.

終身不勤, 謂精氣終身不竭也. 濟, 成也, 每事必欲其成, 則勞精
弊身, 不能救也. 參同契亦言, 閉[51]塞其兌, 又曰, 兌合不以談.
'태'(兌:☱)는 입이니, 『역경』에서 "태는 입이 된다."[52]고 했다. '문'(門)
은 정기가 출입하는 문이다. '지친다'(勤)는 말은 고갈된다는 의미이니,
본문의 "죽을 때까지 지치지 않는다."는 구절은 정기가 죽을 때까지
고갈되지 않는다는 말이다. '구제한다'(濟)는 말은 이룬다는 의미이니,
일마다 성공을 하려고 하면 정기를 피로하게 하고 몸을 지치게 해서는
구원할 수 없다는 말이다. 『참동계』에서도 "입을 다물어라."[53]라고 하
고 또 "입을 다물고 말하지 말라."[54]라고 했다.

見小曰明, 守柔曰强.

작은 것을 아는 것에 대해 밝음이라고 하고, 부드러운 것을 지키는
것에 대해 강함이라고 한다.

小, 微小也, 此指思慮初發之幾而言之. 柔, 柔弱也, 此指思慮未
壯之時而言之. 凡物盛大則易見, 微小則難見, 故見小爲明也. 勝
物非强, 自勝爲强, 故守柔爲强也.
'작은 것'(小)은 미소한 것이니, 이것은 생각이 처음 나오는 기미를 가
리켜서 말한 것이다. '부드러운 것'(柔)은 유약한 것이니, 이것은 생각
이 왕성하지 않은 때를 가리켜서 말한 것이다. 모든 사물이 성대하면
알기 쉽고, 미소하면 알기 어렵기 때문에 미소함을 아는 것이 밝음이

---

51) 閉 : 필사본에는 '閑'자로 되어 있다.
52) 『易經』, 「說卦傳」, "乾爲首, 坤爲腹, 震爲足, 巽爲股, 坎爲耳, 離爲目, 艮爲
    手, 兌爲口."
53) 『周易參同契』, 「上篇第二第」, 第6章, "閉塞其兌, 築固靈株."
54) 『周易參同契』, 「中篇第二」, 第6章, "坎乃不用聰. 兌合不以談, …."

다. 사물을 이기는 것은 강함이 아니고 자신을 이기는 것이 강함이기 때문에 유약함을 지키는 것이 강함이다.

用其光, 復歸其明, 無遺身殃, 是謂襲常.

그 빛남을 사용해 그 밝음을 다시 되돌리면 자신에게 재앙을 남기지 않으니, 이것을 영원함을 계승하는 것이라고 한다.

光者, 此心精光之用也, 明者, 此心神明之體也. 言以此心精光之用, 歸此心神明之體, 魂與魄抱互相生旺, 則百疾不作, 身無殃咎也. 襲, 重也. 見小守柔, 常也, 故用光歸明, 爲重常也.

빛남이란 이 마음의 정精이 빛나는 작용이고, 밝음이란 이 마음의 신神이 밝은 본체이다. 이 마음의 정精이 빛나는 작용을 이 마음의 신神이 밝은 본체로 되돌림으로써 혼과 백이 어우러져 서로 돕는 것이 왕성하게 되면, 모든 병이 생기지 않고 몸에서 재앙이 없어진다. '계승한다'(襲)는 말은 거듭한다는 의미이다. 미소함을 보고 유약함을 지키는 것이 영원함(常)이기 때문에 [정精의] 빛남을 사용해 [신神의] 밝음으로 되돌아가는 것이 영원함을 거듭하는 것이 된다.

右第五十二章.

위의 것은 제52장이다.

제53장

使我介然有知, 行於大道, 惟施是畏.

나에게 잠시 식견이 있어 대도를 행하게 될지라도 시행하는 것은
두려울 뿐이다.

介然, 猶云暫也. 言雖使我暫有知見, 而行於大道, 惟恐有所施設
者, 以其彌遠彌少, 非所謂知子守母之義也.

'잠시'(介然)라는 것은 잠깐이라고 말하는 것과 같다. 비록 나에게 잠깐
식견이 있어 대도를 행하게 될지라도 오직 시행하는 것이 있을까 염려
되는 것은 [47장에서 "밖으로 나와 멀리 갈수록 [그 앎이] 더욱 협소해
진다."는 것 때문이고, 이른바 52장의 "그 자식을 알고 그 어미를 지킨
다."는 의미가 아니기 때문이라는 말이다.

大道甚夷, 而民好徑.

대도는 아주 평탄한데, 백성들은 지름길을 좋아한다.

承上文, 言大道坦夷. 不過上之人, 恬靜寡欲, 常行損上益下之政
而已. 世人反有好徑欲速之心, 馳走他歧, 何其與我之所知者, 不
同也.

위의 글을 이어서 대도는 평탄하다고 말했다. 지나치게 위로 올라가려
고 하지 않는 사람은 고요히 욕심을 줄여 항상 위에서 덜어다가 아래에
보태주는 정사를 행할 뿐이다. 그런데 세상 사람들은 도리어 질러가기
를 좋아하고 서두르는 마음이 있어서 얼토당토않은 샛길로 달려가니,
어쩌면 그리도 내가 아는 것과 같지 않은가?

朝甚除, 田甚蕪, 倉甚虛.

조정은 잘 정비되어 있는데, 전야는 아주 황폐하고 창고는 텅 비어 있다.

王宮曰, 朝. 周禮, 有治朝燕朝外朝, 皆天子所居之宮也. 除, 修治靜潔也. 此盖言天子所居之宮, 極其修治靜潔, 則民不暇治田, 故田甚荒蕪, 田甚荒蕪, 故倉舍又甚空虛, 以其無所收入故也.

왕궁을 '조정'(朝)이라고 한다. 『주례』에 치조治朝·연조燕朝·외조外朝가 있으니, 모두 천자가 거처하는 궁전이다. '정비되어 있다'(除)는 것은 수리하고 정비해서 정결한 것이다. 대개 천자가 거처하는 궁전을 극도로 수리하고 정비해서 정결하게 한다면, 백성들이 농사지을 겨를이 없기 때문에 전야는 아주 황폐해지고, 전야가 아주 황폐하기 때문에 창고는 또 텅 비어 있게 되니, 거두어들일 것이 없기 때문이라는 말이다.

服文綵, 帶利劒, 厭飲食, 財貨有餘, 是謂盜誇, 非道哉.

화려한 옷을 입고 날카로운 칼을 차고 음식은 물리도록 먹는데도 재화가 넘쳐난다. 이것을 도적이 허세를 부리는 것이라고 하니, 도가 아니로구나.

奉養侈靡, 而財貨有餘, 此物從何處出乎. 出乎民也. 是謂盜人之物, 以自誇張. 豈云道哉.

생활하는 것이 사치스러운데도 재화가 넘쳐나니, 이런 것들이 어디에서 나왔겠는가? 백성들에게서 나왔다. 이것을 남의 물건을 도둑질해 스스로 허세를 부리는 것이라고 한다. 어찌 도를 따르는 행위라고 할 수 있겠는가?

右第五十三章.

위의 것은 제53장이다.

제54장

善建者不拔, 善抱者不脫, 子孫祭祀不輟.

잘 세워놓은 것은 뽑을 수 없고, 잘 껴안은 것은 떨어지게 할 수
없으니 자손이 제사를 그치지 않는다.

善其建立者, 牢固而人不得拔之, 善其抱持者, 堅合而人不得脫
之. 樹德之根基堅完, 如此, 則澤流彌長, 子孫祭祀不輟也.

잘 세워놓은 것은 견고해서 사람들이 뽑을 수 없고, 잘 껴안은 것은
굳게 합해서 사람들이 떨어지게 할 수 없다. 덕을 심은 근본과 터전이
견고하고 완전하기가 이와 같다면, 은택이 아래로 흘러가는 것이 더욱
오래도록 되어 자손이 제사를 그치지 않는 것이다.

修之身, 其德乃眞, 修之家, 其德乃餘, 修之鄉, 其德乃長, 修
之邦, 其德乃豊, 修之天下, 其德乃普.

그것을 몸에 닦으면 그 덕이 이에 참되게 되고, 그것을 집안에 닦
으면 그 덕이 이에 넉넉하게 되며, 그것을 마을에 닦으면 그 덕이
이에 장성하게 되고, 그것을 나라에 닦으면 그 덕이 이에 풍성하게
되며, 그것을 천하에 닦으면 그 덕이 이에 널리 미치게 된다.

眞, 實有也. 餘, 有餘也, 長, 長茂也, 豊, 盛大也, 普, 溥遍也, 皆言
德化隆盛, 馴致乎充滿盛大也.

'참되게 된다'(眞)는 것은 알차게 있다는 것이고, '넉넉하게 된다'(餘)는
것은 여유가 있게 된다는 것이며, '장성하게 된다'(長)은 것은 장성해서
무성하게 된다는 것이고, '풍성하게 된다'(豊)는 것은 성대하게 된다는
것이며, '널리 미치게 된다'(普)는 것은 널리 두루 하게 된다는 것이니,

모두 덕의 교화가 융성하게 되어 점차로 충만하고 성대한 것으로 나아가게 된다는 말이다.

故以身觀身, 以家觀家, 以鄕觀鄕, 以邦觀邦, 以天下觀天下.
그러므로 몸으로 몸을 살피게 하고 집안으로 집안을 살피게 하며, 마을로 마을을 살피게 하고 나라로 나라를 살피게 하며, 천하로 천하를 살피게 한다.

以身觀身, 以人身視人身, 而不自私其身也. 以家觀家, 以人家視人家, 而不自私其家也. 鄕邦天下, 放此. 只是物各付物, 以無事取天下之意也.

'몸으로 몸을 살피게 한다'는 것은 남의 몸으로 남의 몸을 살펴서 스스로 그 몸을 사사롭게 하지 않는 것이다. '집안으로 집안을 살핀다'는 것은 남의 집안으로 남의 집안을 살펴서 스스로 그 집안을 사사롭게 하지 않는 것이다. 마을과 나라와 천하도 이와 동일하다. 오직 사물은 제각기 사물에 맡겨놓는다는 것이니, 57장의 "아무 것도 일삼지 않음으로써 천하를 취한다."는 의미이다.

吾何以知天下之然哉. 以此.
내가 천하가 그렇게 되는 것을 어떻게 알았는가? 이상으로 한 것이다.

言天下之歸嚮吾, 尊慕吾者, 何爲其然哉, 以吾之物各付, 無事取天下也. 程子曰, 舜有天下, 而不與焉, 與此章之旨合.

천하가 나에게 귀향하고 나를 높이며, 사모하는 것은 어떻게 그렇게 되는 것인가 하면, 자신의 사물에 제각기 맡겨놓고 아무것도 일삼지 않는 것으로써 천하를 취하기 때문이라는 말이다. 명도明道[55] 선생께서 "순임금께서는 천하를 소유했지만 관여한 것이 없다."[56]라고 하셨는데, 여기에 있는 장의 의미와 합치한다.

右第五十四章.

위의 것은 제54장이다.

---

55) 명도明道 : 북송北宋의 대유大儒 정호程顥로 자字는 백순伯淳이고, 호가 명도明道이다. 아우 정이程頤와 같이 주돈이周敦頤의 문인門人으로 우주의 본성과 사람의 성이 본래 동일한 것이라고 주장하였으며 『역易』에 조예가 깊었다. 저서에 「식인편識仁篇」·「정성서定性書」 등이 있다.
56) 『近思錄』, 「道體類」, "明道先生曰, 天地生物, 各無不足之理. ……. 自天命以至於敎, 我無加損焉. 此舜有天下而不與焉者也."

제55장

含德之厚, 比於赤子,

덕을 충분히 머금고 있는 사람은 갓난아이에 견줄만하니,

上章, 以德之及人者言之, 此章, 以德之在己者言之. 比於赤子,
猶孟子所謂大人者, 不失赤子之心也. 老子之言, 往往與吾儒相
近者, 此類是也.

위의 장에서는 덕이 사람들에게 미치는 것을 기준으로 말했고, 여기의
장에서는 덕이 자신에게 있는 것을 기준으로 말했다. 갓난아이에 견줄
만하다는 것은 『맹자』에서 이른바 "대인은 갓난아이의 마음을 잃지 않
는 사람이다."[57]라는 것이다. 노자의 말이 가끔 우리 유학과 서로 가깝
다는 것은 이런 구절에서 그렇다.

毒蟲不螫, 猛獸不據, 攫鳥不搏. 螫音釋, 攫厥縛反, 搏音博.

독충이 쏘지 않고 맹수가 낚아채지 않으며 맹금류가 잡아채지 않
는다. 석螫자는 음이 석釋이고, 확攫자는 음이 궐厥자의 'ㄱ'과 박縛자의 'ㅏ'
을 반씩 취한 각이며, 박搏자는 음이 박博이다.

毒蟲, 蝮蛇之屬, 猛獸, 豺虎之屬, 攫鳥, 鷹隼之屬. 以尾肆毒, 曰
螫, 以爪拏按, 曰據, 以距擊挐, 曰搏. 言赤子始生之初, 卽天地始
生, 太極含具陰靜之時, 而道於是乎在. 故雖無甲冑弓刀爲之禦
患者, 而毒蟲猛獸攫鳥, 自不得傷之. 陳北溪所謂帚不食溪邊兒,
亦可驗其一端. 人之尙德者, 若能不失赤子之心, 則亦可以與道

---

57) 『孟子』, 「離婁章句下」, "孟子曰, 大人者, 不失其赤子之心者也."

爲一, 而伏物也.

독충은 살무사와 뱀 같은 것들이고, 맹수는 승냥이와 호랑이 같은 것들이며, 맹금류는 송골매와 새매 같은 것들이다. 꼬리로 독을 쏘는 것을 '쏜다'(螫)라고 하고, 발톱으로 할퀴면서 잡아채는 것을 '낚아챈다'(攄)라고 하며, 뛰어올라 치면서 끌어당기는 것을 '잡아챈다'(搏)라고 한다. 갓난아이가 막 태어난 처음은 곧 천지가 비로소 생겨 나오는 것으로 태극이 음의 고요함을 간직한 때여서 도가 여기에 보존되어 있다. 그러므로 비록 갑주와 활과 칼로 환난을 방어하는 것이 없을지라도 독충과 맹수와 맹금류가 본래 해칠 수 없다. 진북계陳北溪[58] 선생의 이른바 "호랑이가 개울가의 어린아이를 잡아먹지 않았다."[59]는 말에서 그 일단을 증험할 수 있다. 사람이 덕을 숭상해서 갓난아이의 마음을 잃지 않을 수 있다면 또한 도와 하나가 되어서 사물을 복종시킬 수 있다.

骨弱筋柔而握固, 未知牝牡之合而峻作, 精之至也. 終日號而嗌不嗄, 和之至也. 峻, 子雖反, 號, 平聲, 嗄, 所嫁反, 嗌, 音益.

뼈와 근육은 유약하지만 쥐는 것은 견고하고, 음양의 교합을 모르지만 고추가 서니, 정기의 지극함이다. 종일 울어도 목이 쉬지 않으니, 조화의 지극함이다. 최峻자는 음이 자子자의 'ㅈ'과 수雖자의 'ㅜ'를 반씩 취한 주이고, 호號자는 평성으로 사용되었으며, 사嗄자는 음이 소所자의 'ㅅ'과 가嫁자의 'ㅏ'를 반씩 취한 사이고, 익嗌자는 음이 익益이다.

峻, 赤子陽也, 作, 起也, 號, 啼也, 嗌, 咽也, 嗄, 澌也. 潁濱蘇氏

---

58) 진북계陳北溪 : 송宋나라의 유학자 진순陳淳으로 자字는 안경安卿이고, 북계선생北溪先生이라 일컫는다. 주희朱熹에게 배웠고, 저서에 『북계대전집北溪大全集』 등이 있다.

59) 출처를 찾지 못했음.

曰, 無執而自固, 無欲而自作, 是知精有餘, 而非動也. 心動則氣傷, 氣傷則號而嘎. 故知心不動則氣和也. 愚按, 赤子始生, 手握甚固者, 以純陽含至精故也. 以純陽含至精, 是謂乾體而得冲和中土之金. 故參同契, 以十五乾體滿, 言一月之中, 而使養生者, 不虧赤子之精, 則亦可以與道爲一, 而長生也.

'고추'(峻)는 갓난아이의 고추이고, '서다'(作)는 말은 발기한다는 것이며, '운다'(號)는 것은 울부짖는다는 것이고 '목'(嗌)은 목청이며, '쉬다'(嗄)는 말은 목이 가라앉는다는 것이다. 영빈穎濱 소씨蘇氏는 "꽉 쥐지 않는데도 저절로 견고하고 욕정이 없는데도 저절로 발기하니, 이것으로 정기(精)가 넘친 것이지 발동한 것이 아님을 안다. 마음이 발동하니 기운이 상하고, 기운이 상하니 울면 목이 쉰다. 그러므로 마음이 발동하지 않으면 기운이 조화롭게 된다는 것을 안다."60)라고 했다. 내 생각에는 갓난아이가 막 태어났음에도 손으로 잡는 것이 아주 견고한 것은 순수한 양기가 지극한 정기를 간직하고 있기 때문이다. 순순한 양기로 지극한 정기를 간직하고 있으면, 이것에 대해 건체乾體이면서 온화한 중토中土의 금金을 얻은 것이라고 한다. 그러므로 『참동계』에서 "15일에 건체乾體가 충만하다."61)는 것을 가지고 한 달의 가운데를 말했으니, 삶을 기르게 할 경우에 갓난아이의 정기를 어그러뜨리지 않으면 또한 도와 하나가 되어서 길이 살 수 있다는 것이다.

知和曰常, 知常曰明.

---

60) 『老子解』 55章, "骨弱筋柔而握固, 未知牝牡之合而峻作, 精之至也" 구절에 대한 주, "無執而自握, 無欲而自作, 是以知其精有餘, 而非心也."; "終日號而嗌不嗄, 和之至也." 구절에 대한 주, "心動則氣傷, 氣傷則號而啞. 終日號而不啞. 是以知其心不動而氣和也."
61) 『周易參同契』 「上篇 第二」, "十五乾體就盛滿甲東方."

조화를 아는 것을 한결 같음이라고 하고, 한결 같음을 아는 것을 밝음이라고 한다.

和, 沖和也. 沖和者, 中土之氣, 所以爲道之樞紐, 而萬古如一, 故 曰常. 知此然後, 可以謂之明也.

'조화'(和)는 '온화함'(沖和)이다. 온화함은 가운데 있는 토의 기운으로 도의 핵심이 되어서 예나 지금이나 한결 같은 까닭이기 때문에 한결 같음이라고 했다. 이것을 안 다음에야 그것을 밝음이라고 할 수 있다.

益生曰祥, 心使氣曰强.

삶을 더하는 것을 상서로움이라고 하고, 마음으로 기운을 부리는 것을 강함이라고 한다.

知和知常, 儒家之知也, 益生, 儒家之行也. 以此所知, 資益其生, 如赤子之淸靜無欲, 則可以長生延年, 其爲祥也, 莫大焉. 一說, "祥, 如祥桑穀之祥, 謂妖孽也. 以祥解妖孽, 猶以亂解治也. 益生 者, 以人爲而附天成, 乃妖孽之所自生也." 亦通. 氣之柔弱, 天 也. 若以心使氣, 則人矣, 故其氣必强也. 今按老子此章, 示人養 生之訣, 至明且切. 養生之訣要, 使一心沖和謙虛, 不爲喜怒憂欲 所動而已.

조화를 알고 한결 같음을 아는 것이 유학에서 지(知)이고, 삶을 늘리는 것은 유학에서 행(行)이다. 여기에서의 아는 것으로 삶을 돕고 더하여 갓난아이의 청정하고 무욕한 것과 같아진다면 오래 살고 수명을 연장할 수 있으니, 상서로운 것이 이보다 큰 것이 없다. 일설에 "본문의 상(祥)자는 『서경』에서 '뽕나무와 곡식이 한 나무에서 자라는 괴이한 일'62)이라고 할 때의 괴이하다는 의미와 같으니, 재앙이라는 말이다.

상祥자를 재앙의 의미로 해석하는 것은 난亂자를 다스린다는 의미로 해석하는 것(63)과 같다. 삶을 늘리는 것은 인위적인 것으로 하늘이 이루어 놓은 것에 덧붙이는 것이니, 바로 재앙이 나오는 근원이다."라고 했는데, 또한 의미가 통한다. 기운이 유약한 것은 천성이다. 그런데 만약 마음으로 기운을 부리면 인위적인 것이 되므로 그 기운은 반드시 강해진다. 이제 살펴보니 노자가 여기에서 삶을 기르는 비결을 사람들에게 보여준 것이 지극히 분명하고 절실하다. 삶을 기르는 비결은 마음을 한결같이 온화하고 겸허하게 해서 기쁨·성냄·근심·욕심으로 마음을 움직이지 않게 하는 것일 뿐이다.

物壯則老, 是謂不道, 不道早已.

사물은 장성하면 노쇠해지니, 이것을 도를 따르지 않은 것이라고 한다. 도를 따르지 않으면 빨리 끝난다.

壯, 則上文之强也. 申言以終氣之不可强也.

'장성하다'(壯)는 말은 앞 구절에서 강함이라는 의미이다. 기운은 강하게 해서는 안 된다는 것을 거듭 말함으로써 종결지었다.

右第五十五章.

위의 것은 제55장이다.

---

62) 『書經』, 「商書」, 「咸有一德第八」, "伊陟相大戊, 亳有祥桑穀共生于朝, 伊陟贊于巫咸, 作咸乂四篇."
63) 『論語』, 「泰伯第八」, "武王曰, 予有亂臣十人." 구절에 대한 주: "書泰誓之辭. 馬氏曰: 亂, 治也."

제56장

知者不言, 言者不知.

아는 자는 말하지 않고 말하는 자는 알지 못한다.

眞知者, 實有於內, 故不言. 徒言者, 馳騖於外, 故不知.

참으로 아는 자는 안으로 알차게 가지고 있기 때문에 말하지 않는다. 말만 하는 자는 밖으로 달려가기 때문에 알지 못하는 것이다.

塞其兌, 閉其門, 挫其銳, 解其紛, 和其光, 同其塵. 是謂玄同.

입을 막고 문을 닫으며, 날카로운 부분을 꺾고 얽힌 것을 풀며, 빛나는 지혜를 섞어 더러움을 같이한다. 이것을 현묘하게 같아지는 것이라고 한다.

塞其兌, 閉其門, 第五十二章以體言. 挫其銳, 解其紛, 同其塵, 第四章以用言, 而此又合體用言之. 玄同, 謂外雖同於物, 內實有幽深者, 存也.

"입을 막고 문을 닫는다."는 말은 52장에서 본체(體)를 기준으로 말했던 것이고, "날카로운 부분을 꺾고 얽힌 것을 풀며, [빛나는 지혜를 섞괴 더러움을 같이 한다."는 말은 4장에서 작용(用)을 기준으로 말했던 것인데, 여기에서는 또 본체와 작용을 합해서 말했다. '현묘하게 같아지는 것'(玄同)은 밖으로 비록 사물과 하나가 될지라도 안으로 알 수 없는 심오한 것이 진실로 있다는 것이다.

不可得而親, 不可得而疎, 不可得而利, 不可得而害, 不可得

而貴, 不可得而賤. 故爲天下貴.

[이것은 가까이 할 수도 없고 멀리 할 수도 없으며, 이롭게 할 수도 없고 해롭게 할 수도 없으며, 귀하게 할 수도 없고 천하게 할 수도 없다. 그러므로 천하에서 귀한 것이 된다.

道德合一, 窈冥玄黙, 與造物者遊, 而超然獨出於世, 故有此六者之效. 淸靜, 故不可親, 冲和, 故不可疎, 無欲, 故不可利, 善藏, 故不可害, 不慕榮利, 故不可貴, 不羞汚辱, 故不可賤.

도와 덕이 합해져 하나로 되면 알 수 없는 아득한 경지에서 조물주와 함께 노닐면서 초연히 홀로 세상을 벗어나기 때문에 이상과 같은 여섯 가지의 효험이 있다. 청정하기 때문에 가까이 할 수 없고, 온유하기 때문에 멀리할 수 없으며, 욕심이 없기 때문에 이롭게 할 수 없고, 잘 감추기 때문에 해칠 수 없으며, 영리를 바라지 않기 때문에 귀하게 할 수 없고, 치욕을 수치로 여기지 않기 때문에 천하게 할 수 없다.

右第五十六章.

위의 것은 제56장이다.

제57장

以正治國, 以奇用兵, 以無事取天下.

'바른 도리'(正道)로 나라를 다스리고, 속임수로 군대를 부리며, 아무것도 일삼지 않음으로 천하를 취한다.

治體, 欲其有常, 故以正道治國. 兵事, 欲其盡變, 故以奇謀用兵. 取天下之人心, 欲其無爲, 故以無事取天下.

세상을 다스리는 요체는 한결같이 하고자 하는 것이기 때문에 바른 도리로 나라를 다스린다. 군대의 일은 변화를 지극하게 하고자 하는 것이기 때문에 속임수로 군대를 부린다. 천하의 인심을 얻는 것은 아무것도 하고자 하지 않는 것이기 때문에 아무것도 일삼지 않음으로 천하를 취한다.

吾何以知天下之然哉.

내가 어떻게 천하가 그렇다는 것을 알았겠는가?

復設問以起下文.

다시 이렇게 질문을 던짐으로써 다음 구절을 일으켰다.

天下多忌諱, 而民彌貧, 人多利器, 國家滋昏, 民多技巧, 奇物滋起, 法令滋彰, 盜賊多有.

천하에 꺼리고 피할 것이 많아지면 백성들은 더욱 가난해지고, 사람들이 날카로운 기구를 많이 소유하면 국가는 점점 혼란스러워지며, 백성들의 기교가 많아지면 이상한 물건들은 더욱 생겨나고, 법령을 드러낼수록 도적은 많아진다.

利器, 謂兵器之銛利者, 如楚之鐵劍[64]利, 是也. 忌諱多, 則觸網抵禁, 失業者衆, 故貧. 利器多, 則恃强窮兵, 不能修德, 故昏. 技巧多, 則造爲奇邪, 日就靡靡, 故奇物起. 法令煩, 則民無措手, 姦軌浸長, 故盜賊多. 此皆反言不以無事取天下之弊也.

'날카로운 기구는'(利器)는 병기의 예리함을 말하니, 이를테면 '초나라의 철검은 예리하다'[65]는 것이 여기에 해당한다. 꺼리고 피할 것이 많아지면, 법망을 범하고 금기를 저촉해서 본업을 잃는 자들이 많기 때문에 가난해진다. 날카로운 기구가 많아지면 강함을 믿고 군사력을 끝까지 해서 덕을 닦을 수 없기 때문에 혼란스러워진다. 기교가 많아지면 기이한 물건을 만드는 것이 날로 많아지기 때문에 이상한 물건들이 생겨난다. 법령이 번잡해지면 백성들은 손 둘 곳이 없어 간교한 일들이 점점 자라나기 때문에 도적이 많아진다. 여기에서는 '아무것도 일삼지 않는 것'(無事)으로 천하를 취하지 않는 폐단에 대해 모두 거꾸로 말했다.

故聖人云, 我無爲而民自化, 我好靜而民自正, 我無事而民自富, 我無欲而民自樸.

그러므로 성인께서 "내가 아무것도 하지 않으니 백성들이 저절로

---

64) 劍 : 필사본에는 '釖'자로 되어 있다.

65) 『史記』卷七十九,「范睢蔡澤列傳」第十九, "昭王臨朝歎息, 應侯進曰: '臣聞「主憂臣辱, 主辱臣死」. 今大王中朝而憂, 臣敢請其罪.' 昭王曰: '吾聞楚之鐵劍利而倡優拙. 夫鐵劍利則士勇, 倡優拙則思慮遠. 夫以遠思慮而御勇士, 吾恐楚之圖秦也. 夫物不素具, 不可以應卒, 今武安君旣死, 而鄭安平等畔, 內無良將而外多敵國, 吾是以憂.' 欲以激勵應侯. 應侯懼, 不知所出. 蔡澤聞之, 往入秦也."

교화되고, 내가 고요함을 좋아하니 백성들이 저절로 바르게 되며, 내가 아무것도 일삼지 않으니 백성들이 저절로 부유하게 되고, 내가 아무 것도 하고자 하지 않으니 백성들이 저절로 소박하게 된다."라고 말씀하셨다.

自而字以上, 聖人之躬行也, 自而字以下, 民生之自化也. 此皆正言以無事取天下之效也.

본문에서 이而자 위로는 성인이 몸소 행하는 것이고, 이而자 아래로는 백성들이 저절로 감화되는 것이다. 여기에서는 아무 것도 일삼지 않는 것으로써 천하를 취하는 효과에 대해 모두 똑바로 말했다.

右第五十七章.

위의 것은 제57장이다.

제58장

其政悶悶, 其民淳淳,

정사가 흐리멍덩한데도 백성들은 순박하게 되고,

有政雖憒憒, 而民則淳慤者, 理之不可知, 一也.
정사를 분명하게 하지 않을지라도 백성들이 순박하고 성실하게 되는
것은 이치상 알 수 없는 것 중의 첫 번째이다.

其政察察, 其民缺缺.

정사가 치밀한데도 백성들은 야박하게 된다.

有政雖察察, 而民則殘缺者, 理之不可知, 二也.
정사가 치밀할지라도 백성들이 나쁘게 되는 것은 이치상 알 수 없는
것 중의 두 번째이다.

禍兮福所倚,

재앙은 복이 의지하는 곳이고,

有始雖爲禍, 而終反爲福者, 理之不可知, 三也.
처음에 재앙이 되는 것일지라도 마침내 도리어 복이 되는 것은 이치상
알 수 없는 것 중의 세 번째이다.

福兮禍所伏,

복은 재앙이 엎드려 있는 곳이니,

246

有始雖爲福, 而終反爲禍者, 理之不可知, 四也.

처음에 복이 되는 것일지라도 마침내 도리어 재앙이 되는 것은 이치상 알 수 없는 것 중의 네 번째이다.

孰知其極, 其無正邪.

누가 그 궁극을 알겠는가? 정상적인 이치는 없다는 말인가?

極, 終也. 承上文治效之相反, 禍福之相因而言. 孰能卽其始, 而知其終乎. 始終之參差, 如此, 則天下其無正當之常理也耶.

'궁극'(極)은 끝이다. 위의 구절에서 다스림의 효과가 상반되고 재앙과 복이 서로 말미암는다는 것을 이어서 [다음처럼] 말했다. 누가 그 시작에서 그 끝을 알 수 있겠는가? 시작과 끝이 서로 어긋나는 것이 이와 같다면, 천하에는 정상적이고 합당한 것으로서의 떳떳한 이치는 없다는 말인가?

正復爲奇, 善復爲妖,[66] 民之迷, 其日固久.

정상적인 것은 다시 뜻밖의 변고가 되고, 선한 것은 다시 재앙이 되니, 백성들이 혼미하게 된 지가 시간상으로 참 오래 되었다.

正當者, 復爲奇變, 善美者, 復爲妖孽. 民之昏迷於此理者, 爲日固已久矣. 極言陰陽反復. 自然之機, 欲使人損外益內, 歸根反本, 從事於道德之眞, 造物之原, 則自我可以制禍福奇正也.

정상적이고 합당한 것이 다시 뜻밖의 변고가 되고, 선하고 아름다운

---

66) 妖 : 『老子集解』에는 '祅'자로 되어 있다.

것이 다시 재앙이 된다. 백성들이 이런 이치에 헷갈린 지가 시간상으로 참 오래 되었다는 것은 음양이 반복되는 것에 대해 극단적으로 말한 것이다. 저절로 그렇게 되는 기틀은 사람들이 외면적인 것을 덜어 내면적인 것에 보태도록 하고, 근본으로 돌아가 도덕의 참됨과 천지만물이 만들어지는 근원에 종사하도록 하니, 자신에게서 재앙·복·뜻밖의 변고·정상적인 것을 제어할 수 있게 하는 것이다.

是以聖人方而不割, 廉而不劌, 直而不肆, 光而不耀. 劌姑衛反

이 때문에 성인은 모가 나도 해치는 일이 없고, 청렴해도 상처내는 일이 없으며, 곧아도 지나치게 하는 일이 없고, 빛나도 드러내는 일이 없다. 귀劌자의 음은 고姑자의 'ㄱ'과 위衛자의 'ㅟ'를 합친 귀이다.

廉, 稜也, 劌, 亦割也, 肆, 直之過也, 耀, 光之舒也. 聖人道德, 與造物合. 故雖方而有銛利之隅, 亦未嘗傷物, 雖廉而有槎枒之稜, 亦未嘗剌物. 雖直而有斬截之節, 亦未嘗肆物, 雖光而有照澈之明, 亦未嘗耀物. 是皆造物之妙用也, 夫何間哉.

'청렴하다'(廉)는 것은 서슬이 퍼렇다는 의미이고, '상처낸다'(劌)는 것도 해친다는 의미이며, '지나치게 한다'(肆)는 것은 지나치게 곧다는 의미이고, '드러낸다'(耀)는 것은 빛으로 비춘다는 의미이다. 성인의 도덕은 천지만물이 만들어지는 조화와 합치한다. 그러므로 모가 나서 예리한 모서리가 있을지라도 일찍이 사물을 상하게 한 적이 없고, 청렴해서 대나무를 비스듬히 잘라놓은 것처럼 날카로울지라도 사물을 찌른 적이 없다. 곧아서 베고 자르는 절조가 있을지라도 일찍이 사물을 함부로 대한 적이 없고, 빛이 나서 두루 비추는 밝음이 있을지라도 사물의 잘못을 드러낸 적이 없다. 이런 것은 모두 천지만물을 만드는 조화의

묘한 작용이니, 어찌 멀리 하겠는가?

右第五十八章.

위의 것은 제58장이다.

제59장

治人事天莫如嗇.

사람을 다스리고 하늘을 섬기는 데 아끼는 것 만함이 없다.

嗇, 儉也. 朱子曰, 只要收斂, 不要放出也. 大寧薛氏曰, 節以制
度, 不傷財不害民, 此治人之嗇也. 郊用特牲, 掃地而祭器用陶
匏, 席用藁秸, 此事天之嗇也. 愚按薛氏所引特牲之文, 恐非老子
本旨也.

'아낀다'(嗇)는 것은 검소하다는 말이다. 주자는 "거두어들이려고 하면
함부로 내놓지 않는다."[67]라고 했다. 대녕설씨大寧薛氏는 "'제도로 절
제해서 재화를 상하게 하지 않으면 백성들을 해칠 일이 없으니,'[68] 이
것은 사람을 다스리는 데 검소한 것이다. 천지의 제사에 소나 돼지 한
마리를 바치면서 땅바닥을 깨끗이 청소하고, 제기로 도기나 바가지를
사용하고 자리로 마른 짚을 사용하니, 이것은 하늘을 섬기는 데 검소한
것이다."[69]라고 했다. 내 생각으로는 설씨가 인용한 소나 돼지 한 마리
를 바친다는 말은 노자의 본래 뜻이 아닌 것 같다.

---

67) 『朱子語類』, 「卷第一百二十五」, "老子言, '治人事天, 莫若嗇. 夫惟嗇, 是謂
早服, 早服, 謂之重積德. 重積德, 則無不克.' 他底意思. 只要收斂, 不要放
出. 友仁."

68) 『周易』, 「節卦第六十」, "彖曰, 節, 亨, 剛柔分而剛得中. 苦節不可, 貞, 其道
窮也. 說以行險, 當位以節, 中正以通. 天地節而四時成, 節以制度, 不傷財
不害民."

69) 『老子集解』 59章註, "嗇, 儉也. 節以制度, 不傷財, 不害民, 治人之嗇也. 郊
用特牲, 掃地而祭器用陶匏, 席用藁秸, 事天之嗇也. ……."

夫惟嗇, 是謂早服. 早服謂之重積德. 重積德, 則無不克, 無不
克, 則莫知其極. 莫知其極, 可以有國.

오직 아낄 뿐이니, 이것을 일찌감치 따르는 것이라고 한다. 일찌감
치 따르는 것을 덕을 거듭 쌓는 것이라고 한다. 덕을 거듭 쌓으면
이기지 못할 것이 없고, 이기지 못할 것이 없으면 그 궁극을 아무
도 모른다. 아무도 그 궁극을 몰라야 나라를 소유할 수 있다.

早服, 猶言先事. 盖未有不足之患, 而豫爲不足之計. 故曰早服.
朱子曰, 早服者, 言能嗇, 則不遠而復, 便在此也. 重積德, 言先已
有所積, 復養以嗇, 是又加積之也. 大寧薛氏曰, 克, 勝也. 重積
德, 則家給人足, 故無所不克. 無所不克, 其國未可量也, 故莫知
其極. 莫知其極, 則能長保其社稷, 故可以有國.

'일찌감치 따르는 것'(早服)은 먼저 미리 일삼는다고 말하는 것과 같다.
대개 부족한 것에 대한 근심이 미처 있기도 전에 미리 부족할 것에
대한 계책을 세우는 것이다. 그러므로 "일찌감치 따르는 것"이라고 했
다. 주자께서는 "'일찌감치 따르는 것.'은 아낄 수 있다는 말이니, '멀리
벗어나지 않고 되돌아오는 것70)이 바로 여기에 있다. '거듭 덕을 쌓는
다.'는 것은 미리 이미 쌓아 놓은 후에 다시 아끼는 것으로 기르니, 이
에 또 더 쌓는다는 말이다."71)라고 하셨다. 대녕설씨는 "'이긴다'(克)는
말은 뛰어나다는 것이다. 거듭 덕을 쌓으면 집안이 넉넉해지고 사람들
이 풍족해지기 때문에 이기지 못할 것이 없다. 이기지 못할 것이 없다
면 그 나라가 어느 정도인지 헤아릴 수 없기 때문에 아무도 그 궁극을
모른다. 아무도 그 궁극을 모르면 그 사직을 오래도록 보전할 수 있기

---

70) 『易經』, 「復」, "初九, 不遠復. …. 象曰, 不遠之復, 以修身也."
71) 『朱子語類』, 「卷第一百二十五」, "早服者, 言能嗇則不遠而復, 便在此也.
重積德者, 言先已有所積, 復養以嗇, 是又加積之也."

때문에 나라를 소유할 수 있다."72)라고 했다.

有國之母, 可以長久, 是謂深根固柢,73) 長生久視之道.

나라를 소유하는 모체는 장구할 수 있으니, 이것을 근본을 깊고 튼튼하게 하는 것이라 하고, 오래 살면서 길게 살피는 법이라 한다.

第一節, 旣以治人事天之分言之, 以立其綱, 然後以第二節, 言治人之嗇, 第三節, 言事天之嗇. 盖以養生爲事天, 猶孟子所謂存其心, 養其性, 所以事天也. 有國之母, 如上文萬物之母, 天下之母, 言一身爲一國之本也. 人之精氣, 得之於天, 其流行運用, 與天道常相應, 若能先事保嗇, 長久其生, 如有國之重積德, 則是亦事天之道也. 久視之視, 亦內視也. 朱子曰, 修養者, 此身未有所損失, 而又加以嗇養, 是謂早服而重積. 若待其已損而後養, 則養之方足以補其所損, 不得謂之重積矣. 所以貴早服者. 早覺未損74)而嗇之也. 如某此身已衰, 如破屋, 東扶西倒, 雖欲修養, 亦何能有益耶. 今年得季通書說, 近來深曉養生之理, 盡得其法. 只是城郭不完, 無所施其功, 看來是如此. 愚按以朱子辨異之嚴也, 而其於修養, 取老子如此. 此可見聖賢取人爲善, 廣大公平之心也.

제1절에서 사람을 다스리는 것과 하늘을 섬기는 것에 대해 이미 나누어서 말함으로써 그 기강을 세운 다음에, 제2절에서 사람을 다스리는

---

72) 『老子集解』, 59章註, "……. 克, 勝也. 重積德, 則家給人足, 故無所不克. 無所不克, 其國未可量也. 故莫知其極. 莫知其極, 則能長保其社稷. 故可以有國. ……"

73) 柢 : 필사본에는 '抵'자로 되어 있다.

74) 損 : 필사본에는 '隕'자처럼 되어 있다.

아낌에 대해 말했고, 제3절에서 하늘을 섬기는 아낌에 대해 말했다. 대개 삶을 기르는 것을 하늘 섬기는 것으로 여김이니, 『맹자』에서 이른 바 "마음을 보존하여 본성을 기르는 것이 하늘을 섬기는 것이다"[75]라는 말과 같다. '나라를 소유하는 모체'(國之母)는 이를테면 앞 1장의 '만물의 모체'(萬物之母)로 천하의 모체이니, 한 몸이 한 나라의 근본이 된다는 말이다. 사람의 정기는 하늘에서 얻어 그것의 유행과 운행이 천도와 항상 서로 호응하니, 만약 미리 일삼아 아낌을 보존한다면 그 삶을 오래도록 할 수 있다. 이를테면 나라를 소유하는 데 덕을 거듭 쌓는 것이라면, 이 또한 하늘을 섬기는 방법이다. '길게 살핀다'(久視)고 할 때의 살핀다는 것도 안으로 살핀다는 것이다. 주자께서 다음처럼 말씀하셨다. "닦고 기르는 것이란 이 몸에 아직 손실이 있지 않을지라도 또 아낌과 기름을 더하는 것이니, 이것을 일찌감치 따르고 거듭 쌓는 것이라고 한다. 만약 자신에게 이미 손실이 생긴 이후에 기르는 것이라면, 기르는 방법이 손실된 것을 충분히 보충할 수 있을지라도 거듭 쌓는 것이라고 할 수는 없다. 일찌감치 따르는 것을 귀중하게 여기는 까닭은 손실이 있기 전에 미리 깨닫고 아끼도록 하기 때문이다. 만약 나의 이 몸이 이미 쇠퇴해져 무너지는 집과 같다면 동쪽으로 떠받치면 서쪽으로 무너질 것이니, 비록 닦고 기르고자 할지라도 어떻게 도움이 될 수 있겠는가? 금년에 채계통蔡季通이 편지로 설명해주니, 요즘에야 삶을 기르는 이치를 깊이 깨닫고 그 법을 모두 얻었다. 오직 성곽이 완전하지 못하면 그 공을 베풀 곳이 없으니, 살피는 것을 이와 같이 한다."[76] 내 생각으로는 주자께서는 이단을 구별하는 데에 준엄하셨음

75) 『孟子』, 「盡心章句上」, "存其心, 養其性, 所以事天也."
76) 『朱子語類』, 「卷第一百二十五」, "如修養者, 此身未有所損失, 而又加以嗇養, 是謂早服而重積. 若待其已損而後養, 則養之方足以補其所損, 不得謂之重積矣. 所以貴早服. 早服者, 早覺未損而嗇之也. 如某此身已衰耗, 如

에도 불구하고 닦고 기르는 것에 대해 이처럼 노자에게서 취하셨다.
여기에서 성현께서 남에게 취해 선을 삼는 광대하고 공평한 마음을 볼
수 있다.

右第五十九章.
위의 것은 제59장이다.

破屋相似, 東扶西倒, 雖欲修養, 亦何能有益耶. 今年得季通書說, 近來深
曉養生之理, 盡得其法. 只是城郭不完, 無所施其功也. 看來是如此."

제60장

治大國, 若烹小鮮.
큰 나라 다스리기를 작은 물고기 삶듯이 한다.

小鮮, 小魚也. 烹大魚, 則必截去鬐鬐, 剪去鱗甲, 刳去腸肚, 備盡
修治之功. 烹小魚, 則不然, 擧全體之所未有者, 但以水烹之而
已. 以喩人不可以大國而煩撓爲治, 必須淸靜無爲, 以安百姓也.
舊註謂, 烹小鮮者, 不敢撓動, 恐其糜爛. 雖曰小鮮, 豈必糜爛於
撓動耶. 恐於理有未通也.

'작은 물고기'(小鮮)는 작은 생선이다. 큰 물고기를 삶으려면 반드시 지
느러미를 잘라내고 비늘을 긁어내며 내장을 제거함으로써 꼼꼼하게 손
질해야 한다. 하지만 작은 물고기를 삶는다면 그렇게 하지 않는다. 전
체의 순세를 들지 않은 것은 단지 물로 삶을 뿐이기 때문이다. 이것으
로써 사람들이 큰 나라일지라도 번거롭고 소란스럽게 다스려서는 안
되고, 기필코 청정하고 무위함으로써 백성들을 편안하게 해야 됨을 비
유했다. 옛 주석에서 "작은 물고기를 삶을 경우 감히 크게 휘젓지 않는
다."[77]라고 했는데, 아마도 생선이 뭉그러질까 염려했기 때문일 것이
다. 그런데 비록 "작은 물고기"라고 말했을지라도 어찌 반드시 휘젓는
것 때문에 뭉그러지겠는가? 이치적으로 통하지 않는 점이 있는 것 같다.

以道莅天下, 其鬼不神.
도로 천하를 대하면 귀신이 신령하지 않다.

---

77) 『老子集解』, 60章註, "小鮮, 小魚也. 烹小鮮者, 不敢撓動, 恐其糜爛. 聖人
之治大國, 當如是也."; 『老子解』, 60章註, "烹小鮮者, 不可撓, 治大國者,
不可煩. 煩則人勞, 撓則魚爛"

莅, 臨也. 以道莅天下, 卽若烹小鮮, 是也. 道爲陰陽二氣之主, 鬼神是陰陽二氣之良能, 二氣之良能, 聽命於二氣之主, 故其鬼不神. 不神, 謂不自作威福也.

'대하다'(莅)는 말은 나아간다는 의미이다. "도로 천하를 대한다."는 것은 곧 "작은 물고기 삶듯이 한다."는 것이 여기에 해당한다. 도는 '음양이라는 두 기운'(陰陽二氣)의 임금이 되고, 귀신은 바로 음양이라는 두 기운의 '본래 기능'(良能)이다. 음양이라는 두 기운의 본래 기능은 '두 기운의 임금'(二氣之主)에게 명령을 따르기 때문에 귀신이 신령하지 않다. '신령하지 않다'(不神)는 것은 [귀신] 스스로 위력을 일으키고 복을 내리지 않는다는 것이다.

非其鬼不神, 其神不傷人. 非其神不傷人, 聖人亦不傷人.

귀신이 신령하지 않은 것이 아니라 그 신령함이 사람을 해치지 않는 것이다. 그 신령함이 사람을 해치지 않는 것이 아니라 성인께서 또한 사람을 해치지 않으시는 것이다.

神者, 鬼之精爽也. 言鬼神不敢傷人, 以有聖人者, 爲之主也. 非聖人爲之主也, 道爲之主也. 列子所謂, 四時常若, 風雨常均, 字育常時, 年穀常豐, 而人無札傷, 物無疵癘, 鬼無靈響者, 皆其不神不傷之事也.

'신령함'(神)은 귀신의 '정묘하고 밝은 것'(精爽)이다. 귀신鬼神이 감히 사람을 헤치지 않는 것은 성인께서 계시는 것이 그 임금이 되기 때문이라는 말이다. 그러나 성인께서 그 임금이 되시는 것이 아니라 도가 그 임금이 되는 것이다. 『열자』에서 이른바 "사시는 항상 순조롭고, 풍우는 항상 고르며, 새끼 낳아 기르는 것은 항상 때에 맞고, 곡식은 항상 풍년이 들며, 사람들은 요절하거나 해를 당하지 않고, 사물은 병들지 않으며, 귀신은 영험하지 않다."[78]라고 한 것이 모두 신령스럽지 않고 해치지 않는 것에 대한 일이다.

夫兩不相傷, 故德交歸焉.

저 둘이 함께 사람들을 해치지 않기 때문에 덕이 함께 하나로 돌아
간다.

鬼神聖人, 兩不傷人, 則至和之德, 交歸於一, 而産生芝草麟鳳龜
龍之屬. 董子所謂諸福之物, 可致之祥, 莫不畢至, 是也.

귀신과 성인 둘 다 사람을 해치지 않는다면 지극히 조화로운 덕이 하나
로 함께 돌아가서 영지·기린·봉황·거북·용과 같은 것들을 내놓는다.
동중서[79]가 말한 "모든 복된 것들과 궁구할 수 있는 상서로움이 어느
것 하나 이르지 않은 것이 없다."[80]라는 것이 여기에 해당한다.

右第六十章.

위의 것은 제60장이다.

---

78) 『列子』,「黃帝第二」, "陰陽常調, 日月常明, 四時常若, 風雨常均, 字育常時,
年穀常豐, 而土無札傷, 人無夭惡, 物無疵癘, 鬼無靈響焉.";『老子集解』, 59
章註, "覆解其鬼不神也. ……. 列子曰: '四時常若, 風雨常均, 字育常時, 年
穀常豐, 而土無札傷, 人無夭惡, 物無疵癘, 鬼無靈響.' 意亦若此. …."
79) 동중서 : 전한前漢 무제시대武帝時代의 학자. 처음엔 강도江都의 정승이 되었
지만 공손홍公孫弘의 미움을 받아 교서왕膠西王의 정승으로 강등되고, 후엔
벼슬을 그만두고 저술에 힘쓰다가 생을 마쳤다. 특히 『춘추春秋』의 학에 밝아
『춘추번로春秋繁露』를 지었다. 무제에 상주上奏하여 유교를 국교로 정하게 한
것으로 유명하다.
80) 『漢書』,「卷五十六」,「董仲舒傳第二十六」, "是以陰陽調而風雨時, 羣生和
而萬民殖, 五穀孰而中木茂, 天地之間被潤澤而大豐美, 四海之內聞盛德而
皆徠臣, 諸福之物, 可致之祥, 莫不畢至, 而王道終矣."

제61장

大國者下流,

큰 나라는 하류와 같아

下流, 江海也. 言萬國輻輳於大國, 猶百川奔趨於江海之下流也.
하류下流는 강과 바다이다. 모든 나라가 큰 나라로 몰려드는 것은 모든
하천이 강과 바다라는 하류로 흘러 들어가는 것과 같다.

天下之交, 天下之牝.

천하의 교차로이고 천하의 암컷이다.

交, 塗之會也, 牝, 物之雌也. 行常趨於交, 雄常趨於牝, 猶百川之
趨於江海也.
'교차로'(交)는 길이 모이는 곳이고, '암컷'(牝)은 사물의 암컷이다. 길은
항상 교차로로 몰려들고, 수컷은 항상 암컷에게로 달려가게 마련이니,
모든 하천이 강과 바다로 흘러 들어가는 것과 같다.

牝常以靜勝牡, 常⁸¹⁾以靜爲下.

암컷은 항상 조용히 있는 것으로써 수컷을 이기고, [수컷은] 언제나
조용히 있는 것으로 아래를 삼는다.

牝之性靜, 故以靜勝牡. 牡之性動, 故不能自爲之基, 必以牝之靜
爲之下也.

---

81) 『老子集解』에는 '常'자가 없다.

암컷의 특성은 조용히 있는 것이기 때문에 그렇게 하는 것으로써 수컷을 이긴다. 수컷의 특성은 움직이는 것이기 때문에 스스로 기반을 삼을 수 없고, 반드시 암컷의 조용히 있는 것으로 그 아래를 삼는다.[82]

故大國以下小國, 則取小國, 小國以下大國, 則取大國. 故或下以取, 或下而取. 下幷去聲.

그러므로 큰 나라가 작은 나라에 낮추면 그 나라를 취하고, 작은 나라가 큰 나라에 낮추면 그 나라에 취해진다. 그러므로 혹 낮춤으로써 취하고, 혹 낮추어서 취해진다. 하下자는 모두 거성이다.

下, 謂謙下也. 謙下者, 衆心之所歸. 故國無大小, 唯謙下者, 取之也. 以取, 謂取人也, 而取, 謂取於人也.

'낮춘다'(下)는 말은 겸손히 낮춘다는 것이다. 겸손히 낮추는 자에게는 사람들의 마음이 몰려오기 때문에 나라가 크거나 작거나 할 것 없이 오직 겸손히 낮추는 것이 취한다. '…로써 취한다'(以取)는 것은 남을 취하는 것을 말하고, '…해서 취해진다'(而取)는 것은 남에게 받아들여지는 것을 말한다.

大國不過欲兼畜人, 小國不過欲入事人. 夫兩者各得其所欲, 大者宜爲下.

---

82) 『老子集解』, 61장 "大國者下流, 天下之交, 天下之牝. 牝常以靜勝牡, 以靜爲下." 구절에 대한 주, "하류는 …. ……. 암컷이란 수컷보다 강하지 않다. 그러나 암컷은 항상 부드럽고 조용하기 때문에 수컷을 이기면서도 오히려 조용한 것으로 수컷의 아래가 된다.(下流, …. ……. 牝之爲物, 不强於牡. 然牝者, 常以其柔靜, 故勝牡, 由以靜爲牡之下也.)"

큰 나라는 아울러 사람들을 기르고자 하는 것에 지나지 않고, 작은 나라는 들어가 남을 섬기고자 하는 것에 지나지 않는다. 그러니 저 두 나라가 제각기 원하는 것을 얻기 위해서는 큰 나라가 낮추어야 한다.

大國之情, 不過欲兼畜人國而已, 小國之情, 不過欲入事人國而已. 今以小國事大國, 則大國小國, 各得其所欲矣. 如是者, 大國當謙下於小國. 盖小國之謙下大國, 乃是自然之勢, 不足爲貴. 惟大國謙下小國, 然後其謙下方爲眞謙下也, 天下之歸有日矣. 奚特小國而已哉.

큰 나라의 마음은 남의 나라를 아울러 기르고자 하는 것에 지나지 않을 뿐이고, 작은 나라의 마음은 남의 나라에 들어가 섬기고자 하는 것에 지나지 않을 뿐이다. 이제 작은 나라로써 큰 나라를 섬긴다면 큰 나라와 작은 나라가 제각기 원하는 것을 얻었다. 그런데 이와 같이 될 수 있었던 것은 큰 나라가 작은 나라에 겸손히 낮추었기 때문이다. 대개 작은 나라가 큰 나라에 겸손히 낮추는 것은 그야말로 자연스런 추세일 뿐이니 그다지 귀할 것이 없다. 오직 큰 나라가 작은 나라에 겸손히 낮춘 다음에야 겸손히 낮추는 것이 진실로 겸손히 낮추는 것이 되어 천하가 따르는 날이 가까이 있는 것이다. 어찌 단지 작은 나라들만 따를 뿐이겠는가?

右第六十一章.
위의 것은 제61장이다.

제62장

道者, 萬物之奧, 善人之寶, 不善人之所保.

도란 만물의 그윽함이니, 선한 사람이 보배처럼 여기는 것이고 선하지 않은 사람이 보존하는 것이다.

室西南隅爲奧, 居之深處也. 萬物, 兼人物言之. 道具於萬物之中, 幽深隱微. 然物旣不能知之, 惟人知之. 而其善者, 則如懷至寶, 眷眷不失, 其不善者, 則懼禍畏罪, 亦有以自保也.

집의 서남쪽 구석은 그윽하니, 거처에서 깊숙한 곳이다. 만물은 사람과 사물을 아울러서 말했다. 도는 만물 속에 갖추어져 조용하고 깊숙하며 은미하다. 그런데 사물은 이미 도를 알 수 없고 사람들만 알고 있다. 그러니 선한 자는 지극한 보배를 가슴에 품고 있는 것처럼 도를 잃지 않으려고 애쓰고, 선하지 않은 자는 재앙이 두렵고 죄가 무서워 또한 스스로 도를 보전한다.[83]

---

83) 『老子集解』, 62장 "道者, 萬物之奧, 善人之寶, 不善人之所保." 구절에 대한 주, "'그윽함'(奧)이라는 말은 존귀하다는 것과 같다. 집에서 서남쪽 모퉁이를 '그윽한 곳'(奧)이라고 한다. 옛날에 집을 지을 때, 중앙으로 향하지 않고 동쪽으로 가깝도록 했으니, 서남쪽 모퉁이는 가장 으슥한 곳이다. 그러므로 그곳을 '그윽한 곳'(奧)이라고 하고, 제사나 존귀한 분이 늘 자리 잡도록 했다. '보존한다'(保)는 것은 그것에 의지해서 편하게 되려는 것이다. 선한 사람은 여기의 도 가진 것을 몸에 보배를 품고 있는 것처럼 하니, 어디를 갈지라도 이롭지 않은 경우가 없다. 선하지 않은 사람은 처음 여기의 도를 잃었다가도 재앙이 두려워 자신의 보존을 도모한 다음에는 도를 보존하고 지키니, 또한 전화위복으로 삼을 수 있다. 도가 천하에 있어 선한 사람이나 선하지 못한 사람이나 모두 그 이로운 혜택을 입으니, 만물의 존귀함이 되는 까닭이라는 말이다.(奧猶尊也. 室內西南遇, 曰奧. 古者, 爲室戶, 不當中而近東, 則西南遇最爲深

美言可以市, 尊行可以加人. 行, 去聲.

아름다운 말은 가치가 있고 훌륭한 행동은 사람들에게 영향을 미친다. 행行자는 거성으로 사용되었다.

終上文善人之寶也. 臨川吳氏曰, 嘉言可愛, 如美物之可以鬻, 卓行可宗, 高出衆人之上.

"[도란 만물의 그윽함이니,] 선한 사람이 보배처럼 여기는 것이다."라는 위의 구절을 종결했다. 임천오씨臨川吳氏는 "훌륭한 언변은 사랑 받을 수 있으니, 아름다운 물건이 팔릴 수 있는 것과 같다. 탁월한 행동은 존경받을 수 있으니, 사람들의 위로 높이 나온다."[84]라고 했다.

人之不善, 何棄之有. 故立天子, 置三公.

사람이 선하지 않다고 해서 어찌 버리겠는가? 그러므로 천자를 세우고 삼공을 둔다.

終上文不善人之保也. 人有不善, 改則爲善, 豈可以不善, 而遽棄之乎. 故自古立天子致三公, 以敎化不善之人也.

"[도란 만물의 그윽함이니, 선한 사람이 보배처럼 여기는 것이고 선하지 않은 사람이 보존하는 것이다."라는 위의 구절을 종결했다. 사람에게 선하지 않은 것이 있을지라도 고치면 선하게 되니, 어찌 선하지 않

隱. 故謂之奧, 而祭祀及尊者, 處焉. 保者, 依之而求安也. 善人得此道, 猶懷寶於身, 則能無所往而不利. 不善人始失此道, 及記懼禍以圖存, 然後保守於道, 亦能轉禍而爲福. 言道之天下, 善與不善, 皆蒙其利, 所以爲萬物之奧也.)"

84) 『道德眞經註』, 53章註, "申言善人之寶. 善人以道取重於人. 嘉言可愛, 如美物之可以鬻賣, 卓行可宗, 高出衆人之上."

262

다고 해서 그대로 버리겠는가? 그러므로 옛날부터 천자를 세우고 삼공을 둠으로써 선하지 않은 사람을 교화했던 것이다.

雖有拱璧以先駟馬, 不如坐進此道.

큰 옥을 가지고 네 마리 말이 끄는 수레를 앞세워놨을지라도 앉아서 이 도를 바치는 것만 못하다.

拱璧, 合拱之璧. 駟馬, 一乘之馬. 古者進物, 必先以幣, 故駟馬陳於外, 先執拱璧, 以爲禮也. 坐, 跪也. 古人之坐, 皆跪. 故謂跪爲坐也. 言以拱璧駟馬獻之於人, 不如跪進此道, 蓋物莫有貴於道也.

'큰 옥'(拱璧)은 두 손으로 맞잡을 정도로 큰 옥이다. '네 마리 말'(駟馬)은 한 대의 수레를 끄는 말이다. 옛날에 물건을 받칠 때 반드시 그에 앞서 폐백을 보냈기 때문에 밖에 네 마리 말을 매어놓고 먼저 큰 옥을 가지고 예를 표했다. '앉았다'(坐)는 말은 꿇어앉는다는 것이다. 옛날 사람들이 앉아있을 때는 모두 꿇어앉아있었기 때문에 꿇어앉아있는 것을 앉아있다고 말하였다. 큰 옥과 네 마리 말을 남에게 받치는 것은 꿇어앉아서 이 도를 바치는 것만 못하니, 대개 사물 중에는 도보다 귀한 것이 없다는 말이다.[85]

古之所以貴此道者何. 句 不曰求以得, 有罪以免邪, 故爲天下貴.

---

85) 『老子集解』, 62장 "雖有拱璧以先駟馬, 不如坐進此道." 구절에 대한 주, "拱璧, 合拱之璧. 駟馬, 一乘之馬. 古者進物, 必有以先之, 駟馬陳於外, 而執拱璧以將命. 故曰拱璧以先駟馬. 坐, 跪也. 獻人以拱璧駟馬, 此世之所謂至貴者, 然不如以此道與人. 言道之貴, 雖物之貴者, 弗如也.

옛날에 이 도를 귀하게 여긴 까닭이 무엇인가? [이상이] 한 구절임. [그 어떤 것을] 구할지라도 얻고, 죄를 지을지라도 사면된다고 말하지 않던가? 그러므로 천하에서 귀한 것이 된다.

不曰語意, 若史記韓信傳, 所謂兵法不曰, 陷之死地, 而後生, 猶云豈不曰也. 言古之所以貴此道者, 何也. 豈不曰求則必得, 罪則必免也耶, 嗚呼, 此道之所以爲天下貴也. 大寧薛氏曰, 求者, 恒難得, 有罪者, 恒難免. 故雖王公之貴, 晉楚之富, 固未能邃其所求, 免其有罪也. 惟此道以求所欲, 則必得之, 以免有罪, 則必免之, 豈非天下之至貴耶.

'말하지 않았던가?'(不曰)라는 말의 의미는 『사기』「한신전」에서 이른바 "병법에 '죽을 곳에 빠진 다음에 살길이 있다.'[86]고 말하지 않던가?"[87]라고 한 것과 같으니, '어째서 …라고 말하지 않는가?'라고 하는 것과 같다. '옛날에 이 도를 귀하게 여긴 까닭이 무엇인가'라고 묻고는 '어째서 [그 어떤 것을] 구할지라도 반드시 얻고 죄를 지을지라도 반드시 사면된다고 말하지 않던가?'라고 답했으니, 아! 이 도가 천하에서 귀한 까닭이라는 말이다. 대녕설씨는 다음처럼 말했다. "구하는 것은 항상 얻기 어렵고, 죄를 지은 자는 항상 사면받기 어렵다. 그러므로 비록 왕공처럼 귀하고 진晉나라와 초楚나라처럼 부유할지라도 진실로 그 구하는 것을 이루지 못하고 지은 죄를 사면 받지 못한다. 오직 이 도를 가지고 하고자 하는 것을 구하면 반드시 얻고, 죄 있는 것을 피하면 반드시 사면되니, 어찌 천하에서 지극히 귀한 것이

---

86) 『孫子兵法』,「九地篇」第十一, "投之亡地, 然後存, 陷之死地, 然後生. 夫衆陷於害, 然後能爲勝敗."
87) 『史記』卷九十二,「淮陰侯列傳第三十二」, "兵法不曰, 陷之死地而後生, 置之亡地而後存."

아니겠는가?"[88]

右第六十二章.

위의 것은 제62장이다.

---

88) 『老子集解』, 62章 "古之所以貴此道者何. 不曰求以得, 有罪以免邪, 故爲天
下貴." 구절에 대한 주, "夫求者, 恒難得, 有罪者, 恒難免. 故雖王公之貴,
晉楚之富, 固未能遂其所求, 免其有罪也. 惟此道以求所欲, 則必得, 以免
有罪, 則必免之, 豈非天下之至貴邪. 此古人之所以貴夫此道也."

제63장

爲無爲, 事無事, 味無味.

무엇인가 함에도 하는 것이 없고, 무엇인가 일삼음에도 일삼는 것이 없으며, 무엇인가 맛봄에도 맛보는 것이 없다.

爲之而無爲, 事之而無事, 味之而無味, 皆恬靜自然, 無有作爲也. 作爲, 則私意起, 而以心, 則天理無所湊泊, 以事, 則天理反爲汩撓矣. 嚴氏君平曰, 神明之居身, 猶井水之在庭,[89] 水不可以有爲淸也, 神不可以思慮寧也. 大寧薛氏曰, 心愈爲, 則心愈亂, 國愈爲, 則國愈擾, 德愈爲, 則德愈不眞, 道愈爲, 則道愈不近[90]矣. 惟易之以無爲, 然後數者, 各反自然, 可坐而得矣.

무엇인가 하는데도 하는 것이 없고, 무엇인가 일삼는데도 일삼는 것이 없으며, 무엇인가 맛보는데도 맛보는 것이 없으니, 모두 편안하고 조용히 저절로 그렇게 되는 것이고 작위 함이 없는 것이다. 작위하면 사사로운 생각이 생기고, 마음으로 하면 하늘의 이치가 모일 곳이 없으며, 일삼으면 하늘의 이치가 도리어 어지럽게 된다. 엄군평은 "신명이 몸에 있는 것은 우물이 뜰에 있는 것과 같으니, 물을 어떻게 하는 것으로써 맑게 하려고 해서는 안 되며, 신명을 생각하는 것으로써 평안하게 하려고 해서는 안 된다."[91]라고 했다. 대녕설씨는 "마음으로 무엇인가 할수

---

89) 庭 : 필사본에는 '井'자로 되어 있는 것을 『老子集解』를 참고해서 수정했다.
90) 近 : 필사본에는 '凝'자로 되어 있는 것을 『老子集解』를 참고해서 수정했다.
91) 『老子集解』, 63章註, "……. 昔嚴君平有言, '譬夫萬理之託君也, 猶神明之居身, 而井水之在庭也, 水不可以有爲淸也, 神不可以思慮寧也.' 至哉言乎. 非知道者, 孰能識之.";『老子指歸』「上德不德篇」의 註 "比夫萬物之託君也, 猶神明之居身而井水之在庭也: 水不可以有爲淸也, 神不可以思慮寧也, 夫天地之間, 萬物並興, 不可以有事平也."

록 마음은 더욱 어지러워지고, 국가에서 무엇인가 할수록 국가는 더욱 시끄러워지며, 덕으로 무엇인가 할수록 덕은 더욱 참되지 않게 되고, 도로 무엇인가 할수록 도는 더욱 가까워지지 않는다. 오직 아무 것도 하지 않는 것으로 바꾼 다음에야 '이치'(數)가 제각기 저절로 그렇게 되는 것으로 돌아가니, 앉아서도 [원하는 것을] 얻을 수 있다."[92]라고 했다.

大小多少, 報怨以德.

큰 것을 작은 것처럼 보고 처리하고, 많은 것을 적은 것처럼 보고 처리하며, 덕으로 원망을 보답한다.

大者視之, 以若小而處之, 多者視之, 以若少而處之, 怨者視之, 以若德而處之, 皆無爲無事無味之要也. 以上兩節, 言德之體.

큰 것을 볼 때는 작은 것처럼 처리하고, 많은 것을 볼 때는 적은 것처럼 처리하며, 원망할 일을 볼 때는 덕을 입은 것처럼 처리하니, 모두 행하는 것이 없고 일삼는 것이 없으며 맛보는 것이 없다는 것에 대한 요지이다. 위의 두 구절로 덕의 본체에 대해 말했다.

圖難於其易, 爲大於其細. 天下難事, 必作於易, 天下大事, 必作於細.

---

92) 『老子集解』, 63章註, "……. 夫心愈爲, 則心愈亂, 國愈爲, 則國愈擾, 德愈爲, 則德愈不眞, 道愈爲, 則道愈不近. 爲之之害, 蓋無往而可. 惟易之以無爲, 則夫數者之理, 各反於自然, 斯可以坐而得之矣. 昔嚴君平有言, …. ……."

쉬운 것에서 어려운 것을 도모하고, 작은 것에서 큰 것을 행한다. 천하의 어려운 일은 반드시 쉬운 것에서 생기고, 천하의 큰일은 반드시 작은 것에서 생긴다.

難非遽難, 必起於易, 而積漸以至於難, 故圖難必於其易也. 大非遽大, 必起於細, 而積漸以至於大, 故爲大必於其細也.
어려운 것은 갑자기 어렵게 된 것이 아니라 반드시 쉬운 것에서 시작되어 누적되면서 점점 어렵게 된 것이기 때문에 반드시 그 쉬운 것에서 어려운 것을 도모한다. 큰 것은 갑자기 크게 된 것이 아니라 반드시 작은 것에서 시작되어 누적되면서 점점 크게 된 것이기 때문에 반드시 작은 것에서 큰 것을 행한다.

是以聖人終不爲大. 故能成其大.
이 때문에 성인은 끝내 큰 것을 행하지 않는다. 그러므로 그 큰 것을 이룰 수 있다.

爲大於其細也.
작은 것에서 큰 것을 행한다는 것이다.

夫輕諾必寡信, 多易必多難. 是以聖人猶難之. 故終無難.
가볍게 허락하면 반드시 신용이 떨어지고, 일을 쉽게 보는 일이 많으면 어려움을 많이 당한다. 이 때문에 성인은 [쉬운 것을] 오히려 어렵게 여긴다. 그러므로 끝내 어려움을 당하지 않는다.

圖難於其易也. 輕其許諾, 則其終也, 難於踐言, 故寡信. 彼易其

事, 而其終多難者, 亦何以異乎此哉. 此聖人所以常難於處易, 而
終必無難矣. 以上三節, 言德之用.

쉬운 것에서 어려운 것을 도모한다는 것이다. 가볍게 허락하면 그 끝은
말을 실천하기 어렵기 때문에 신용이 떨어진다. 저것은 일을 쉽게 봐서
마침내 어려움을 많이 당하는 것이니, 또한 어찌 이것과 다르겠는가?
이것은 성인이 쉬운 것을 처리하는 데 항상 어렵게 여겨서 끝내 반드시
어려움이 없게 되는 까닭이다. 이상의 세 구절은 덕의 작용에 대해 말
한 것이다.

右第六十三章.
위의 것은 제63장이다.

제64장

其安易持, 其未兆易謀, 其脆易破, 其微易散. 爲之於未有 治
之於未亂.

편안할 때는 유지하기가 쉽고, 아직 조짐이 없을 때는 도모하기가
쉬우며, 여릴 때는 부수기가 쉽고, 미세할 때는 흩어버리기가 쉽
다. 그러니 아직 아무 것도 없을 때 조치를 취하고, 어지러워지기
전에 다스리는 것이다.

脆, 軟也. 皆圖難於其易也.

'여리다'(脆)는 말은 연하다는 것이다. 모두 쉬운 것에서 어려운 것을
도모한다는 것이다.

合抱之木, 生於豪[93]末, 九層之臺, 起於累土, 千里之行, 始於
足下.

아름드리나무도 털끝 같이 가는 것에서 생겨나고, 9층의 누대도
한줌의 흙을 쌓는 데서 일어나며, 천리 길도 한 걸음부터 시작된다.

豪, 與毫通. 皆爲大於其細也.

'호걸 호'(豪)자는 '가는 털 호'(毫)자와 통하니, 모두 미세한 것에서 큰
것을 행한다는 것이다.

爲者敗之, 執者失之.

---

93) 豪 : 『老子集解』에는 '毫'자로 되어 있다.

270

행하는 자는 잘못되고 집착하는 자는 잃는다.

爲與執, 以其有爲有事, 故敗失之.
행하는 것과 집착하는 것은 무엇인가 행하고 일삼는 것이 있기 때문에
잘못되고 잃는 것이다.

是以聖人無爲, 故無敗, 無執, 故無失.
이 때문에 성인은 행하는 것이 없으므로 잘못되는 것이 없는 것이
고, 집착하는 것이 없으므로 잃는 것이 없는 것이다.

聖人無爲無執, 故無敗失.
성인은 행하는 것이 없고 집착하는 것이 없기 때문에 잘못되고 잃는
것이 없는 것이다.

民之從事, 常於幾成而敗之. 愼終如始, 則無敗事. 幾平聲
백성들이 일을 할 때는 항상 기미가 이루어진 다음에 해서 실패한
다. 끝마칠 때까지 삼가기를 시작할 때처럼 한다면 일을 그르치는
경우는 없다. 기幾자는 평성이다.

凡民之知, 又益下, 故常於事之幾成者, 亦不能操持其心, 以至覆
敗, 則爲與執, 又不足言矣. 故救此弊, 則莫如愼終如始. 愼, 亦謙
也靜也德也.
모든 백성들의 앎은 또 더욱 낮기 때문에 항상 일의 기미가 이루어진
다음에도 그 마음을 장악할 수 없어서 일을 그르치는 지경까지 가게
되니, 행하고 집착한 것에 대해서는 더 말할 필요도 없다. 그러므로
이런 폐단을 구해주는 것이라면 끝마칠 때까지 삼가기를 시작할 때처

럼 하는 것만 한 것이 없다. 삼가는 것도 겸손한 것이고 고요한 것이고 덕이다.

是以聖人欲不欲, 不貴難得之貨, 學不學, 復衆人之所過, 以輔萬物之自然, 而不敢爲.

이 때문에 성인은 [남들이] 욕심 내지 않는 것을 욕심내고, 구하기 어려운 재화를 귀하게 여기지 않으며, [남들이] 배우지 않는 것을 배우고, 일반인들이 잘못한 것을 되돌려서 만물이 저절로 그렇게 되는 것을 도와주고 감히 작위하지 않는다.

欲不欲, 以不欲爲欲也. 不欲語意, 如孟子所云, 可欲之謂善. 盖道者, 衆人所不欲也, 惟其欲於道, 故能不欲於貨也. 學不學, 以不學爲學也. 不學, 學之無爲者也. 盖衆人常以多聞博識有爲於家國爲學. 故以其體言之, 則益其驕吝矜伐之過, 違上天無聲無臭之氣象也. 以其用言之, 則益其爲執敗失之過, 違上天自在自然之氣象也. 復, 反也, 言反復乎無過之地也. 不敢爲, 謂不敢作爲, 而循萬物自然之理也.

'욕심내지 않는 것을 욕심낸다'(欲不欲)는 것은 '욕심 내지 않는 것'(不欲)을 '욕심'(欲)으로 한다는 것이다. '욕심 내지 않는다'(不欲)는 말의 의미는 『맹자』에서 말한 "욕심 낼만한 것은 선善을 말한다."[94]는 것이다. 대개 도는 일반인들이 욕심내지 않는 것인데, 도만 욕심내기 때문

---

94) 『孟子』, 「盡心章句下」, "浩生不害問曰, 樂正子, 何人也. 孟子曰, '善人也, 信人也. 何謂善. 何謂信. 曰, 可欲之謂善, 有諸己之謂信. 充實之謂美, 充實而有光輝之謂大, 大而化之之謂聖, 聖而不可知之之謂神. 樂正子, 二之中, 四之下也."

에 재화를 욕심 내지 않을 수 있는 것이다. '배우지 않는 것을 배운다' (學不學)는 것은 '배우지 않는 것'(不學)을 배움으로 한다는 것이다. '배우지 않는다'는 것은 '아무것도 하지 않는 것'(無爲)을 배우는 것이다. 대개 일반 사람들은 항상 보고 듣는 것이 넓고 아는 것이 많아 국가에 큰일을 하는 것을 가지고 배움으로 여긴다. 그러므로 본체를 기준으로 말하면, [일반 사람들의 배움은] 교만하고 인색하며 자만하고 자랑하는 잘못을 더해 하늘의 소리도 없고 냄새도 없는 기상을 어기는 것이다. 작용을 기준으로 말하면, 행함으로써 잘못되고 집착함으로써 잃게 되는 것을 더해 하늘의 자유자재하고 저절로 그렇게 되는 기상을 어기는 것이다. '되돌린다'(復)는 말은 고친다는 것이니, 잘못이 없는 곳으로 고쳐서 되돌린다는 말이다. '감히 작위하지 않는다'(不敢爲)는 것은 감히 작위하지 않고 만물의 저절로 그렇게 되는 이치를 따른다는 말이다.

右第六十四章.
위의 것은 제64장이다.

제65장

古之善爲道者, 非以明民, 將以愚之.

옛날에 도를 잘 행한 자는 백성을 밝게 만든 것이 아니라 어리석게
만들었다.

愚, 樸也. 言所以開人知者, 非爲明其智慧, 將欲使之反其樸愚也.

'어리석게'(愚)라는 말은 '소박하게'(樸)라는 말이다. 사람들의 앎을 개
발하는 것은 그들의 지혜와 총명을 밝히는 것이 아니라 그들의 소박함
과 어리석음으로 되돌아가게 하는 것이라는 말이다.

民之難治, 以其智多.

백성을 다스리기 어려운 것은 그들의 지모가 많아졌기 때문이다.

智, 與知不同. 智, 如漢書龜措傳智囊之智, 謂機械權譎也.

지모(智)는 지혜(知)와 같지 않다. 지모(智)는 『한서』「귀조龜措」전에
서 '꾀주머니'(智囊)[95]라고 할 때의 꾀와 같으니, 교묘하게 속이는 것을
말한다.

故以智治國, 國之賊, 不以智治國, 國之福,

그러므로 지모를 사용해 나라를 다스리는 것은 국가를 해치는 것이
고, 지모를 사용하지 않고 나라를 다스리는 것은 국가를 복되게 하는

---

95) 『漢書』卷四十九,「爰盎鼂錯傳」第十九, "……. 上善之, 於是拜錯爲太子家
令. 以其辯得幸太子, 太子家號曰, 智囊. ……."

것이다.

用智治國, 則民化爲智, 而造僞飾詐. 造僞飾詐之俗, 豈非國之害乎. 不用智治國, 則民化爲樸, 而淳謹質實. 淳謹質實之俗, 豈非國之福乎.

지모를 사용해 나라를 다스리면, 백성들이 지모를 행하는 것으로 변화되니, 조작해서 속이고 꾸며서 기만한다. 조작해서 속이고 꾸며서 기만하는 풍속이 어찌 국가의 해악이 아니겠는가? 지모를 사용하지 않고 나라를 다스리면, 백성들이 소박함을 행하는 것으로 변화되니, 순박해서 근실하고 질박해서 실답다. 순박해서 근실하고 질박해서 실다운 풍속이 어찌 국가의 복이 아니겠는가?

知此兩者亦楷式. 能知楷式, 是謂玄德. 玄德深矣遠矣, 與物反矣, 然後乃至大順.

이 두 가지 경우를 아는 것이 또한 모범적인 표준이다. 모범적인 표준을 아는 것에 대해 현묘한 덕이라고 한다. 현묘한 덕은 심원해서 사물과 함께 [소박한 데로] 되돌아가니, 그런 다음에 크게 따르는 경지에 이른다.

楷, 模也, 式, 法也. 能知上文兩者利害之實, 則爲天下之楷式. 能知爲天下之楷式, 則其德深遠, 與夫世人之用智者, 反矣. 夫然後可以至於大順性命之道也. 濂溪周子作拙賦曰, 巧者言, 拙者黙, 巧者勞, 拙者佚. 巧者賊, 拙者德, 巧者凶, 拙者吉. 嗚呼, 天下拙, 刑政撤. 上安下順, 風淸弊絶. 朱子曰, 濂溪拙賦, 其言似老子.

'모범'(楷)은 본보기이고, '표준'(式)은 법이다. 위의 구절에서 이롭게 되고 해롭게 되는 두 경우를 알 수 있다면 천하의 모범적인 표준이 된다.

천하의 모범적인 표준이 되는 것에 대해 알 수 있다면, 덕이 심원하게 되어서 세상사람 중에서 지모를 사용하는 자들과 함께 [소박한 데로] 되돌아간다. 그런 다음에야 성명의 도를 크게 따르는 경지에 이르게 된다. 주렴계 선생께서 「졸부拙賦」를 지어 다음처럼 말씀하셨다. "재주 있는 자는 말하고 재주 없는 자는 침묵하니, 재주 있는 자는 피로하게 되고 재주 없는 자는 편안하게 된다. 재주 있는 자는 적을 만들고 재주 없는 자는 덕을 쌓으니, 재주 있는 자는 흉하게 되고 재주 없는 자는 길하게 된다. 아! 천하의 사람들에게 재주가 없게 된다면 형정刑政이 사라질 것이니, 위에서는 편안해지고 아래에서 순종하게 되어 풍속이 깨끗해지고 폐단이 사라질 것이다."[96] 주자께서 "염계 선생의 「졸부」는 그 말씀이 노자와 비슷하다."[97]라고 평하셨다.

愚按以周子衛道之切, 任道之重, 其於老子之善言, 樂取之, 如不及. 而朱子於淵源宗師之言, 未嘗有一毫掩諱之意, 聖賢至公之心法, 可以見之矣. 然周子之言, 似老子者, 豈特拙賦而已哉. 如無極主靜, 乃是道之大原大本, 而亦有取於老子. 是何爲哉. 周子以希天爲學之準的, 苟其言合天, 豈可以非吾師, 而舍之乎. 天吾師也.

내 생각으로는 주렴계 선생께서 도를 지키는 절실함과 도를 자임하는

---

96) 『濂溪先生集』, 「拙賦」, "或謂予曰: '人謂子拙?' 予曰: '巧, 竊所恥也, 且患世多巧也.' 喜而賦之曰: '巧者言, 拙者黙; 巧者勞, 拙者逸; 巧者賊, 拙者德; 巧者凶, 拙者吉. 嗚呼! 天下拙, 刑政徹. 上安下順, 風清弊絶.'"; 『老子集解』, 65장, "右第六十五章" 아래 장을 정리하는 말 "濂溪先生拙賦曰, '巧者言, 拙者黙; 巧者勞, 拙者佚; 巧者賊, 拙者德; 巧者凶, 拙者吉. 嗚呼! 天下拙, 刑政徹. 上安下順, 風清弊絶.' 周子之意, 與此章之指相近. 故朱子謂 '其言似莊老云.'"

97) 『朱子語類』 卷第九十四, 「周子之書」, "拙賦'天下拙, 刑政徹.' 其言似莊老."

무거움 때문에 『노자』의 좋은 말을 기꺼이 취하면서 미치지 못할 듯이 여기셨다. 그런데 주자께서는 스승의 말씀에 대해 연원을 찾는 데 털끝만큼도 숨기려는 생각이 없으셨으니, 성현의 공정한 심법心法을 알 수 있다. 그러나 주렴계 선생의 말씀 중에서 『노자』와 비슷한 것이 어찌 오직 「졸부」뿐이겠는가? 이를테면 무극無極과 주정主靜이야말로 바로 도의 큰 근원으로 또한 노자에게 취하신 것이다. 이것은 어떻게 된 일인가? 주렴계 선생께서는 하늘에 대해 아는 것을 학문의 표준으로 삼으셨으니, 진실로 그 말이 하늘에 합치한다면, 어찌 우리 스승님의 말씀이 아니라고 해서 내 팽개쳐두셨겠는가? 하늘이 자신의 스승이셨기 때문이다.

右第六十五章.
위의 것은 제65장이다.

제66장

江海所以能爲百谷王者, 以其善下之. 故能爲百谷王.

강과 바다가 모든 계곡의 왕이 될 수 있는 것은 잘 낮추기 때문이
다. 그러므로 모든 계곡의 왕이 될 수 있다.

王之爲言, 往也, 謂其謙下爲天下之所歸往也. 江海處天下之下,
受百谷之流, 亦由是也.

왕王이란 말은 향한다는 것이니, 겸손히 낮추면 천하가 스스로 와서
따르는 곳이 된다는 말이다. 강과 바다가 천하의 밑바닥에 있으면서
모든 계곡의 물을 받아들이는 것도 이 때문이다.

是以聖人欲上民, 必以言下之, 欲先民, 必以身後之.

이 때문에 성인께서는 백성들보다 위가 되고자 하면 반드시 말
을 겸손하게 하고, 백성들보다 앞서고자 하면 반드시 자신을 뒤
로한다.

臨川吳氏曰, 此聖人謙讓之德, 非有心於上人先人. 讀者不以辭
害意, 可也.

임천오씨는 "이렇게 하는 것은 성인이 겸양하는 덕 때문이지, 남의 위
가 되고 남을 앞서려는 마음이 있기 때문이 아니다. 독자들은 말에 얽
매어 의미를 해치지 않아야 된다.[98]"[99]라고 했다.

---

98) 『孟子』, 「萬章章句上」, "曰, 此莫非王事, 我獨賢勞也. 故說詩者, 不以文害
辭, 不以辭害志. 以意逆志, 是爲得之."

99) 『道德眞經註』, 56章註, "……. 此聖人謙讓盛德, 非有心於上人先人爲之. 讀
者不以辭害意, 可也.

是以聖人處上而民不重, 處前而民不害.

이 때문에 성인은 위에 있어도 백성들이 무겁다고 여기지 않으며, 앞에 있어도 백성들이 해롭다고 여기지 않는다.

凡物在上, 則在下者, 覺其重焉, 在前, 則在後者, 惡其蔽焉. 聖人以謙虛在上在前, 故民不以爲重爲害也.

일반적으로 사물이 위에 있으면 아래에 있는 자는 그것이 무겁다고 느끼고, 앞에 있으면 뒤에 있는 자는 그것이 가로 막는다고 싫어한다. 성인은 겸손히 낮춤으로써 위에 있기도 하고 앞에 있기도 하기 때문에 백성들이 무겁다고 여기지도 않고 해롭다고 여기지도 않는다.

是以天下樂推而不厭.

이 때문에 천하의 사람들이 기꺼이 추대하고 싫어하지 않는다.

人道惡盈而益謙. 故樂推與之, 不厭斁焉, 不重不害, 又不足言矣.

사람의 도는 꽉 찬 것을 싫어하고 겸손한 것을 도와주기 때문에 기꺼이 추대해 함께 하고 싫어하지 않으니, 무겁다고 여기지도 않고 해롭다고 여기지도 않는 것은 또 말할 필요도 없다.

以其不爭, 故天下莫能與之爭.

성인은 다투지 않기 때문에 천하에서 아무도 그와 다툴 수 없다.

不爭, 謙也. 卒乃指其實, 以結上文之意.

다투지 않는 것은 겸손하기 때문이다. 마침내 그 내용을 지적함으로써 앞글의 의미를 맺었다.

右第六十六章.

위의 것은 제66장이다.

自第五十二章至此, 凡十五章爲一節.

제52장부터 여기 66장까지 모두 15장을 하나의 절을 삼았다.[100]

---

100) 『參同攷』卷一「初擬攷」第一 "七八道已窮屈折低下降" 구절에 대한 주에
서 서명응이 다음과 같이 한 말을 참고할 필요가 있다. "15라고 하지 않고
7·8이라고 한 것은 7이 소양이고 8이 소음이니 소음과 소양을 합하면 15이
기 때문이다.(不曰十五, 而曰七八者, 七爲少陽, 八爲少陰, 合二少而爲十
五也.)"

제67장

天下皆謂我道大, 似不肖. 夫惟大, 故似不肖. 若肖久矣, 其細
也夫.

천하 사람들은 모두 나의 도가 닮지 않은 것 같다고 평가한다. 단
지 대단하기 때문에 닮지 않은 것 같은 것이다. 만약 닮았다면 오
래 전에 미미하게 되었을 것이다.

不肖, 謂無所象類也. 言天下皆謂我道甚大, 無所肖似. 盖嫌其恍
惚廖廓也. 然惟其大, 故無所肖似. 若有所肖似, 則是特形器而
已, 及其久也, 必消鑠以至於細也.

'닮지 않은 것 같다'(不肖)는 것은 본받아 비슷한 점이 없다는 말이다.
천하의 사람들은 모두 나의 도가 아주 대단하지만 닮아 비슷한 점이
없다고 평가한다는 말이다. 대개 나의 도가 황홀하고 조용히 비어있는
것에 대해 의심스러워한 것이다. 그러나 단지 대단하기 때문에 닮아
비슷한 점이 없는 것이다. 만약 닮아 비슷한 점이 있다면 이것은 단지
그릇일 뿐이어서 오래된다면 반드시 소산되어 미미하게 될 것이다.

我有三寶, 寶而持之, 一曰慈, 二曰儉, 三曰不敢爲天下先.

나에게 세 가지 보배가 있어 소중하게 여기고 지키니, 하나는 사랑
이고, 다른 하나는 검소함이며, 나머지 하나는 천하에서 감히 앞서
지 않는 것이다.

不敢爲天下先, 謙也.

감히 천하에서 앞서지 않으니, 겸손하기 때문이다.

慈故能勇, 儉故能廣, 不敢爲天下先, 故能成器長. 今舍慈且
勇, 舍儉且廣, 舍後且先, 死矣. 長舍幷上聲

사랑하기 때문에 용맹스러울 수 있고, 검소하기 때문에 널리 구제
할 수 있으며, 감히 천하에서 앞서지 않기 때문에 완성된 그릇과
어른이 될 수 있다. 그런데 이제 사랑을 버리고 용맹스러움을 구하
고, 검소함을 버리고 널리 구제함을 구하며, 뒤로함을 버리고 앞섬
을 구한다면 죽게 될 것이다. 장長자와 사舍자는 상성이다.

慈之勇, 仁者之無敵也. 儉之廣, 撙節之有餘也. 爲成器, 爲人長,
則又不敢爲天下先, 而天下推先之也. 今或舍慈而求勇, 舍儉而
求廣, 舍後而求先, 則其終也, 至於死而已矣.

'사랑하기 때문에 용맹스럽다.'는 것은 어진 자가 무적이라는 것[101]이
고, '검소하기 때문에 널리 구제한다.'는 것은 절약함으로 여유 있게
되는 것[102]이다. 완성된 그릇이 되고 사람들의 어른이 되면 또 감히
천하에서 앞서지 않아도 천하가 추대해서 앞세운다. 그런데 이제 혹
사랑을 버리고 용맹스러움을 구하고, 검소함을 버리고 널리 구제함을
구하며, 뒤로함을 버리고 앞섬을 구한다면, 그 종말은 죽음을 맞이하는
것일 뿐이다.

---

101) 『孟子』, 「梁惠王章句上」, "孟子對曰, ……. 彼奪其民時, 使不得耕耨以養
其父母, 父母凍餓, 兄弟妻子離散. 彼陷溺其民, 王往而征之, 夫誰與王
敵. 故曰, 仁者無敵. 王請勿疑."

102) 『孟子』, 「梁惠王章句上」, "孟子對曰, ……. 曰, 不可, 直不百步耳, 是亦走
也. 曰, 王如知此, 則無望民之多於鄰國也. 不違農時, 穀不可勝食也, 數
罟不入洿池, 魚鼈不可勝食也, 斧斤以時入山林, 材木不可勝用也. 穀與
魚鼈不可勝食, 材木不可勝用, 是使民養生喪死無憾也. 養生喪死無憾,
王道之始也. ……." 구절에 대한 주, "……. 草木零落, 然後斧斤入焉. 此皆
爲治之初, 法制未備, 且因天地自然之利, 而撙節愛養之事也. ……."

282

夫慈以戰則勝, 以守則固. 天將救之, 以慈衛之.

사랑으로 전쟁을 하면 승리하고, 수비를 하면 철통같다. 하늘이 구원하려 할 적에도 사랑으로 호위한다.

慈爲三寶之首, 故覆言之於終, 以包儉與謙也. 衛, 護也. 親上死長, 故戰則勝. 歸仁不去, 故守則固. 夫仁慈, 天德也. 與天合德, 故凡有危難, 天必救助之. 而其爲救助也, 亦必以衆人慈諒惻怛之心, 爲之護衛. 盖與仁慈之人相對, 則仁慈之心, 油然而生, 若天使之然也.

사랑은 세 가지 보배 중에서 으뜸이 되기 때문에 마지막에 반복해서 말함으로써 검소함과 겸손함을 포괄한 것이다. '호위한다'(衛)는 것은 보호한다는 말이다. 윗사람을 부모처럼 여기고 어른을 위해 죽기를 각오하기 때문에 전쟁을 하면 승리한다. 어짊으로 돌아가 떠나가지 않기 때문에 수비를 한다면 철통같다. 어짊과 사랑은 하늘의 덕이다. 하늘과 덕을 합치하기 때문에 위험과 어려움이 있을 때마다 하늘이 반드시 구원하고 도와준다. 그런데 그 구원과 도움은 또한 반드시 여러 사람들의 사랑과 진실 그리고 불쌍하게 여겨 슬퍼하는 마음으로 호위를 삼은 것이다. 대개 어진 마음과 사랑하는 마음을 가진 사람과 서로 만나면, 어진 마음과 사랑하는 마음이 샘물처럼 솟아나오니, 하늘이 그렇게 한 것과 같은 것이다.

右第六十七章.

위의 것은 제67장이다.

제68장

善爲士者不武, 善戰者不怒,

훌륭한 군사는 무용을 사용하지 않고, 잘 싸우는 자는 분노하지 않으며,

士, 兵車所衛之甲士也. 不武, 謂不自用其武, 而以旗鼓爲耳目,
東西唯命也. 怒則氣怫, 不能行其智謀, 所謂忿兵者敗, 是也. 言
此以起下文.

'군사'(士)는 병거에서 호위를 위해 무장한 군사이다. '무용을 사용하지
않는다'(不武)는 것은 스스로 자신의 무용을 사용하지 않고 깃발과 북
으로 눈과 귀를 삼아 동서로 명령만 할 뿐이라는 말이다. 분노하면 기
운이 어긋나서 그 지모를 펼칠 수 없으니, 이른바 "분노한 군대는 패배
한다."[103]는 것이 여기에 해당한다. 이것을 말해 다음의 글을 일으켰
다.

善勝敵者不爭,

적을 잘 이기는 자는 전쟁을 일삼지 않고,

善勝敵者, 修之於廟堂之上, 而敵人自服. 若夫興師動衆, 角用智
力而爭勝, 非所謂善勝也.

---

103)『漢書』卷七十四,「魏相丙吉傳」第四十四, "相上書諫曰, 臣聞之, 救亂誅
暴, 謂之義兵, 兵義者王, 敵加於己, 不得已而起者, 謂之應兵, 兵應者勝,
爭恨小故, 不忍憤怒者, 謂之忿兵, 兵忿者敗, 利人土地貨寶者, 謂之貪兵,
兵貪者破, 恃國家之大, 矜民人之衆, 欲見威於敵者, 謂之驕兵, 兵驕者滅.
此五者, 非但人事, 乃天道也. ……."

적을 잘 이기는 자는 조정에서 다스리고 있어도 적들이 스스로 복종한다. 군대를 일으키고 뭇 사람을 선동하며 지력을 다투어서 전쟁에 이기는 것이라면, 이른바 훌륭하게 이긴 것이 아니다.

善用人者爲之下.

남을 잘 부리는 자는 남의 아래가 된다.

以己下之, 然後得其歡心, 而盡其用, 殷湯之下於伊尹, 周文之下於呂望尙矣. 將帥臨陣, 亦必下於人, 如田單之下拜老卒, 然後得其力也.

자신을 남에게 낮춘 다음에 그의 환심을 얻어서 그 부림을 다할 수 있으니, 은나라 탕왕이 이윤에게 낮추었고, 주나라의 문왕이 태공망太公望 여상呂尙[104]에게 낮추었다. 장수가 병영에 나가서도 반드시 사람들에게 낮추기를 전단田單[105]이 말에서 내려 늙은 병사에게 절한 것처럼 한 다음에 그들의 힘을 얻을 수 있다.

是謂不爭之德,

이것을 다투지 않는 덕이라고 하고,

終上文善勝敵也.

'적을 잘 이긴다'는 위의 구절을 종결했다.

---

104) 태공망太公望 여상呂尙 : 주나라 초기의 현신이다.
105) 전단田單 : 전국시대의 제齊나라 장수로 화우火牛의 계교로 연군燕軍을 격파하여 빼앗겼던 70성 이상을 수복하였다.

是謂用人之力,

이것을 남을 부리는 힘이라고 하며,

終上文善用人也.

'남을 잘 부린다'는 위의 구절을 종결했다.

是謂配天, 古之極.

이것을 하늘을 짝하는 것이라고 하니, 옛 도의 궁극이다.

易謙之象曰, 天道下濟而光明. 盖天道謙下, 不爭而勝, 無爲而
成. 聖人之德亦然, 故曰, 配天也. 古之極, 謂古者極致之道也.
『역경』의 겸겸괘 단사象辭에서 "천도는 아래로 이루어 광명하다."[106]
라고 했다. 대개 천도는 겸손히 낮추니, 다투지 않아도 승리하고 아무
것도 하지 않아도 완성한다. 성인의 덕도 그렇게 하기 때문에 "하늘
을 짝하는 것"이라고 했다. '옛 도의 궁극'(古之極)은 극치의 옛 도를
말한다.

右第六十八章.

위의 것은 제68장이다.

---

106) 『周易』, 「謙卦第十五」, "象曰, 謙, 亨. 天道下濟而光明, 地道卑而上行."

제69장

用兵有言, 吾不敢爲主而爲客, 不敢進寸而退尺.

용병술에 전하는 말이 있으니, '나는 감히 주인 노릇하지 않고 객 노릇하며, 감히 한 치도 나아가지 않고 자로 물러난다.'는 것이다.

有言, 謂古有是言也. 臨川吳氏曰, 不敢爲主者, 不先肇兵以伐人也. 爲客者, 不得已而後應敵也. 不敢進寸者, 難進也. 退尺者, 易退也. 盖不爲兵首, 但爲應兵, 雖爲應兵, 亦不欲窮戰, 寧遠退而避敵也.

'전하는 말이 있다'(有言)는 것은 옛날에 이런 말이 있었다는 것을 말한다. 임천오씨는 다음처럼 말했다. "'감히 주인 노릇하지 않는다.'는 말은 먼저 군대를 일으켜서 남을 정벌하지 않는다는 것이다. '객이 된다.'는 것은 부득이 하게 된 다음에 적에게 대응한다는 것이다. '감히 한 치도 나아가지 않는다.'는 것은 나아가는 것을 어렵게 여긴다는 것이다. '자로 물러난다.'는 것은 물러나기를 쉽게 여긴다는 것이다. 대개 싸움을 병법의 최고로 여기지 않아 단지 싸움에 응할 뿐이니, 싸움에 대응할지라도 전쟁을 끝까지 하려 하지 않고 차라리 멀리 물러나서 적을 피한다는 것이다."[107]

---

107) 『道德眞經註』, 57장 "用兵有言, 吾不敢爲主而爲客, 不敢進寸而退尺. …" 구절에 대한 주, "又申言慈之寶. 不敢字言用兵, 用兵有言者, 不敢爲主者, 用兵者, 嘗有是言. 爲主, 肇兵端, 以伐人也, 爲客, 不得已, 而應敵也, 進寸, 難進也, 退尺, 易退也. 仍, 就也. 不爲首兵, 但爲應兵. 雖爲應兵, 亦不欲戰, 不敢近進, 寧於遠退. 進戰者, …. ……"; 『老子集解』, 69장 "……. 吳幼淸曰, '用兵有言, 吾不敢爲主而爲客, 不敢進寸而退尺.' 구절에 대한 주, "爲主, 肇兵端, 以伐人, 爲客, 不得已, 而應敵, 不敢進寸, 難進也, 退尺, 易退也. 不爲首兵, 但爲應兵. 雖爲應兵, 亦不欲合戰, 不敢少進求與敵遇, 寧於遠退以避敵也.'"

是謂行無行, 攘無臂, 仍無敵, 執無兵. 上行如字, 下行音抗.

이것을 행진해 나아갈지라도 행진하는 대열이 없고, 팔을 흔들지라도 팔이 없으며, 좇아갈지라도 적이 없고, 잡고 있을지라도 무기가 없다고 하는 것이다. 앞의 행行자는 음이 글자 그대로이고, 뒤의 행行자는 음이 항抗이다.

仍, 就也. 詩曰, 仍執醜虜, 是也. 雖有行, 而不見行陣之跡, 雖攘臂, 而不見其所攘之臂, 雖仍就, 而不見鏖戰之敵, 雖有執, 而不見所執之兵, 皆言其不血刃, 而敵自退也.

'좇아가다'(仍)는 말은 나아간다는 것이다. 『시경』에서 "나아가 수많은 오랑캐를 사로잡았다."[108]라고 한 것이 이런 의미에 해당한다. 비록 행진해 나아갈지라도 행진한 흔적이 없고, 비록 팔을 흔들지라도 흔드는 팔을 볼 수 없으며, 비록 좇아서 나아갈지라도 무찌르고 싸울 적을 볼 수 없고, 비록 잡고 있을지라도 잡고 있는 무기를 볼 수 없으니, 모두 칼날에 피를 묻히지 않아도 적이 스스로 퇴각한다는 말이다.

禍莫大於輕敵. 輕敵幾喪吾寶. 故抗兵相加, 哀者勝矣. 幾, 平聲.

화는 적을 깔보는 것보다 큰 것이 없다. 적을 깔보면 거의 나의 보배를 잃을 것이다. 그러므로 군대를 동원해 서로 공격할 때 불쌍히 여기는 자가 승리한다. 기幾자는 평성이다.

潁濱蘇氏曰, 聖人以慈爲寶. 輕敵則好戰, 好戰則樂殺人, 所以幾喪吾寶也. 故兩敵舉兵相加, 而吾出於不得已, 則有哀悶殺傷之心. 哀心見而天人助之, 雖欲不勝, 不可得已.

---

108) 『詩經』,「大雅・蕩之什・常武」, "鋪敦淮濆, 仍執醜虜. 截彼淮浦, 王師之所."

영빈소씨는 다음처럼 말했다. "성인은 사랑으로 보배를 삼는다. 적을 깔보면 전쟁을 좋아하고, 전쟁을 좋아하면 살인을 즐기니, 자신의 보배를 거의 잃게 되는 까닭이다. 그러므로 양쪽의 상대가 군대를 동원해 서로 공격할지라도 자신이 할 수 없이 출병했다면, 죽이고 해치는 것에 대해 진심으로 불쌍히 여기는 마음이 있는 것이다. 진실한 마음이 드러나면 하늘과 사람이 도우니, 비록 승리를 하지 않으려고 할지라도 승리하지 않을 수 없다."[109]

右第六十九章.

위의 것은 제69장이다.

---

109) 『老子解』, 69章 "禍莫大於輕敵. 輕敵幾喪吾寶." 구절에 대한 주, "聖人以慈爲寶. 輕敵則輕戰, 輕戰則輕殺人, 喪其所以爲慈矣. 兩敵相加, 而吾出于不得已, 則有哀心. 哀心見而天人助之, 雖欲不勝, 不可得矣.";『老子集解』, 69章 "禍莫大於輕敵. 輕敵幾喪吾寶. 故抗兵相加, 哀者勝矣." 구절에 대한 주, "…. 蘇子由曰, 聖人以慈爲寶. 輕敵則好戰, 好戰則樂殺人, 所以幾喪吾寶也. 故兩敵擧兵相加, 而吾出于不得已, 則有哀閔殺傷心. 哀心見而天人助之, 雖欲不勝, 不可得已."

제70장

吾言甚易知, 甚易行. 天下莫能知, 莫能行.
나의 말은 아주 알기 쉽고 아주 행하기 쉽다. 그런데도 천하에서 아무도 알지 못하고 행하지 못한다.

猶詩所謂德輶如毛, 民鮮克擧之也.
『시경』에서 이른바 "덕은 가볍기가 깃털과 같은데도 백성들 중에 그것을 들 수 있는 자가 드물다."[110]라고 한 것과 같다.

言有宗, 事有君. 夫惟無知, 是以不我知.
말에는 근본이 있고 일에는 으뜸이 있다. 그런데도 단지 아는 것이 없기 때문에 나를 알아보지 못한다.

承上文言. 吾之言有宗, 太極之道, 是也. 吾之事有君, 陰陽之德, 是也. 天下之人, 惟無所知於道德, 此其所以不我知也.
위의 구절을 이어서 말했다. 자신의 말에 근본이 있다는 것은 태극의 도가 여기에 해당한다. 자신의 일에 으뜸이 있다는 것은 음양의 덕이 여기에 해당한다. 천하의 사람들이 단지 도와 덕에 대해 아는 바가 없으니, 이것이 나를 알아보지 못하는 까닭이라는 것이다.

知我者希, 則我貴矣, 是以聖人被褐而懷玉.
나를 알아보는 자가 드물다면 나는 고귀하니, 이것은 성인께서 초

---

110) 『詩經』, 「大雅·蕩之什·烝民」, "人亦有言, 德輶如毛, 民鮮克擧之."

라한 옷을 입고 계시면서 옥을 품고 계시는 것이다.

又反其語, 而自慰曰, 凡物以少爲貴, 知我者寡, 則我其無匹, 豈
不貴哉. 盖凡珍寶之物, 不爲人褻玩. 故聖人以被111)衣之龘, 懷
如玉之德也.

또 역설적으로 말해 스스로 "일반적으로 사물은 희소한 것을 귀하게
여기는데, 나를 알아보는 자가 드물다면 아마 나를 필적할 상대가 없다
는 것이니, 어찌 귀한 사람이 아니겠는가?"라고 위로했다. 대개 일반적
으로 진주나 보배 같은 물건은 사람들이 더럽히며 함부로 가지고 놀
수 있는 것이 아니다. 그러므로 성인께서 초라한 옷을 입고 계시면서
옥 같은 덕을 품고 계시다는 것이다.

右第七十章.

위의 것은 제70장이다.

---

111) 被 : 필사본에는 '禍'로 되어 있다.

제71장

知, 不知, 上,
알면서도 모르는 척 하는 것은 최상이고,

有知而如不知者, 上也, 猶儒家所謂, 有若無, 實若虛也.
알면서도 모르는 척 하는 것이 최상이니 유가에서 이른바 "있어도 없는 것처럼 하고, 꽉 차 있어도 비어 있는 것처럼 한다."[112]는 것과 같다.

不知, 知, 病.
알지 못하면서도 아는 척 하는 것은 병이다.

不知而如有知者, 病也, 猶儒家所謂, 無而爲有, 虛而爲泰, 難乎免也.
알지 못하면서도 아는 척 하는 것이 병이니 유가에서 이른바 "없어도 있는 것처럼 하고, 비어 있어도 많은 것처럼 한다."[113]는 것과 같은 것으로 어려움을 면하기 어려운 것이다.

夫惟病病, 是以不病.
단지 병폐를 병폐로 보니, 이 때문에 병폐가 없다.

---

112) 『小學』, 「稽古第四」, "曾子曰, 以能問於不能, 以多問於寡, 有若無, 實若虛, 犯而不校. 昔者吾友, 嘗從事於斯矣."
113) 『論語』, 「述而第七」, "亡而爲有, 虛而爲盈, 約而爲泰, 難乎有恆矣.";『鹽鐵論』, 「褒賢第十九」, "今擧亡而爲有, 虛而爲盈, 布衣穿履, 深念徐行, 若有遺亡, 非立功成名之士, 而亦未免于世俗也."

能知其病而病之, 斯不至於病也.

그 병폐를 알고 그것을 병폐로 여길 수 있으니, 이것이 병폐를 이루게
되지 않는 까닭이다.

聖人不病, 以其病病. 是以不病.

성인이 병폐가 없는 것은 병폐를 병폐로 보기 때문이다. 이 때문에
병폐가 없다.

聖人之所以不病者, 以其知病之爲病. 是以不至於病也.

성인이 병폐가 없는 것은 병폐가 병폐라는 것을 알기 때문이다. 이 때
문에 병폐를 이루게 되지 않는 것이다.

右第七十一章.

위의 것은 제71장이다.

제72장

民不畏威, 則大威至.

백성들이 두려워해야 할 것을 두려워하지 않으면, 크게 두려워할
일이 닥친다.

威, 亦畏也, 上威, 法禁也, 下威, 死亡也. 言民平日不知畏其可
畏, 而放情縱欲, 則惡積不可揜, 罪大不可解, 而大可畏者至也.

'두려워해야 할 것'(威)은 또한 경외할 것이니, 앞의 '두려워해야 할 것'
(威)은 법과 금기이고, 뒤의 '두려워해야 할 것'(威)은 죽음이다. 백성들
이 평상시에 두려워해야 할 것을 두려워할 줄 모르고 함부로 정욕을
쫓으면, 악이 쌓여 가릴 수 없고 죄가 커져 벗어날 수 없으니, 크게
두려워해야 될 것이 닥친다는 말이다.

無狹其所居, 無厭其所生.

그러니 사는 곳을 협소하게 여기지 말고, 타고난 것을 싫증내지
말라.

無, 毋通, 禁止辭. 所居, 謂所處之地, 毋自狹者, 居天下之廣居
也. 所生, 謂所生之性, 毋自厭者, 樂天道之本然也. 大寧薛氏曰,
老子言此, 特以寓夫世之齊民, 使之安貧委命, 而肆志於天地之
間也. 況於王公卿士, 稟賦優而居處崇者, 可無戒谿壑之慾乎.

'말라'(無)는 것은 '하지 말라'(毋)는 것과 통하는 것으로 금지사이다.
'사는 곳'(所居)은 거처하는 곳을 말하니, 스스로 협소하게 여기지 말
라는 것은 '천하라는 넓은 집에 거하라'[114]는 것이다. '타고난 것'(所
生)은 타고난 천성을 말하니, 스스로 싫증내지 말라는 것은 천도의

본디 그러함을 좋아하라는 것이다. 대녕설씨는 "노자는 이 구절을 말함으로써 특히 세상의 서민들을 일깨워 빈천함을 편안하게 여기고 운명에 모든 것을 맡겨 천지에서 거리낌 없이 뜻을 펼치도록 한 것이다. 그런데 하물며 왕공王公과 경사卿士들이 뛰어난 자질을 부여받고 높은 자리에 있으면서 끝없는 욕심을 경계할 줄 몰라서야 되겠는가?"115)라고 했다.

夫惟不厭, 是以不厭.

오직 싫어하지 않으니, 이 때문에 싫어하지 않는다.

惟其不自厭惡, 故他人亦不厭惡也. 不言不狹, 以不狹乃不厭之體也.

오직 스스로 싫어하지 않기 때문에 타인들도 싫어하지 않는다는 것이다. 협소하게 여기지 않는 것에 대해서는 말하지 않았으니, 협소하게 여기지 않는 것이 바로 싫증내지 않는 것의 본체이기 때문이다.116)

---

114) 『孟子』, 「滕文公章句下」, "孟子曰, 是焉得爲大丈夫乎. 子未學禮乎. 丈夫之冠也, 父命之, 女子之嫁也, 母命之, 往送之門, 戒之曰, 往之女家, 必敬必戒, 無違夫子. 以順爲正者, 妾婦之道也. 居天下之廣居, 立天下之正位, 行天下之大道. 得志與民由之, 不得志獨行其道. 富貴不能淫, 貧賤不能移, 威武不能屈. 此之謂大丈夫."

115) 『老子集解』, 62章註, "無, 毋通, 禁止辭. 所居或高或下, …. ……. 老子言此, 特以窮夫世之齊民, 使之安貧委命, 而肆志於天地之閒也. 況於王公卿士, 稟賦優而居處崇者, 可無戒谿壑之欲乎."

116) 『老子集解』에 이 구절에 대해 "협소하게 여기지 않는 것에 대해 말하지 않은 것은 문장을 생략한 것이다. ….(不言不狹, 省文也. ….)"라는 주가 있기 때문에 이처럼 해석한 것 같다.

是以聖人自知不自見, 自愛不自貴, 故去彼取此. 見, 賢遍反.

이 때문에 성인은 스스로 알고, 스스로 드러내지 않으며, 스스로 아끼고, 스스로 귀하게 여기지 않으니, 저런 것들을 버리고 이런 것들을 취한 것이다. 현見자의 음은 현賢자의 'ㅎ'과 편遍자의 'ㆍ년'을 반씩 취한 현이다.

自知者, 自知性分之本然也. 不自見者, 不自衒鬻而表見也. 自愛者, 自愛道德之充實也. 不自貴者, 不自榮貴而馳騖也. 彼則衒鬻榮貴也, 此則性分道德也.

'스스로 안다'(自知)는 것은 본성의 타고난 분수가 본디 그렇게 됨을 스스로 안다는 것이다. '스스로 드러내지 않는다'(不自見)는 것은 스스로 소리치며 팔기 위해 겉으로 드러내지 않는다는 것이다. '스스로 아낀다'(自愛)는 것은 도와 덕의 충실함을 스스로 아낀다는 것이다. '스스로 귀하게 여기지 않는다'(不自貴)는 것은 스스로 영화롭고 귀하게 여기면서 달려가지 않는다는 것이다. '저런 것들'(彼)은 소리치며 팔고 영화롭고 귀하게 여기는 것이고, '이런 것들'(此)은 타고난 본성과 분수이고 도와 덕이다.

右第七十二章.

위의 것은 제72장이다.

제73장

勇於敢則殺, 勇於不敢則活.

과감한 데 용감하면 죽게 될 것이고, 과감하지 않는 데 용감하면
살게 될 것이다.

凡事勇於敢爲, 則必致殺死, 勇於不敢, 則必致全活也.

모든 일에 있어 과감하게 행하는 데 용감하면 반드시 죽게 될 것이고,
과감하게 행하지 않는 데 용감하면 반드시 온전하게 살 것이다.

此兩者或利或害. 天之所惡, 孰知其故. 惡去聲.

이 두 가지에서 하나는 이롭고 하나는 해롭다. 하늘이 미워하는
것에 대해 누가 그 까닭을 알겠는가? 오惡자는 거성이다.

活爲利, 殺爲害. 不知天何惡於勇敢而殺之, 誠莫知其故也. 此亦
弱生强死之理, 而引而不發, 欲人自思之也.

사는 것은 이롭고 죽는 것은 해롭다. 하늘이 어째서 과감한 데 용감한
것을 미워해서 죽이는지 알 수 없으니, 진실로 아무도 그 까닭을 알
수 없는 것이다. 이 구절 역시 76장의 '연약한 것은 살아있는 무리들이
고 뻣뻣한 것은 죽어있는 무리들이다'는 것에 대한 이치인데, 인도해
놓기만 하고 답을 하지 않음으로써[117] 사람들이 스스로 생각하게 하도
록 한 것이다.

---

117) 『孟子』, 「盡心章句上」, "孟子曰: '大匠不爲拙工改廢繩墨, 羿不爲拙射變
　　　其彀率. 君子引而不發, 躍如也. 中道而立, 能者從之.'"

是以聖人猶難之.

이 때문에 성인께서 여전히 어렵게 여기신다.

聖人宜若無難於事, 而猶且難之者, 以其知勇敢之, 爲天所惡也.
성인께서는 마땅히 일에 어려움이 없으실 것 같은데도 여전히 또 어렵게 여기시니, 이것은 과감한 데 용감한 것이 하늘에 미움 받게 되는 것이라는 사실을 알고 계시기 때문이다.

天之道, 不爭而善勝, 不言而善應, 不召而自來, 繟然而自謀.
繟音闡
하늘의 도는 다투지 않는데도 잘 이기고, 말하지 않는데도 잘 감응하며, 부르지 않는데도 스스로 오고, 느긋한데도 스스로 계획한다.
천繟은 음이 천闡이다.

繟然, 緩貌. 言其舒緩不迫, 而實善其謀猷也, 皆言勇於不敢, 與天合德也.
'느긋하다'(繟然)는 것은 여유있는 모양이다. 느긋해서 허둥거리지 않는데도 그 생각하는 것을 실로 잘한다는 말이니, 모두 과감하지 않는데 용감하면 하늘과 덕을 합치하게 된다는 말이다.

天網恢恢, 疎[118]而不失.
하늘의 법망은 넓고 넓어 엉성하지만 놓치는 것이 없다.

天之禁網若疎, 而爲惡之人, 無能逃焉, 世之禁網若密, 而爲惡之

---

118) 疎 : 『老子集解』에는 '疏'자로 되어 있다.

人, 多幸免焉. 人爲之, 不能當天德, 乃如此. 聖人知其故, 故勇於
不敢也.

하늘이 금하는 법망은 엉성한 것 같지만 악을 행하는 사람들이 도망할
수 없고, 세상에서 금하는 법망은 엄밀한 것 같지만 악을 행하는 사람
들이 다행으로 모면할 수 있다. 사람들이 어떻게 할지라도 하늘의 덕에
상대할 수 없는 것이 바로 이와 같다는 것이다. 성인께서는 그 까닭을
알고 계시기 때문에 과감하지 않은 데 용감하신 것이다.

右第七十三章.

위의 것은 제73장이다.

제74장

民不畏死, 奈何以死懼之,

백성들이 죽음을 두려워하지 않는데 어떻게 죽이는 것으로 두렵게 하겠는가?

爲政任刑者, 欲以死懼民, 而殊不知愚民本不知畏死也. 不知畏死, 而以死懼之, 不亦疎甚矣乎.

정사를 형벌에 의지해서 행하는 자는 죽이는 것으로 백성들이 두렵게 여기도록 하고자 하는데, 어리석은 백성들이 본래 죽음을 두려워할 줄 모른다는 사실을 전혀 모르기 때문이다. 죽음을 두려워할 줄 모르는데 죽이는 것으로 두렵게 하고 있으니, 아무리 생각이 없어도 너무 한 것이 아닌가!

若使民常畏死, 而爲奇者, 吾得執而殺之, 孰敢.

백성들에게 언제나 죽음을 두렵게 여기도록 해놓고, 이상한 짓을 하는 자를 내가 잡아서 죽인다면, 누가 감히 [사악한 짓을 하겠는가]?

奇, 邪也. 言若使民常畏死, 則凡爲奇邪不正者, 吾得一番執而殺之, 誰敢復爲奇邪哉. 今或執殺, 而爲奇邪者不止, 惡在其畏死哉.

'이상한 짓'(奇)은 사악한 짓이다. 백성들에게 언제나 죽음을 두렵게 여기도록 해놓고는 이상하고 사악하며 바르지 못한 짓을 하는 모든 자들을 내가 단번에 잡아서 죽인다면, 누가 감히 다시 이상하고 사악한 짓을 하겠는가라는 말이다. 이제 혹 잡아서 죽일지라도 이상하고 사악한 짓을 하는 자들이 그치지 않으니, 죽음을 두렵게 여기도록 해놓은 것이 어디에 있다는 것인가?

常有司殺者殺,

항상 사찰해서 죽이는 것이 죽이는데,

司殺者, 天也. 唯天爲能殺人, 人不得殺人也.

'사찰해서 죽이는 것'(司殺者)은 하늘이다. 하늘만이 사람을 죽일 수 있고 사람은 사람을 죽일 수 없다.

夫代司殺者殺, 是謂代大匠斲.

사찰해서 죽이는 것을 대신해서 죽이니, 이것을 큰 목수를 대신해 큰 나무를 다듬는 것이라고 한다.

唯大匠爲能斲大木, 而大木非凡人之所可代斲. 夫代天殺人, 亦由是已.

큰 목수만이 큰 나무를 다듬을 수 있으니, 큰 나무는 보통 사람이 대신해서 다듬을 수 있는 것이 아니다. 하늘을 대신해서 사람을 죽이는 것도 이와 같다.

夫代大匠斲, 希有不傷手者矣.

큰 목수를 대신해 큰 나무를 다듬을 경우 손을 다치게 하지 않는 경우가 드물다.

代大匠斲者, 不知用斧之法, 不習[于]119)手, 故斲木之時, 誤傷執木之人之手也.

큰 목수를 대신해 큰 나무를 다듬을 경우 도끼 다루는 법도 모르고 손에도 익숙하지 않기 때문에 나무를 다듬을 때 실수로 나무를 붙잡고 있는 사람의 손을 다치게 한다.

右第七十四章.

위의 것은 제74장이다.

---

119) 于 : 옮긴이가 문맥에 맞추어 보충한 글자이다.

제75장

民之饑, 以其上食稅之多. 是以饑.

백성들이 굶주리는 것은 위에서 세금으로 받아먹는 것이 많기 때문이다. 그래서 [윗사람들도] 굶주리게 된다.

稅, 租稅也. 多稅者, 本欲足其食, 而反致民饑, 不得不損己食以救之也.

'세금'(稅)은 조세이다. 세금을 많이 거두는 것은 본래 먹을 것을 풍족하게 하고자 하는 것인데, 도리어 백성들을 굶주리게 했으니, [윗사람들이] 자신들의 먹을 것을 덜어내어 [백성들을] 구하지 않을 수 없다.

民之難治, 以其上之有爲. 是以難治.

백성들을 다스리기 어려운 것은 위에서 무엇인가 하는 것이 있기 때문이다. 그래서 [윗사람들이] 다스리기 어렵다.

有爲者, 本欲易治, 而反爲難治者, 以其煩憂雜難也.

무엇인가 행하는 것은 본래 쉽게 다스리고자 하는 것인데, 도리어 다스리기 어렵게 되는 것은 그렇게 하는 것이 번거롭고 소란스러우며 혼잡하고 혼란스럽게 하기 때문이다.

民之輕死, 以其生生之厚. 是以輕死.

백성들이 가볍게 죽는 것은 삶을 너무 풍족하게 하려고 하기 때문이다. 그래서 [백성들이] 가볍게 죽는다.

民之厚生者, 本欲久其生, 而反致輕死者, 以其嗜欲傷生, 營利媒禍也.

백성들이 삶을 풍족하게 하는 것은 본시 삶을 오래도록 유지하고자 하는 것인데, 도리어 가볍게 죽는 쪽으로 달려가게 되는 것은 뭔가 즐기고자 하는 욕심으로 삶을 해치고 이익을 도모하는 것으로 재앙을 부르기 때문이다.

夫惟無以生爲者, 是賢於貴生.

그러니 오직 삶을 위하지 않는 것이 삶을 귀하게 여기는 것보다 낫다.

上文三段, 皆所以引喩此一段, 盖外其身而身存, 不自生而能生. 故無以生爲生者, 賢於貴生遠矣. 惟如此然後, 可以居民之上, 而治其難治也.

위의 세 단락은 모두 인용해서 여기 한 단락을 깨우치도록 하기 위한 것이니, 대개 [7장에서] "자신을 도외시하지만 자신이 보존되고, '진실로 살겠다는 마음이 없지만 살 수 있다.'[120]는 것이다. 그러므로 삶을 삶으로 여기지 않는 것이 삶을 귀하게 여기는 것보다 훨씬 낫다. 오직 이와 같이 된 다음에 백성들의 윗자리에 있으면서 다스리기 어려운 것을 다스릴 수 있다.

右第七十五[121]章.

위의 것은 제75장이다.

---

120) 7장의 "天地之所以能長久者, 以其不自生, 故能長久. 是以聖人後其身而身先, 外其身而身存, 非以其無私邪. 故能成其私." 구절이 순서가 바뀌어 축약된 것으로 보인다.
121) 五 : 필사본에는 '六'자로 되어 있는 것을 필자가 수정했다.

제76장

人之生也柔弱, 其死也堅强, 草木之生也柔脆, 其死也枯槁.
사람이 살아서는 무르고 연약하며, 죽어서는 굳고 뻣뻣하며, 초목
이 살아서는 부드럽고 약하며, 죽어서는 마르고 딱딱하다.

脆, 軟也. 人死則堅强, 草木死則枯槁, 何也. 盖人生而柔弱, 可以
屈伸, 草木生而柔脆, 可以動搖者, 皆因冲和之氣使然. 及其死
也, 冲和之氣盡去, 故有此堅强枯槁也. 先引物理, 下文釋之.
'약하다'(脆)는 말은 연하다는 것이다. 사람이 죽으면 굳고 뻣뻣하며,
초목이 죽으면 마르고 딱딱한 것은 무엇 때문인가. 대개 사람이 살아서
는 무르고 연약해 굽히고 펼 수 있으며, 초목이 살아서는 부드럽고 약
해 흔들릴 수 있으니, 모두 부드럽고 온화한 기운이 그렇게 되도록 한
것이다. 죽게 되면 부드럽고 온화한 기운이 모두 사라지기 때문에 이처
럼 굳고 뻣뻣하며 마르고 딱딱하게 된 것이다. 먼저 사물의 이치를 끌
어와서 다음의 구절을 해석했다.

故堅强者死之徒, 柔弱者生之徒.
그러므로 굳고 뻣뻣한 것은 죽어있는 무리들이고, 무르고 연약한
것은 살아있는 무리들이다.

徒, 類也.
'무리'(徒)는 같은 것들이다.

是以兵强則不勝, 木强則共. 强大處下, 柔弱處上.

이 때문에 군대가 강하면 승리하지 못하고, 나무가 강하면 아름드리 기둥이 된다. 딱딱하고 큰 것은 아래에 있고, 부드럽고 연한 것은 위에 있다.

共, 與拱通, 支柱木也. 强大, 謂大榦, 柔弱, 謂枝葉也. 荀子曰, [强自取拄.]122) 兵强者, 則敗亡, 常爲弱小之所乘. 木强者, 則支柱, 常爲衆木之所壓. 嚴氏君平曰, 天地之理, 小不載大, 輕不載重, 故强人不得爲王, 木强不得處上.

'아름드리 기둥'(共)은 '아름드리나무'(拱)와 통하니, 지주목이라는 말이다. 딱딱하고 큰 것은 나무의 근간을 말하고, 부드럽고 연약한 것은 가지와 잎을 말한다. 순자荀子는 "[강한 나무는 저절로 기둥 되기를 부른다.]"라고 말했다.123) 군대가 강할 경우 패망하는 것은 항상 약하고 작은 것들이 올라타고 있기 때문이다. 나무가 강할 경우 지주가 되는

---

122) [ ] 속의 "强自取拄" 구절은 『도덕지귀』에는 없는 것인데 옮긴이가 필요에 따라 보충한 것이다. "强自取拄" 구절 다음에 인용된 말은 순자의 말이 아니다. 이어지는 다음의 주를 참고하기 바란다.

123) [ ] 속 구절을 포함해 뒤로부터 있는 구절은 설혜의 『老子集解』에 그대로 있는 내용이다. 그런데 [ ] 속의 구절 곧 "强自取拄"만 『순자』 「勸學篇」에 있고, 그 나머지 곧 "兵强者, 則敗亡, 常爲弱小之所乘. 木强者, 則支柱, 常爲衆木之所壓." 구절은 『순자』에 없다. 아마도 서명응이 『노자집해』에서 "强自取拄" 구절 외에 그 나머지를 『순자』에 있는 구절로 착각하고 그대로 옮긴 것 같다. 아래에 있는 『순자』와 『노자집해』의 내용을 비교해 보면, 그런 추측이 가능하다.
　　『荀子』, 「勸學篇」 第一, "肉腐生蟲, 魚枯生蠹, 怠慢忘身, 禍災乃作. 强自取柱, 柔自取束."; 『老子集解』, 76章 "是以兵强則不勝, 木强則共. 强大處下, 柔弱處上." 구절에 대한 모든 주, "共, 拱通. ○ 共, 拄也. 荀子曰, 强自取拄. 兵强者, 則敗亡, 常爲弱小之所乘, 木强者, 則支柱, 常爲衆木之所壓. 嚴氏君平曰, 天地之理, 小不載大, 輕不載重. 故强人不得爲王, 强木不得處上. ○ 拄, 音主."

306

것은 언제나 모든 나무가 짓누르는 것이 되기 때문이다. 엄군평은 "천지의 이치에는 작은 것이 큰 것을 싣지 않고, 가벼운 것이 무거운 것을 싣지 않기 때문에 강한 사람은 왕이 될 수 없고 강한 나무는 위에 있을 수 없다."[124]라고 했다.

右第七十六章.

위의 것은 제76장이다.

---

124) 『老子指歸』, 「生也柔弱篇」, "是故, 神明之道, 天地之理, 小不載大, 輕不載重. 故强人不得爲王, 强木不得處上.";『老子集解』, 76장 "是以兵强則不勝, 木强則共. 强大處下, 柔弱處上." 구절에 대한 주, "嚴君平曰, 天地之理, 小不載大, 輕不載重. 故强人不得爲王, 强木不得處上."

제77장

**天之道, 其猶張弓乎, 高者抑之, 下者擧之, 有餘者損之, 不足
者補之.**

하늘의 도는 활을 당기는 것과 같을 것이니, 높은 것은 눌러서 내
려주고 낮은 것은 들어서 올려주며, 충만한 것은 덜어서 비게 하
고, 부족한 것은 모아서 차게 한다.

弓之自弛, 爲張而施其弦也. 高處, 抑之使下, 下處, 擧之使高, 盈
者, 捹之使虛, 虛者, 窪之使盈. 夫天道之施於物也, 亦由是已.

활에서 본래 시위를 벗겨놓는 것은 시위를 걸어 당기기 위함이다. 높은
것은 눌러서 내려가도록 하고, 낮은 것은 들어서 올라가도록 하며, 충
만한 것은 덜어서 비도록 하고, 빈 것은 모아서 채우도록 한다. 천도가
사물에 시행하는 것이 또한 이와 같다는 것이다.

**天之道損有餘, 而補不足, 人之道則不然, 損不足以奉有餘.
孰能有餘以奉天下. 惟有道者.**

하늘의 도는 충분한 것에서 덜어내 부족한 것에 보태주는데, 사람
의 도는 그렇게 하지 않고 부족한 것에서 덜어내 충분한 것을 봉양
한다. 누가 충분하면서 그것으로 천하를 봉양할 수 있는가? 도를
체득한 사람만이 할 수 있다.

天道一於均平而已, 人道之不平, 其逆天甚矣. 惟有道者, 則不
然, 推己之有餘以奉天下, 而純乎天道也.

하늘의 도는 한결같이 균등하게 할뿐인데, 사람의 도는 균등하게 하지
못해 심하게 하늘에 역행한다. 도를 체득한 사람만이 그렇게 하지 않고

자신의 충분한 것을 미루어 천하를 봉양하고 하늘의 도에 흠이 없게 한다.

是以聖人爲而不恃, 功成而不處, 其不欲見賢邪. 見, 賢遍反.

이 때문에 성인께서는 무엇인가 행해 놓으시고도 그것에 의지하지 않으시고 공을 이루어 놓으시고도 자처하지 않으시니, 아마도 현명함을 드러내지 않으시려는 것이겠지! 현見자의 음은 현賢자의 'ㅎ'과 편遍자의 'ㄴ'을 반씩 취해 합한 현이다.

不欲見賢邪, 言無乃不欲自表見其賢乎. 疑其辭, 所以深許見賢也. 大寧薛氏曰, 古之人其才過人者, 則思以其才而濟物, 未嘗挾而自大也, 故役其賢智以養人. 後人之賢智者, 則自計其有以躬享佚樂爲適然. 故役乎愚不肖者, 以養己. 聖人爲而不恃, 若無能者, 功成而不居, 若無功者, 正不欲自見其賢也. 此非聖人以私意過謙, 天道當如是爾.

"현명함을 드러내지 않으시려는 것이겠지!"라고 하는 말은 '자신의 현명함을 스스로 겉으로 드러내지 않으시려는 것이 아니겠는가!'라는 말이다. 묻는 식으로 말을 한 것은 현명함을 깊이 인정하여 드러내기 위한 것이다. 대녕설씨는 다음처럼 말했다. "옛날 사람 중에 그 재주가 남보다 월등한 자는 자신의 재주로 사물을 구제할 것을 생각하고, 그 재주를 믿고 스스로 위대하다고 여기지는 않았기 때문에 그 현명함과 지혜로 봉사함으로써 사람들을 길렀던 것이다. 후대의 사람들 중에 현명하고 재주 있는 자는 자신이 가진 것으로 몸소 편안함과 즐거움을 누리는 것이 마땅하다고 스스로 생각했기 때문에 어리석고 재주 없는 자를 부려서 자신을 봉양하게 하는 것이다. 성인께서는 무엇인가 행해 놓으시고도 그것에 의지하시지 않아 무능한 것 같으셨고, 공을 이루어

놓으시고도 자처하지 않아 공이 없는 것 같으셨으니, 바로 자신의 현명함을 스스로 드러내지 않으려고 하셨기 때문이다. 이것은 성인께서 사사로운 생각으로 지나치게 겸손하려 하신 것이 아니라 하늘의 도가 마땅히 이와 같기 때문이라는 것이다."[125]

右第七十七章.

위의 것은 제77장이다.

---

125) 『老子集解』, 77章註, "見, 賢徧反. ○ 古之人其才過人者, 則思以其才而濟物, 未嘗挾而自大也. 故役其賢智以養人. 後人之賢智者, 則自計其有, 以躬享佚樂爲適然. 故役乎愚不肖者, 以養己. 聖人爲而不恃, 若無能者, 功成而不居, 若無功者, 正不欲自見其賢也. 此非聖人以私意而過謙, 天道當如是爾."

제78장

天下柔弱莫過於水, 而功堅強者, 莫之能勝, 其無以易之.
천하에서 물보다 유약한 것은 없지만 굳세고 강한 것을 공격하는
데는 무엇으로도 물을 능가할 수 없으니, 그것을 대신할 수 있는
것은 없다.

水之攻堅强, 觀於注石而石爲之磨, 駕山而山爲之摧, 灌城而城
爲之陷, 皆可驗也. 無以易之, 謂天下之物, 無以易水也.
물이 굳세고 강한 것을 공격하는 것은 돌에 떨어지면 돌이 그 때문에
닳아 없어지고, 산으로 올라가면 산이 그 때문에 무너지며, 성에 부딪
히면 성이 그 때문에 함몰되는 것에서 살펴보면 모두 증험할 수 있다.
'대신할 수 있는 것은 없다'는 말은 천하의 사물 중에 물을 대신할 수
있는 것은 없다는 말이다.

弱之勝强, 柔之勝剛, 天下莫不知, 莫能行. 是以聖人云, 受國
之垢, 是謂社稷主, 受國之不祥, 是謂天下王, 正言若反.
약한 것이 강한 것을 이기고 부드러운 것이 굳센 것을 이기는데,
천하에서 아무도 알지 못하고 행하지 못한다. 이 때문에 성인께서
"나라의 더러운 것을 받아들이면 이것을 사직의 주인이라 하고, 나
라의 상서롭지 못한 것을 받아들이면 이것을 천하의 왕이라 한다."
라고 말씀하셨으니, 바르게 하신 말씀이 마치 거꾸로 하신 말씀인
것 같다.

垢, 恥辱也. 傳曰, 國君含垢, 天之道也, 意與此合. 盖受國之垢,
如漢文遜辭卑禮於越陀, 而越陀稱臣, 是也. 受國之不祥, 如宋景

以熒惑之災, 欲移於己, 而熒惑徒三度, 是也. 正言若反, 謂聖人
所言, 乃是正理, 而自世俗之不知者觀之, 殆若反于正理也.

'더러운 것'(垢)은 치욕이다. 『좌전』[126]에 "나라의 임금이 더러운 것을
받아들이는 것은 하늘의 도이다."[127]라고 했는데 그 의미가 이 구절과
합한다. 대개 '나라의 더러운 것을 받아들인다.'는 것은 이를테면 한漢
의 문제文帝가 월타越陀에게 양보하고 낮추며 예우하니, 월타가 신하
로 자칭했다는 것이 여기에 해당한다. '나라의 상서롭지 못한 것을 받
아들인다.'는 것은 이를테면 송宋의 경제景帝가 형혹熒惑[128]의 재앙을
자신의 탓으로 돌리고자 하니, 형혹이 3°를 옮겨 비껴갔다는 것이 여기
에 해당한다.[129] '바르게 하신 말씀이 거꾸로 하신 말씀인 것 같다'는
것은 성인께서 하신 말씀은 그야말로 올바른 이치이지만 세속의 알지
못하는 사람을 기준으로 보면 거의 올바른 이치에 반대되는 것 같다는
말이다.

右第七十八章.
위의 것은 제78장이다.

---

126) 『좌전』:『춘추좌씨전春秋左氏傳』의 준말로『춘추春秋』의 해석서이다. 노나
     라 사관 좌구명左丘明이 지었다고 하는 것으로 삼십권이다.
127) 『左傳』,「宣公」, "川澤納汚, 山藪藏疾, 瑾瑜匿瑕, 國君含垢, 天之道也.";
     『老子集解』, 78章註, "天下亦知…. ……. 傳曰, 國君含垢, 天之道也. 如句
     踐入宦於吳, 而越卒以霸, …. ……."
128) 형혹熒惑 : 재앙·전쟁의 조짐을 보인다는 별 이름으로 화성이다.
129) 문제와 경제에 관한 이야기는 출처를 확인하지 못했다.

제79장

和大怨, 必有餘怨, 安可以爲善.

큰 원한은 화해시켜도 반드시 앙금이 남으니 어찌 잘 했다고 할 수 있겠는가?

和, 如周禮調人掌司萬民之難, 而諧和之之和, 謂和解之也. 言旣有大怨, 則雖和解之, 必有餘怨在其心, 安可以爲善乎. 未若初無大怨之爲善也.

'화해시킨다'(和)는 말은 『주례』에서 "조인調人[130]은 만민의 어려움을 주관하고 사찰하면서 화해시킨다."[131]고 할 때의 화해시킨다는 것과 같으니, 화해시키는 것을 말한다. 이미 큰 원한이 생겼다면 비록 화해시킬지라도 반드시 그 마음에 앙금이 남으니 어찌 잘 했다고 할 수 있겠는가? 처음부터 큰 원망이 없이 좋은 것만 못하다.

是以聖人執左契, 而不責於人.

이 때문에 성인은 왼쪽 문서를 잡고 남에게 [그 계약대로 이행하기를] 따지지 않는다.

契者, 兩書一札, 割而分之. 左契, 所以待合, 右契, 所以責取也, 言聖人惟施與於人, 而不責取其報已. 蓋以己有德於人而忘之, 明人有怨於己而忘之也.

---

130) 조인調人 : 주나라 시대의 관명으로 사람들의 분쟁을 화해시켜주는 일을 담당했다.
131) 『周禮』, 「地官司徒第二」, "調人掌司萬民之難而諧和之."

'문서'(契)는 하나의 문서에 양자가 서명을 해서 나눠가지고 있는 것이다. 왼쪽의 문서는 [계약대로] 맞추도록 하기 위한 것이고, 오른 쪽 문서는 [계약대로] 따져 취하도록 하기 위한 것이니, 성인께서는 단지 남에게 베풀기만 하고 그 보답을 따져 취하지 않는다는 말이다. 대개 자신이 남에게 덕을 베풀었음에도 잊고 마는 것을 가지고 남이 나에게 원한이 있음에도 잊고 마는 것에 대해 밝혔다.[132]

有德司契, 無德司徹.

덕이 있으면 문서를 사찰하고, 덕이 없으면 세금 걷는 것을 사찰한다.

徹, 謂徹法. 周人爲井地, 而中爲公田, 什一取之, 謂之助法. 夏人, 則無公田, 通七十畝, 什一取之, 謂之徹法. 有德者, 與人而不取於人, 故司契. 司契, 卽司徒之事也. 無德者, 但知取人, 而不知與人, 故司徹. 司徹, 卽稼人之事也. 語意, 若孟子所云, 賢者在位, 能者在職也.

'세금 걷는 것'(徹)은 '철법'徹法을 말한다. 주나라 사람들은 농지를 우물 정井자로 나누어서 가운데 농지를 공전公田으로 삼고는 10분의 1을 세금으로 취했으니, 그것을 '조법'助法이라고 했다. 하나라 사람들은 공전을 두지 않고 70묘를 통괄해서 10분의 1을 세금으로 취했으니, 그것을 '철법'徹法이라고 한다. 덕이 있는 자는 사람들에게 주고 취하지 않기 때문에 문서를 사찰한다. 문서를 사찰하는 것은 곧 '사도'司徒[133]의

---

132) 『老子集解』, 79장 "是以聖人執左契, 而不責於人." 구절에 대한 주, "契者, 兩書一札, 同而別之. 左契, 所以與, 右契, 所以取. 周禮……. 言聖人惟施與於人, 而不責取其報已. 有德於人而忘之, 則人有怨於己而忘之, 從可知矣."

일이다. 덕이 없는 자는 단지 남에게 취할 줄만 알고 줄줄 모르므로 세금 걷는 것을 사찰한다. 세금 걷는 것을 사찰하는 것은 곧 '가인稼人'의 일이다. 말의 의미가 맹자에서 말한 "현자는 지위가 있고 재능 있는 자는 직책이 있다."[134]고 한 것과 같다.

天道無親, 常與善人.

하늘의 도는 친한 것이 없이 항상 선한 사람과 함께 한다.

天道常與善人. 故聖人立心, 常爲善事, 不責於人者, 以其與天合德故也.

하늘의 도는 언제나 선한 사람과 함께 한다. 그러므로 성인이 마음을 세워 항상 선한 일을 하고 남에게 [보답을] 따지지 않는 것은 하늘과 덕을 합했기 때문이다.

右第七十九章.

위의 것은 제79장이다.

---

133) 사도司徒 : 주나라 때 교육을 담당한 벼슬이다.
134) 『孟子』, 「公孫丑章句上」, "孟子曰 ……. 如惡之, 莫如貴德而尊士, 賢者在位, 能者在職."

제80장

小國寡民, 使有什伯之器而不用, 使民重死而不遠徙.

나라의 영토를 작게 하고, 백성의 수를 적게 하며, 뛰어난 기구가
있을지라도 쓸 곳이 없게 하고, 백성이 죽는 것을 가볍게 여기지
못하도록 하며, 멀리 이사하지 못하도록 한다.

狹小之國, 寡少之民, 可使通國中, 但有什伯[135]之器, 而亦無所
用之, 則其事簡俗質, 可知也. 況使之樂其生而重死, 安其土而不
徙. 則其心之熙熙咥咥, 何異羲農之民乎.

협소한 나라에 적은 수의 백성이 나라 안에서 왕래하도록 하면서 단지
뛰어난 기구가 있을지라도 또한 쓸 곳이 없게 하는 것이라면, 그 일이
간략하고 풍속이 질박함을 알 수 있는 것이다. 하물며 그 삶을 즐겁게
여겨 죽는 것을 가볍게 여기지 못하도록 하고, 그 땅을 편안히 여겨
다른 곳으로 이사하지 못하도록 함에야 말해 무엇 하겠는가! 그렇다면
마음속으로 희희낙락하는 것이 어찌 복희씨나 신농씨 때의 백성과 다르
겠는가?

雖有舟輿, 無所乘之, 雖有甲兵, 無所陳之, 使人復結繩而用之.

배와 수레가 있을지라도 탈 일이 없고, 갑옷과 병기가 있을지라도
전쟁할 곳이 없으니, 사람들에게 새끼를 묶어 여러 가지 부호로
사용하는 것을 회복해서 펴게 할 수 있다.

不事末利, 故舟輿無用, 不事征伐, 故甲兵無用. 夫如是, 則其使

---

135) 伯 : 필사본에는 '百'자로 되어 있는 것을 수정했다.

316

民也, 可以復用上古結繩之政也.

말단의 이로움을 일삼지 않기 때문에 배와 수레를 쓸 일이 없고, 정벌을 일삼지 않기 때문에 갑옷과 병기를 사용할 곳이 없다. 이와 같이 되면 백성들을 부림에 아주 옛날에 새끼를 묶어 여러 가지 부호로 하던 때의 정사를 회복해서 펼 수 있다.

甘其食, 美其服, 安其居, 樂其俗.

그 음식을 맛있게 여기고 그 의복을 아름답게 여기며, 그 거처를 편안하게 여기고 그 풍속을 즐겁게 여긴다.

雖疏食, 亦自以爲甘, 雖惡衣, 亦自以爲美, 雖陋室, 亦自以爲安, 雖樸俗, 亦自以爲樂也.

거친 음식일지라도 스스로 맛있다고 여기고, 초라한 옷일지라도 스스로 아름답다고 생각하며, 누추한 집일지라도 스스로 편안하다고 여기고, 소박한 풍속일지라도 스스로 즐겁다고 생각한다.

隣國相望, 鷄犬之聲相聞, 民至老死, 不相往來.

이웃 나라에서 서로 바라볼 수 있고 닭 울음소리와 개 짖는 소리가 서로 들릴 정도일지라도 백성들이 늙어 죽을 때까지 서로 왕래하지 않는다.

相望相聞, 言民衆戶盛也. 不相往來, 言無爲無求也. 潁濱蘇氏曰, 老子生於周衰俗弊, 將以無爲救之. 故書終言其志願, 得小國以試焉, 而不可得也.

'서로 바라볼 수 있고 소리가 서로 들린다'는 것은 백성들이 많고 가호

가 번성하다는 말이다. '서로 왕래하지 않는다'는 것은 할 것이 없고
구할 것이 없다는 말이다. 영빈소씨는 "노자는 주나라 말기에 풍속이
쇠퇴한 때에 태어나서 '아무 것도 함이 없는 것'(無爲)으로 세상을 구하
려고 했다. 그러므로 책의 끝에서 그 바라는 바를 말했으니, 작은 나라
를 얻어 이것을 시험해 봐야 하는데 그렇게 할 수 없었던 것이다."[136]
라고 했다.

右第八十章.
위의 것은 제80장이다.

---

136) 『老子集解』 80章 "隣國相望, 鷄犬之聲相聞, 民至老死不相往來." 구절에
대한 주, "望, 平聲. ○ 相望相聞, 言至近, 不相往來, 無求故也. 蘇子由曰:
'老子生於衰周, 文勝俗弊, 將以無爲救之. 故於其書之終, 言其所志願, 得
小國以試焉, 而不可得爾.'"; 『老子解』, 80章, "小國寡民" 구절에 대한 주,
"老子生於衰周, 文勝俗弊, 將以無爲救之. 故于書之終, 言其所志願, 得
小國以試焉, 而不可得耳."

318

제81장

信者不美, 美言不信. 善者不辯, 辯者不善. 知者不博, 博者不知.
진실한 것은 아름답지 않고 아름다운 말은 진실하지 않다. 착실한
것은 말을 잘하지 않고 말을 잘하는 것은 착실하지 않다. 아는 자
는 박식하지 않고 박식한 자는 알지 못한다.

言之實者, 不假華藻, 故不美. 言之美者, 未必有其實, 故不信. 事
之善者, 不假夸張, 故不辯. 事之辯者, 未必如其言, 故不善. 知之
眞者, 不假泛溢, 故不博. 知之博者, 未必得其要, 故不知.
말에 내실이 있는 것은 화려하게 꾸밀 필요가 없기 때문에 아름답지
않다. 말이 아름다운 것은 반드시 내실이 없기 때문에 미덥지 않다.
일이 착실한 것은 과장할 필요가 없기 때문에 말을 잘하지 않는다. 일
에 말을 잘하는 것은 반드시 그 말과 같지 않기 때문에 착실하지 않다.
앎이 참된 것은 헛되게 넘치지 않기 때문에 박식하지 않다. 앎이 박식
한 것은 반드시 그 요점을 얻지 못했기 때문에 알지 못한다.

聖人無積, 旣以爲人, 己愈有, 旣以與人, 己愈多.
성인은 쌓아두지 않고 이미 남을 위해 주는 것으로써 자신이 더욱
소유하게 하고, 이미 남에게 주는 것으로써 자신이 더욱 많아지게
한다.

積, 藏也. 聖人無藏積, 凡其爲人與人, 乃己之藏積. 故施及天下,
覃于後世, 莫非己之藏積, 而愈有愈多也.
'쌓아둔다'(積)는 것은 저장해놓는다는 것이다. 성인은 저장해놓고 쌓
아두는 것 없이 모두 남을 위하고 남에게 주니, 그야말로 바로 자신이

저장해놓고 쌓아두는 것이다. 그러므로 널리 천하에 미치고 후세에까지 이어져 어느 것 하나 자신의 저장해둠과 쌓아둠이 아닌 것이 없도록 해서 더욱 소유하고 더욱 많아지게 하는 것이다.

天之道, 利而不害, 聖人之道, 爲而不爭.

하늘의 도는 [만물을] 이롭게 하면서 해치지 않고, 성인의 도는 [천하를] 위해주면서 다투지 않는다.

天育萬物, 利而無害, 聖濟天下, 施而不爭. 惟其如是, 所以有上文之愈有愈多. 蓋至此, 始指言信不美善不辯, 知不博之實也. 大寧薛氏曰, 二篇之中, 屢伸此意, 至於卒章, 復以是終之, 盖老子爲書之大指也.

하늘이 만물을 기름에 이롭게 하면서 해치지 않고, 성인이 천하를 구제함에 베풀어주면서 다투지 않는다. 오직 이처럼 하는 것이 위의 구절에서 더욱 소유하게 되고 더욱 많아지게 되는 까닭이다. 대개 이 구절에 와서 말이 진실한 것은 아름답지 않고, 착실한 것은 말을 잘하지 않으며, 아는 자는 박식하지 않다는 내용에 대해 비로소 지적했다. 대녕설씨는 "『도덕경』 두 편중에서 누차 이런 의미를 거듭하고, 마지막 장에 와서 다시 이로써 종결했다."[137]고 했으니, 노자가 책을 지은 큰 목표이다.

右第八十一章.

위의 것은 제81장이다.

---

137) 『老子集解』, 81장 "天之道, 利而不害, 聖人之道, 爲而不爭." 구절에 대한 주, "……. 是以二篇之中, 蓋屢伸之, 至於卒章, 而復以是終焉. 嗚虖深哉."

自第六十七章至此, 凡十五章爲一節, 而以知信結之於終焉. 盖知是冬水, 信是中土, 以知信爲道德之成始成終, 卽黃鐘宮土生於冬水之象也. 然上篇則知信居五土之始終, 而下篇則知信并爲一書之終, 何也. 大凡造化必有兩於終. 如四方之北, 龜蛇爲兩之類, 是也. 故古聖立言, 皆以兩終之. 易之終旣未濟爲兩, 書之終秦費誓爲兩, 詩之終魯商頌爲兩, 堯典之終兩欽哉爲兩, 大學之終兩義利爲兩, 皆所以象造化也. 況老子以冬至陽復爲之道. 則是其旣成今歲之事, 又始來歲之事, 亦一龜蛇之兩也. 故以知信兩終於一書, 其旨微矣.

제67장부터 여기 81장까지 모두 15장을 하나의 절을 삼아[138] 지知와 신信으로 마지막을 맺었다. 대개 지知는 [오행으로 보면] 겨울(冬)과 물(水)이며, 신信은 중앙(中)과 흙(土)이다. 지와 신을 도덕의 시작과 끝을 이루는 것으로 여기면, 곧 [12율에서 양률인] 황종黃鐘과 궁토宮土가 겨울과 물에서 나오는 형상이다. 그런데 상편에서는 지와 신을 오토五土의 시작과 끝에 두고,[139] 하편에서는 지와 신을 한꺼번에 책의 끝으로 한 것은 무엇 때문인가? 대략 조화는 반드시 끝을 둘로 하는 것이다. 이를테면 사방의 북쪽을 거북과 뱀이라는 둘로 하는 것과 같은

---

138) 『參同攷』卷一「初擬攷」第一 "七八道已窮屈折低下降" 구절에 대한 주에서 서명응이 다음과 같이 한 말을 참고할 필요가 있다. "15라고 하지 않고 7·8이라고 한 것은 7이 소양이고 8이 소음이니 소음과 소양을 합하면 15이기 때문이다.(不曰十五, 而曰七八者, 七爲少陽, 八爲少陰, 合二少而爲十五也.)"

139) 『道德指歸』, 지知는 32장의 "知人者智, 自知者明." 구절에서 바로 지知를 지적하여 말한 것이다. 신信은 36장의 "王侯若能守, 萬物將自化." 구절에서 수守를 지적하여 말한 것이다. 수守에 대해 "본문의 수守는 '진실'(信)을 가지고 말한 것이다. 아무것도 하지 않음을 진실하게 하면 감화되지 않는 것이 없다.(守, 以信言之, 守無爲, 則無不化也.)"라고 주석하고 있기 때문이다.

것이 여기에 해당한다. 그러므로 옛날에 성인은 말을 할 때 모두 둘로 끝을 마쳤다. 『역경』의 끝을 「기제旣濟」와 「미제未濟」라는 둘로 했고, 『서경書經』의 끝을 「진서秦誓」와 「비서費誓」라는 둘로 했으며, 『시경詩經』의 끝을 「노송魯頌」과 「상송商頌」이라는 둘로 했고, [『서경』에서] 「요전堯典」의 끝을 두 번의 "흠재欽哉"라는 둘로 했으며,140) 『대학』의 끝을 의義와 리利라는 두 가지로 했으니,141) 모두 조화를 본뜬 것이다. 그런데 하물며 노자가 동지에 양이 회복되는 것으로 도를 삼고 있음에야 말해 무엇 하겠는가! 그렇다면 이것은 올해의 일을 이미 이루어 놓고 또 내년의 일을 시작하는 것이니, 또한 거북과 뱀을 가지고 둘로 하는 것의 일종이다. 그러므로 지와 신을 가지고 한 권의 책을 두 가지로 종결했으니 그 뜻이 미묘하다.

老子上下二篇　共八十一章, 傳自河上公以及劉氏向. 而嚴氏君平分爲七十二章. 王氏弼未嘗分章, 司馬溫公雖從王本, 然其註意, 與八十一章者合. 臨川吳氏分爲六十八章. 夫八十一者, 乃九九之積, 陽復之始, 乾元之數, 黃鐘之分, 而細微柔弱樸素, 皆本於此數. 使老子而不分章則已, 果分章也, 其必象道之本乎, 今從劉本以八十一章爲正云.

『노자』의 상하 두 편은 모두 81장으로 하상공河上公으로부터 유향劉向에게까지 전해졌다. 그런데 엄군평嚴君平은 그것을 72장으로 장을 나누었다. 왕필王弼은 장을 나눈 적이 없고, 사마온공司馬溫公은 비록 왕필본을 따랐을지라도 그 주석의 의미는 81장으로 한 것과 합치한다.

---

140) 『書經』, 「堯典」, "……. 帝曰, 我其試哉, 女于時, 觀厥刑于二女, 釐降二女于嬀汭, 嬪于虞. 帝曰, 欽哉."
141) 『大學』, "長國家而務財用者, 必自小人矣. 彼爲善之, 小人之使爲國家, 菑害並至. 雖有善者, 亦無如之何矣. 此謂國不以利爲利, 以義爲利也."

오징吳澄은 68장으로 나누었다. 81이란 9·9의 누적이고 양陽이 회복
되는 시작이며, 건원乾元의 수이고 황종黃鐘의 나눔이어서 세미하고
유약하며 소박한 것은 모두 이 수를 근본으로 한다. 가령 노자가 장을
나누지 않았다면 그뿐이지만, 마침내 장을 나누었다면 반드시 도의 근
본을 본받았을 것이니, 이제 유향의 본을 따라 81장을 바른 것으로 여
겼다고 하겠다.[142]

---

142) 『老子集解』 81章 마지막에 장을 총괄하는 주, "老子書舊分八十一章, 或
謂出河上公, 或以爲劉向所定著. 然皆無所考, 大抵其由來遠矣. 故諸家
注本, 多從之王輔嗣. 司馬公本, 雖不分章, 迺其注意, 實與分章者, 相合.
獨嚴君平分爲七十二章, 吳幼淸分爲六十八章. 予觀八十一章, 其文辭之
首尾, 段次之離合, 皆有意義. 嚴吳所分, 蓋不逮也. 要之八十一章者, 近
之矣."

『道德經考異』
『도덕경고이』

『도덕경고이』의 내용이 명대明代 설군채薛君采의 『노자고이老子考異』와 거의 동일하고, 장章을 나눈 것이 『도덕지귀』와 같지 않다. 이런 점에서 『도덕경고이』는 서명응의 저작이 아니라 설군채의 『노자고이』를 거의 그대로 베낀 것으로 보인다. 『도덕지귀』를 정유丁酉(1777)년에 산정하다가 중간에 유실했던 점을 참고할 때, 『도덕경고이』를 저술하기 위해 참고로 『노자고이』를 베껴 놓았던 것이 손자 서유구의 손을 거쳐 거의 그대로 전해진 것 같다는 말이다.

第二章

萬物作而不辭. 作下一有焉字.

만물이 흥기해도 말하지 않는다. '작'作 아래에 어떤 본에는 '언'焉자가
있다.

第三章

聖人之治. 一無之治二字.

성인의 다스림. 어떤 본에는 '지치'之治 두 글자가 없다.

爲無爲, 則無不治矣. 一無矣字.

무엇인가 하는데도 하는 것이 없으니, 다스려지지 않는 것이 없다. 어
떤 본에는 '의'矣자가 없다.

第四章

或不盈. 或下一有似字.

채워져 있지 않은 듯하다. '혹'或 아래에 어떤 본에는 '사'似자가 있다.

第七章

故能[1]長久. 久一作生.

그러므로 장구할 수 있다. '구'久가 어떤 본에는 '생'生으로 되어 있다.

第八章

故幾於道矣. 一無矣字.

---

1) 필사본에는 능能자가 무無자로 되어 있지만 『도덕지귀』 7장에는 능能자로 되
   어 있어 수정했다.

326

그러므로 도에 가깝다. 어떤 본에는 '의'矣자가 없다.

第九章

功成名遂, 身退. 名一作事. 一無成名二字.

공을 이루고 이름을 성취하고는 자신이 물러난다. '명'名이 어떤 본에는 '사'事로 되어 있다. 어떤 본에는 '성명'成名 두 글자가 없다.

第十章

能無離乎. 一無乎字. 下五句幷同.

이탈이 없게 할 수 있겠는가? 어떤 본에는 '호'乎자가 없다. 아래의 다섯 구절에서도 모두 같다.

生之畜之. 一無此二句.

무엇인가 낳아놓고 길러준다. 어떤 본에는 이 두 구절이 없다.

第十三章

是謂寵辱若驚. 一無此句.

이것이 총애를 얻거나 치욕을 당하거나 마치 깜짝 놀란 것처럼 한다는 말이다. 어떤 본에는 이 구절이 없다.

故貴以身爲天下者, 可以寄天下, 愛以身爲天下者, 可以托天下. 一無二者字. 可以一幷作若可, 一幷作可以, 一幷作則可以. 寄托二字下, 一幷有於字.

그러므로 귀하게 여기는 것이 자신을 천하로 여기는 것이라면 천하를 맡길 수 있고, 아끼는 것이 자신을 천하로 여기는 것이라면 천하를 의

탁할 수 있다. 어떤 본에는 두 번의 '자'著자가 없다. '가이'可以가 어떤 본에는 모두 '약가'若可로 되어 있고, 어떤 본에는 모두 '약가이'若可以로 되어 있으며, 어떤 본에는 모두 '즉가이'則可以로 되어 있다. '기탁'寄託 두 글자의 아래에 어떤 본에는 모두 '어'於자가 있다.

第十四章

繩繩不可名. 繩下一有兮字.

끊임없이 이어지는데도 무엇이라고 이름 붙일 수 없다. '승'繩자의 아래에 어떤 본에는 '혜'兮자가 있다.

第十五章

豫兮若冬涉川, 猶兮若畏四隣. 一無二兮字.

망설이는 것은 마치 겨울에 내를 건너는 것과 같고, 어쩔 줄 모르는 것은 마치 사방의 인접국을 두려워하는 것과 같다. 어떤 본에는 두 번의 '혜'兮자가 없다.

儼若客, 渙若冰將釋. 一作儼兮其若客, 渙兮若氷之將釋.

점잖기는 손님과 같고, 녹아버리는 것은 얼음 풀리는 것과 같다. 어떤 본에는 '엄혜기약객'儼兮其若客, '환혜약빙지장석'渙兮若氷之將釋으로 되어 있다.

安以久之. 久一作動. [此句]一作安以久動之.

편하면 편한 그대로 오래도록 있다. '구'久가 어떤 본에는 '동'動자로 되어 있다. [이 구절이] 어떤 본에는 '안이구동지'安以久動之로 되어 있다.

故能敝不新成. 故一作是以. [此句]一作是以能敝復成.

그러므로 낡게 되어서 새롭게 완성할 일이 없다. '고'故자가 어떤 본에는 시이是以로 되어 있다. [이 구절이] 어떤 본에는 '시이능폐부성'是以能敝復成으로 되어 있다.

第十六章

各歸其根. 各[下有一復字.

제각기 그 근본으로 되돌아간다. '각'各[의 아래에] 어떤 본에는 '부'復자가 있다.

第十七章

其次親之譽之. 親之一作親而.

그 다음 정도의 왕에 대해서는 [아래 사람들이] 가까이하고 칭송한다. '친지'親之가 어떤 본에는 '친이'親而로 되어 있다.

其次畏之, 其次侮之. 一無下其次二字.

그 다음 정도의 왕에 대해서는 [아래 사람들이] 두려워한다. 그 다음 정도의 왕에 대해서는 [아래 사람들이] 모멸한다. 어떤 본에는 아래의 '기차'其次 두 글자가 없다.

信不足, 有不信. 信不上一有故字, 足下一有焉字.

믿음이 부족하니 믿지 못하는 것이 있다. '신부'信不의 위에 어떤 본에는 '고'故자가 있고, '족'足자 아래에 어떤 본에는 '언'焉자가 있다.

猶兮其貴言. 一無兮字.

느긋하게 말을 아낀다. 어떤 본에는 '혜'兮자가 없다.

百姓皆曰我自然. 一無皆字. 曰一作謂.

백성들은 모두 자신이 스스로 그렇게 되도록 만들었다고 한다. 어떤 본에는 '개'皆자가 없다. '왈'曰이 어떤 본에는 '위'謂로 되어 있다.

第十八章

六親不和, 有孝慈. 慈一作子.

육친이 화목하지 못하니 효도와 자애가 나왔다. '자'慈가 어떤 본에는 '자'子로 되어 있다.

第二十章

如登春臺. 一春字在登下.

봄날 누대에 올라갔을 때처럼. 어떤 본에는 '춘'春자가 '등'登의 아래에 있다.

乘乘兮, 若無所歸. 乘乘一作儽儽.

곤궁해서 귀착할 곳이 없는 사람 같다. '승승'乘乘이 어떤 본에는 '내래'儽儽로 되어 있다.

沌沌兮. 一作沌沌.

혼돈스럽구나! 어떤 본에는 '돈돈'沌沌으로 되어 있다.

我獨若昏. 若昏一作昏昏.

나만 어수룩하다. '약혼'若昏이 어떤 본에는 '혼혼'昏昏으로 되어 있다.

忽若晦, 寂若無所止. 晦一作海. [此句]一作忽兮其若晦, 飄兮似無所止, 一作澹兮其若海, 飂兮若無止, 一作漂兮其若海, 飂兮若無所止.

갑자기 어둠 속에 있는 듯하고, 쓸쓸히 머물 곳이 없는 듯하다. '회'晦자가 어떤 본에는 '해'海로 되어 있다. [이 구절은 어떤 본에는 '홀혜기약회'忽兮其若晦, '표혜사무소지'飄兮似無所止로 되어 있고, 어떤 본에는 '담혜기약해'澹兮其若海, '요혜약무지'飂兮若無止로 되어 있으며, 어떤 본에는 '표혜기약해'漂兮其若海, '요혜약무소지'飂兮若無所止로 되어 있다.

我獨異於人, 而貴食母. 食下有一於字. [下句]一作而貴求食於母.

나만 남과 달리 먹여주는 어미를 귀하게 여긴다. '식'食의 아래에 어떤 본에는 어於자가 있다. [아래의 구절이] 어떤 본에는 '이귀구식어모'而貴求食於母로 되어 있다.

惚兮恍兮, 其中有象, 恍兮惚兮, 其中有物. 窈兮冥兮, 其中有精. 三其字上, 一幷無兮字. 一無三其字, 句末幷有兮字.

황홀하고 황홀해 그 가운데 형상이 있고, 황홀하고 황홀해 그 가운데 사물이 있으며, 조용하고 깊어 그 가운데 정기가 있다. 세 번의 '기'其자의 위에 어떤 본에는 모두 '혜'兮자가 없다. 어떤 본에는 세 번의 '기'其자가 없고 구의 끝에 모두 '혜'兮자가 있다.

第二三章3)

飄風不終朝. 飄上一有故字.

회오리바람은 아침을 넘기지 않는다. '표'飄의 위에 어떤 본에는 '고'故자가 있다.

故從事於道者, 同於道. 者下一重出道者二字.

그러므로 도에 종사하는 자는 도와 하나가 된다. '자'者의 아래에 어떤 본에는 '도자'道者 두 글자가 거듭 나와 있다.

同於道者, 道亦得之, 同於德者, 德亦得之, 同於失者, 失亦得之. 一三亦字下幷有樂字.

---

2)『도덕지귀』에는 이 장이 37장으로 되어있다.
3)『도덕지귀』에는 여기의 23장이 22장으로 되어 있다. 37장까지 동일하게 1장씩 줄어 있다.

도와 하나가 될 경우 도도 얻는 것이 있고, 덕과 하나가 될 경우 덕도 얻는 것이 있고, 잘못된 것과 하나가 될 경우 잘못된 것도 얻는 것이 있다. 어떤 본에는 세 번의 '역'亦자의 아래에 모두 '락'樂자가 있다.

第二十四章

其於道也. 於一作在.

도의 관점에서는. '어'於가 어떤 본에는 '재'在로 되어 있다.

第二十五章

强爲之名曰大. 一作强名之曰大.

억지로 이름 붙여서 큰 것이라고 한다. 어떤 본에는 '강명지왈대'强名之曰大로 되어 있다.

而王居其一焉. 一無而字. [此句]一作而王處一焉.

왕이 그 하나를 차지하고 있다. 어떤 본에는 '이'而자가 없다. [이 구절은] 어떤 본에는 '이왕처일언'而王處一焉으로 되어 있다.

第二十六章

奈何萬乘之主. 奈一作如.

어찌 천자의 신분이 되어서. '내'奈가 어떤 본에는 '여'如로 되어 있다.

輕則失臣. 臣一作根, 一作本.

가볍게 보면 신하를 잃게 된다. '신'臣이 어떤 본에는 '근'根으로 되어 있고, 어떤 본에는 '본'本으로 되어 있다.

第二十七章

善計, 不用籌策. 計一作數.

사물을 잘 헤아리는 자는 산가지를 사용하지 않는다. '계'計가 어떤 본에는 '수'數로 되어 있다.

第二十九章

故物或行或隨. 故一作凡.

그러므로 사물들 중에는 혹 앞서 나가는 것도 있고 뒤에 따라가는 것도 있다. '고'故가 어떤 본에는 '범'凡으로 되어 있다.

第三十章

善者果而已. 善上一有故字, 已下一有矣字.

뛰어난 자는 용기 있게 과감할 뿐이다. '선'善의 위에 어떤 본에는 '고'故자가 있고, '이'已의 아래에 어떤 본에는 '의'矣자가 있다.

不敢以取强. 强下一有焉字.

감히 강자가 되려고 하지 않는다. '강'强의 아래에 어떤 본에는 '언'焉자가 있다.

果而勿强. 一作是果而勿强, 一作是謂果而勿强.

과감하지만 강자가 되려고 하지 않는다. 어떤 본에는 '시과이물강'是果而勿强으로 되어 있고, 어떤 본에는 '시위과이물강'是謂果而勿强으로 되어 있다.

第三十一章

夫佳兵者, 不詳之器. 一無之器二字.

뛰어난 군대란 상서롭지 못한 것이다. 어떤 본에는 '지기'之器 두 글자가
없다.

勝而不美. 而美之者, 是樂殺人也. 而美一作若美. 一無而字, 一無也
字. [此句]一作故不美也. 若美, 必樂之. 樂之者, 是樂殺人也.

승리를 할지라도 달가워하지 않는다. 승리를 달가워하는 자는 바로 살
인을 즐기는 사람이다. '이미'而美는 어떤 본에는 '약미'若美로 되어 있다.
어떤 본에는 '이'而자가 없고, 어떤 본에는 '야'也자가 없다. [이 구절이] 어떤
본에는 '고불미야'故不美也. '약미'若美, '필락지'必樂之. '락지자'樂之者, '시락살
인야'是樂殺人也로 되어 있다.

不可得志於天下矣. 可下一有以字, 一無矣字.

천하에서 뜻을 이룰 수 없다. '가'可의 아래에 어떤 본에는 '이'以자가 있고,
어떤 본에는 '의'矣자가 없다.

偏將軍處左. 偏上一有是以[二]字.

편장군은 왼쪽에 자리잡는다. '편'偏의 위에 어떤 본에는 '시이'是以 [두]
글자가 있다.

言以喪禮處之. 一作言居上勢, 則以喪禮處之.

상례喪禮로 모든 것을 처리한다는 말이다. 어떤 본에는 '언거상세'言居上
勢, '즉이상례처지'則以喪禮處之로 되어 있다.

第三十二章
樸雖小, 天下不敢臣. 一無樸雖小一句. 不敢臣, 一作莫能臣也.

질박해 비록 하잘 것 없을지라도 천하에서 감히 어느 누구도 신하 삼을
수 없다. 어떤 본에는 '박수소'樸雖小 한 구절이 없다. '불감신'樸雖小은 어떤

본에는 '막능신야'莫能臣也로 되어 있다.

萬物將自賓. 萬物一作天下.

만물은 저절로 손님이 될 것이다. '만물'萬物이 어떤 본에는 '천하'天下로
되어 있다.

民莫之令而自均. 民一作人.

백성들은 아무도 명령하지 않아도 저절로 균일하게 될 것이다. '민'民이
어떤 본에는 '인'人으로 되어 있다.

猶川谷之與江海. 與一作於.

하천과 골짜기가 강과 바다로 흘러가 함께 하는 것과 같다. '여'與가 어
떤 본에는 '어'於로 되어 있다.

第三十四章

功成不名有. 一無此句. 一作功成而不居.

공을 이루어도 공이 있다고 이름붙이지 않는다. 어떤 본에는 이 구절이
없다. 어떤 본에는 '공성이불거'功成而不居로 되어 있다.

愛養萬物而不爲主. 愛養, 一作衣被.

만물을 아끼고 길러주어도 주인노릇하지 않는다. '애양'愛養이 어떤 본에
는 '의피'衣被로 되어 있다.

萬物歸焉, 而不爲主. 焉一作之爲, 一作知.

만물이 되돌아와도 주인노릇을 하지 않는다. '언'焉이 어떤 본에는 '지위'
之爲로 되어 있고, 어떤 본에는 '지'知로 되어 있다.

是以聖人終不爲大, 故能成其大. 一作以其終不自爲大. 故能成其大.

一作是以聖人能成其大也, 以其不自大. 故能成其大.

이것을 본받음으로써 성인은 끝내 대단한 일을 하지 않는다. 그러므로 그 대단함을 이룰 수 있다. 어떤 본에는 '이기종부자위대'以其終不自爲大, '고능성기대'故能成其大로 되어 있고, 어떤 본에는 '시이성인능성기대야'是以聖人能成其大也, '이기부자대'以其不自大, '고능성기대'故能成其大로 되어 있다.

第三十六章

柔勝剛, 弱勝強. 柔弱下一幷有之字. [此句]一作柔弱勝剛強.

부드러운 것이 굳센 것보다 뛰어나고 약한 것이 강한 것보다 뛰어나다. '유'柔와 '약'弱의 아래에 어떤 본에는 모두 '지'之자가 있다. [이 구절이] 어떤 본에는 '유약승강강'柔弱勝剛強으로 되어 있다.

第三十七章

不欲以靜. 不欲一作無欲.

아무 것도 하고자 하지 않아 가만히 있다. '불욕'不欲이 어떤 본에는 '무욕' 無欲으로 되어 있다.

天下將自正. 正一作定.

천하는 저절로 바르게 될 것이다. '정'正이 어떤 본에는 '정'定으로 되어 있다.

第三十八章

處其厚, 不處其薄, 居其實, 不居其華. 一作處其厚, 不居其薄, 處其實, 不居其華.

중후함으로 처신하고 야박함으로 처신하지 않으며 실속 있음을 차지하

336

고 화려함을 차지하지 않는다. 어떤 본에는 '처기후'處其厚, '불거기박'不居
其薄, '처기실'處其實, '불거기화'不居其華로 되어 있다.

第三十九章

谷得一以盈, 侯王得一以爲天下貞. 盈下一有萬物得一以生一句. 貞
一作正.

계곡은 하나를 얻어서 채우니, 제후와 천자는 하나를 얻어서 천하의
바름을 삼는다. '영'盈의 아래에 어떤 본에는 '만물득일이생'萬物得一以生 한
구절이 있다. '정'貞은 어떤 본에는 '정'正으로 되어 있다.

其致之一也. 一無一也二字.

그것을 이루는 것은 동일하다. 어떤 본에는 '일야'一也 두 글자가 없다.

谷無以盈, 將恐竭, 侯王無以爲貞而貴高, 將恐蹶. 竭下一有萬物
無以生, 將恐滅二句. 下二句一作侯王無以貴高, 將恐蹶.

계곡은 채움을 사용하지 않으니 고갈될까 염려하기 때문이며, 제후와
천자는 바르게 함을 사용해서 고귀하게 되지 않으니 넘어질까 염려하
기 때문이다. '갈'竭 아래에 어떤 본에는 '만물무이생'萬物無以生, '장공멸'將恐
滅 두 구절이 있다. 아래의 두 구절은 어떤 본에는 '후왕무이귀고'侯王無以貴
高, '장공궐'將恐蹶로 되어 있다.

後王自謂孤寡不穀. 謂一作補.

제후와 천자는 스스로 고아·덕이 적은 자·선하지 않은 자라고 한다.
'위'謂가 어떤 본에는 '보'補로 되어 있다.

故致數輿無輿. 數輿無輿, 一作數車無車, 一作數譽無譽. [此句]一作故至譽
無譽, 無致字.

그러므로 수레를 궁구하여 헤아리다보면 수레가 없어진다. '수여무여'數
輿無輿가 어떤 본에는 '수거무거'數車無車로 되어 있고, 어떤 본에는 '수예무예'
數譽無譽로 되어 있다. [이 구절이] 어떤 본에는 '고지예무예'故至譽無譽로 되어
있고, '치'致자는 없다.

第四十章

天下之物生於有. 之一作萬.

천하의 사물은 유에서 나온다. '지'之자가 어떤 본에는 '만'萬으로 되어 있다.

第四十一章

夷道若纇. 纇一作類.

평평한 길은 마치 두툴두툴한 듯하다. '뢰'纇가 어떤 본에는 '유'類로 되어
있다.

第四十二章

或益之而損. 一無或字.

더해서 덜어내기도 한다. 어떤 본에는 혹或자가 없다.

我亦教之. 一作亦我教之, 一作亦我義教之.

나도 교훈으로 삼는다. 어떤 본에는 '역아교지'亦我教之로 되어 있고, 어떤
본에는 '역아의교지'亦我義教之로 되어 있다.

第四十三章

吾是以知無爲之有益.[4)] 一無吾字, 益下一有也字.

나는 이 때문에 아무 것도 함이 없는 것의 유익함을 안다. 어떤 본에는

338

'오'吾자가 없고, '익'益의 아래에 어떤 본에는 '야'也자가 있다.

第四十六章

却走馬以糞. 糞下一有車字.

잘 달리는 말을 내쳐 거름 주는 데 부린다. '분'糞의 아래에 어떤 본에는 거車자가 있다.

罪莫大於可欲, 禍莫大於不知足, 咎莫大於欲得. 一無罪莫大於可欲一句, 一禍莫大於不知足, 在咎莫大於欲得下.

죄는 욕심내는 것보다 큰 것이 없다. 그러니 화는 만족할 줄 모르는 것보다 큰 것이 없고 허물은 얻고자 하는 것보다 큰 것이 없다. 어떤 본에는 '죄막대어가욕'罪莫大於可欲 한 구절이 없다. 어떤 본에는 '화막대어부지족'禍莫大於不知足 구절이 '구막대어욕득'咎莫大於欲得 구절의 아래에 있다.

故知足之足, 常足矣. 一無之足二字, 一無矣字.

그러므로 만족할 줄 아는 만족이 영원한 만족이다. 어떤 본에는 '지족'之足 두 글자가 없고, 어떤 본에는 '의'矣자가 없다.

第四十七章

不行而至. 至一作知.

나다니지 않아도 이른다. '지'至가 어떤 본에는 '지'知로 되어 있다.

第四十八章

損之又損. 一作損之又損之.

---

4) 『도덕지귀』 42장에는 야也자가 있다.

덜어내고 또 덜어낸다. 어떤 본에는 손지우손지損之又損之로 되어 있다.

取天下, 常以無事. 取上一有故字, 常上一有者字.
천하를 취함에 항상 일삼는 일이 없다. '취'取의 위에 어떤 본에는 '고'故자가 있고, '상'常의 위에 어떤 본에는 '자'者자가 있다.

第四十九章
德善矣. [5] 德一作得, 一無矣字.
덕이 선해진다. '덕'德이 어떤 본에는 '득'得으로 되어 있고, 어떤 본에는 '의'矣자가 없다.

德信矣. 德一作得, 一無矣字.
덕이 미더워진다. '덕'德이 어떤 본에는 '득'得으로 되어 있고, 어떤 본에는 '의'矣자가 없다.

慄慄爲天下渾其心. 慄慄[下]一有焉字, 一作歙歙.
벌벌 떨며 그들을 위하여 마음을 하나로 한다. '첩첩'慄慄[의 아래에] 어떤 본에는 '언'焉자가 있고, 어떤 본에는 [첩첩慄慄이] '흡흡'歙歙으로 되어 있다.

第五十章
人之生, 動之死地者, 亦十有三. 一無亦字.
사람이 살다가 별안간 죽을 곳으로 가는 경우도 십 분의 삼 정도가 된다. 어떤 본에는 '역'亦자가 없다.

---

5) 『도덕지귀』에는 이 구절이 없다.

340

第五十一章

夫莫之命, 而常自然. 一無夫字. 命一作爵.

아무도 명령하지 않아도 항상 저절로 그렇게 되는 것이다. 어떤 본에는 '부'夫자가 없다. '명'命이 어떤 본에 '작'爵으로 되어 있다.

第五十二章

旣得其母, 以知其子. 得一作知.

그 어미를 얻고 나서 그 자식을 안다. '득'得이 어떤 본에는 '지'知로 되어 있다.

第五十三章

大道甚夷, 而民好徑. 而民一作民甚.

대도는 아주 평탄한데, 백성들은 지름길을 좋아한다. '이민'而民이 어떤 본에는 '민심'民甚으로 되어 있다.

財貨有餘. 財貨一作資財.

재화가 넘쳐난다. '재화'財貨가 어떤 본에는 '자재'資財로 되어 있다.

是謂盜誇, 非道哉. 盜誇下一重出盜誇二字. 道下一有也字.

이것을 도적이 허세를 부리는 것이라고 하니, 도가 아니로구나. '도과'盜誇의 아래에 어떤 본에는 거듭해서 '도과'盜誇 두 글자가 나와 있다. '도'道의 아래에 어떤 본에는 '야'也자가 있다.

第五十四章

修之身, 其德乃眞. 之下一有於字, 下四句并同.

그것을 몸에 닦으면 그 덕이 이에 참되게 된다. '지'之의 아래에 어떤 본에는 '어'於자가 있는데, 아래의 네 구절에서도 모두 같다.

第五十五章

終日號而嗌不嗄. 而下一無嗌字.

종일 울어도 목이 쉬지 않는다. '이'而의 아래에 어떤 본에는 '익'嗌자가 없다.

第五十六章

不可得而親, 不可得而疏, 不可得而利, 不可得而害, 不可得而貴, 不可得而賤. 下三句上一幷有亦字.

가까이 할 수도 없고 멀리 할 수도 없으며, 이롭게 할 수도 없고 해롭게 할 수도 없으며, 귀하게 할 수도 없고 천하게 할 수도 없다. 그러므로 천하에서 귀한 것이 된다. 아래 세 구절의 위에 어떤 본에는 모두 '역'亦자가 있다.[6]

第五十七章

吾何以知天下之然哉. 一作吾何以知其然哉. 哉下一有以此二字.

내가 어떻게 천하가 그렇다는 것을 알았겠는가? 어떤 본에는 '오하이지기연재'吾何以知其然哉로 되어 있고, '재'哉의 아래에 '이차'以此 두 글자가 있다.

---

6) "不可得而親, 亦不可得而疏, 不可得而利, 亦不可得而害, 不可得而貴, 亦不可得而賤."으로 되어 있다는 말이다.

第五十八章

淳淳. 一作醇醇.

순박하게 된다. 어떤 본에는 '순순'醇醇으로 되어 있다.

禍兮福所倚, 福兮禍所伏. 二所字上, 一并有之字.

재앙이 되는 것이 복이 의지하는 곳이고, 복이 되는 것이 재앙이 엎드려 있는 곳이다. 두 곳의 '소'所의 위에 어떤 본에는 모두 '지'之자가 있다.

民之迷, 其日固久. 民一作人. 迷下一有也字. 固久一作固已久矣.

백성들이 혼미하게 된 지가 시간상으로 참 오래 되었다. '민'民이 어떤 본에는 '인'人으로 되어 있다. '미'迷의 아래에 어떤 본에는 '야'也자가 있다. '고구'固久가 어떤 본에는 '고이구의'固已久矣로 되어 있다.

第五十九章

是謂早服. 謂一作以, 服一作復.

이것을 일찌감치 따르는 것이라고 한다. '위'謂가 어떤 본에는 '이'以로 되어 있고, '복'服이 어떤 본에는 '복'復으로 되어 있다.

深根固柢. 柢一作蔕.

이것을 근본을 깊고 튼튼하게 하는 것이라 한다. '저'柢가 어떤 본에는 '체'蔕로 되어 있다.

第六十章

聖人亦不傷人. 下人字一作之, 一作民.

성인께서 또한 사람을 해치지 않으시는 것이다. 아래의 '인'人자가 어떤 본에는 '지'之로 되어 있고, 어떤 본에는 '민'民으로 되어 있다.

第六十一章

天下之牝. 牝常以靜勝牡. 一無下牝字.

천하의 암컷이다. 암컷은 항상 조용히 있는 것으로써 수컷을 이긴다.
어떤 본에는 아래의 '빈'牝자가 없다.

以靜爲下. 一無此句, 一作以其靜爲之下.

조용히 있는 것으로 아래를 삼는다. 어떤 본에는 이 구절이 없고, 어떤
본에는 '이기정위지하'以其靜爲之下로 되어 있다.

夫兩者各得其所欲, 大者宜爲下. 一無夫字. 大上一有故字.

저 두 나라가 제각기 원하는 것을 얻기 위해서는 큰 나라가 낮추어야
한다. 어떤 본에는 '부'夫자가 없다. '대'大의 위에 어떤 본에는 '고'故자가 있다.

第六十二章

善人之寶. 寶上一有所字.

선한 사람이 보배처럼 여기는 것이다. '보'寶의 위에 어떤 본에는 '소'所자
가 있다.

古之所以貴此道者何. 何下一有也字. 一無何字.

옛날에 이 도를 귀하게 여긴 까닭이 무엇인가? '하'何의 아래에 어떤 본에
는 '야'也자가 있다. 어떤 본에는 '하'何자가 없다.

有罪以免邪. 罪下一有可字.

죄를 지을지라도 사면된다. '죄'罪의 아래에 어떤 본에는 '가'可자가 있다.

第六十三章

圖難於其易, 爲大於其細. 一無二其字.

쉬운 것에서 어려운 것을 도모하고, 작은 것에서 큰 것을 행한다. 어떤 본에는 두 번의 '기'其자가 없다.

天下難事, 必作於易, 天下大事, 必作於細. 二下字下, 一幷有之字.
천하의 어려운 일은 반드시 쉬운 것에서 생기고, 천하의 큰일은 반드시 미세한 것에서 생긴다. 두 번의 하下자 아래에 어떤 본에는 모두 '지'之자가 있다.

第六十四章
其脆易破. 破一作泮.
여릴 때는 부수기가 쉽다. '파'破가 어떤 본에는 '반'泮으로 되어 있다.

是以聖人無爲, 故無敗, 無執, 故無失. 一無是以二字, 一無聖人二字.
이 때문에 성인은 행하는 것이 없으므로 잘못되는 것이 없는 것이고, 집착하는 것이 없으므로 잃는 것이 없는 것이다. 어떤 본에는 '시이'是以 두 글자가 없고, 어떤 본에는 '성인'聖人 두 글자가 없다.

第六十五章
知此兩者亦楷式, 能知楷式, 是謂玄德. 楷一幷作稽, 能一作常.
이 두 가지 경우를 아는 것이 또한 모범적인 표준이다. 모범적인 표준을 아는 것에 대해 현묘한 덕이라고 한다. '해'楷가 어떤 본에는 모두 '계'稽로 되어 있고, '능'能이 어떤 본에는 '상'常으로 되어 있다.

然後乃至大順. 一作乃至於大順, 一作乃復至於大順.
그런 다음에 크게 따르는 경지에 이른다. 어떤 본에는 '내지어대순'乃至於大順으로 되어 있고, 어떤 본에는 '내부지어대순'乃復至於大順으로 되어 있다.

第六十六章

欲上民, 必以言下之, 欲先民, 必以身後之. 民一作人, 必以幷作[7]
以其.

백성들보다 위가 되고자 하면 반드시 말을 겸손하게 하고, 백성들보다
앞서고자 하면 반드시 자신을 뒤로한다. '민'民이 어떤 본에는 '인'人으로
되어 있고, '필이'必以가 모두 '이기'以其로 되어 있다.

處上而民不重, 處前而民不害. 民一幷作人.

위에 있어도 백성들이 무겁다고 여기지 않으며, 앞에 있어도 백성들이
해롭다고 여기지 않는다. '민'民이 어떤 본에는 모두 '인'人으로 되어 있다.

第六十七章

天下皆謂我道大, 似不肖. 一無道字.

천하 사람들은 모두 나의 도가 닮지 않은 것 같다고 평가한다. 어떤
본에는 '도'道자가 없다.

若肖久矣, 其細也夫. 一無也夫二字.

만약 닮았다면 오래 전에 미미하게 되었을 것이다. 어떤 본에는 '야부'也
夫 두 글자가 없다.

寶而持之. 寶一作保, 一作持而保之.

소중하게 여기고 지킨다. '보'寶가 어떤 본에는 '보'保로 되어 있고, 어떤 본
에는 '지이보지'持而保之로 되어 있다.

故能成器長. 器一作其.

그러므로 완성된 그릇과 어른이 될 수 있다. '기'器가 어떤 본에는 '기'

---

7) 필사본에는 '작'作자가 하나 더 있다.

其로 되어 있다.

第六十八章

善勝敵者不爭. 一無敵字, 爭一作與.

적을 잘 이기는 자는 전쟁을 일삼지 않는다. 어떤 본에는 '적'敵자가 없고, '쟁'爭이 어떤 본에는 '여'與로 되어 있다.

第六十九章

仍無敵. 仍一作扔.

좇아갈지라도 적이 없다. '잉'仍이 어떤 본에는 '잉'扔으로 되어 있다.

輕敵幾喪吾寶. 敵下一有則字.

적을 깔보면 거의 나의 보배를 잃을 것이다. '적'敵의 아래에 어떤 본에는 '즉'則자가 있다.

故抗兵相加, 哀者勝矣. 加下一有則字.

그러므로 군대를 동원해 서로 공격할 때 불쌍히 여기는 자가 승리한다. '가'可의 아래에 어떤 본에는 '즉'則자가 있다.

第七十章

則我貴矣. 一作則我者貴.

나는 고귀하다. 어떤 본에는 '즉아자귀'則我者貴로 되어 있다.

第七十二章

則大威至. 至下一有矣字. [此句]一作大威至矣, 無則字.

크게 두려워할 일이 닥친다. '지'至의 아래에 어떤 본에는 '의'矣자가 있다. [이 구절이] 어떤 본에는 '대위지의'大威至矣로 되어 있고, '즉'則자는 없다.

第七十三章

綽然而善[8]謀. 綽一作坦.

느긋한데도 잘 계획하게 한다. '천'綽이 어떤 본에는 '탄'坦으로 되어 있다.

第七十四章

民不畏死. 民下有一常字.

백성들이 죽음을 두려워하지 않는다. '민'民의 아래에 어떤 본에는 '상'常자가 있다.

常有司殺者殺. 一無下殺字.

항상 사찰해서 죽이는 것이 죽인다. 어떤 본에는 아래의 '살'殺자가 없다.

夫代司殺者殺, 是謂代大匠斲. 夫一作而, 一無謂字. [此句]一作夫司殺者, 是大匠斲.

사찰해서 죽이는 것을 대신해서 죽이니, 이것을 큰 목수를 대신해 큰 나무를 다듬는 것이라고 한다. '부'夫가 어떤 본에는 '이'而로 되어 있고, 어떤 본에는 '위'謂자가 없다. [이 구절이] 어떤 본에는 '부사살자'夫司殺者, '시대장착'是大匠斲으로 되어 있다.

夫代大匠斲者,[9] 希有不傷手者矣. 一無者字, [下句]一作希不自傷其

---

8) 『도덕지귀』에는 '선善'자가 '자自'자로 되어 있다.
9) 『도덕지귀』에는 자者자가 없다.

手者矣.

큰 목수를 대신해 큰 나무를 다듬을 경우 손을 다치게 하지 않는 경우가 드물다. 어떤 본에는 '자'者자가 없고, [아래 구절이] 어떤 본에는 '희부자상기수자의'希不自傷其手者矣로 되어 있다.

第七十五章

以其生生之厚. 上生字一作求.

삶을 너무 풍족하게 하려고 하기 때문이다. 위의 '생'生자가 어떤 본에는 '구'求로 되어 있다.

第七十六章

草木之生也柔脆. 草上一有萬物[二]字.

초목이 살아서는 부드럽고 약하다. '초'草의 위에 어떤 본에는 '만물'萬物[두] 글자가 있다.

强大處下. 强上一有故字, 强大一作堅强.

딱딱하고 큰 것은 아래에 있다. '강'强의 위에 어떤 본에는 '고'故자가 있고, '강대'强大가 어떤 본에는 '견강'堅强으로 되어 있다.

第七十七章

不足者補之. 補一作與.

부족한 것은 모아서 차게 한다. '보'補가 어떤 본에는 '여'與로 되어 있다.

損有餘, 而補不足. 一無而字.

충분한 것에서 덜어내 부족한 것에 보태준다. 어떤 본에는 '이'而자가 없다.

孰能有餘以奉天下. 一作孰能以有餘奉天下.

누가 충분하면서 그것으로 천하를 봉양할 수 있는가? 어떤 본에는 '숙능이유여봉천하'孰能以有餘奉天下로 되어 있다.

其不欲見賢邪. 一無邪字.

아마도 현명함을 드러내지 않으시려는 것이겠지! 어떤 본에는 '야'邪자가 없다.

第七十八章

莫之能勝. 勝一作先.

무엇으로도 물을 능가할 수 없다. '승'勝이 어떤 본에는 '선'先으로 되어 있다.

是以聖人云. 是以一作故, 人下一有之言二字.

이 때문에 성인께서 "…"라고 말씀하셨다. '시이'是以가 어떤 본에는 '고'故로 되어 있고, '인'人의 아래에 어떤 본에는 '지언'之言 두 글자가 있다.

第七十九章

有德司契. 有上一有故字.

덕이 있으면 문서를 사찰한다. '유'有의 위에 어떤 본에는 '고'故자가 있다.

第八十章

使有什伯之器而不用. 伯下一有人字.

뛰어난 기구가 있을지라도 쓸 곳이 없게 한다. '백'伯의 아래에 어떤 본에는 '인'人자가 있다.

嗚呼, 此我祖父文靖公, 手著道德指歸二卷也. 編於己丑, 刪
整於丁酉, 而中復遺失. 公甚惜之不能釋也. 丁未冬公棄背. 翌
年戊申偶撥舊篋, 得一敗卷, 背有指歸全文, 卽丁酉刪整之草
藁也. 排次章句, 復完舊本, 然亦何及哉. 悲夫. 有榘每靜室獨
坐, 見案几杯匜書研, 以至日用細器之類, 凡公之平日所御者.
對之良久, 輒已潛然淚下. 況是卷之編之旣勤, 失之甚惜. 而
今其敗紙殘瀋, 復出於墓草, 已宿之後, 朱墨猶殷. 手澤尙存,
嗚呼小子不忍復讀此矣. 謹繕寫裝池, 而珍襲之, 留與世世萬
子孫.

아! 이 책은 저의 조부님 문정공文靖公께서 손수 지은 『도덕지귀』 2권
이다. 기축己丑(1769)년에 찬술하시고 정유丁酉(1777)년에 산정 하시
다가 중간에 다시 유실하셨다. 조부께서 매우 안타까운 마음을 어찌하
지 못하시다가 정미丁未(1787)년 겨울에 세상을 떠나셨다. 이듬해 무
신戊申(1788)년에 우연히 낡은 상자를 치우다가 못쓰게 된 책 한 권을
얻었는데, 뒤에 『도덕지귀』 전문이 있었으니, 곧 정유丁酉(1777)년에
산정 하시던 초고였다. 장과 구절을 순서대로 맞추어 구본을 복원해
완성했지만, 그러나 또한 어찌 [조부님께서 친히 산정 하신 책에] 미칠
수 있겠는가? 슬프구나! 제(유구)가 매번 고요히 방안에서 홀로 앉아
책상·안석·술잔·주전자·책·벼루에서부터 일용하시던 세세한 여러
기구까지 모두 조부님께서 평소 사용하시던 것들을 살펴보았다. 그것
들을 마주하고 한참이 지나면 번번이 깊은 슬픔으로 눈물이 흘러내리
고 있었다. 하물며 [조부님께서] 이 책을 찬술하는 데 이미 고생하셨고
유실하게 되자 매우 안타까워 하셨음에야 말해 무엇 하겠는가! 이제
그 못쓰게 된 종이마저 낡아 눅었고 다시 묘소에서 풀이 나오고도 한참
을 묵힌 다음인데도 첨삭할 곳은 여전히 많다. 조부님의 손때가 아직
남아 있어 아! 손자로서 차마 다시 이 책을 읽을 수가 없구나. 그래서

삼가 책으로 엮어 베끼고 눈물로 포장해 보배처럼 물려주니, 대대로
모든 자손들과 함께 할 것이다.

己酉立秋日孫有榘敬識

기유己酉(1789)년 입추立秋 날에

손자 유구10)가 삼가 적다.11)

---

10) 서유구(1764-1845) : 정약용과 함께 18, 19세기 실학 계열의 농업개혁론을 대
표하는 학자이다. 그의 저술활동은 다방면에 걸쳤지만, 특히 농학에 기여한
바가 컸다. 실학자로서의 경험과 이론을 바탕으로 조선 후기 최대의 농서인
『임원경제지』를 저술했다. 1790년 증광문과에 급제하고 외직으로 군수·의주
부윤·전라감사를 거치고, 내직으로는 대교·부제학 등 규장각·성균관·홍문
관의 여러 직책과 이조판서·병조판서·우참찬을 거쳐 대제학에 이르렀다. 그
의 학문적 토대는 서명응·서호수로 이어지는 가학과 박지원·이덕무·박제가
등 북학파들의 학문적 경향, 그리고 청 고증학의 영향을 받아 형성되었다.
순창군수로 재임 중인 35세에 농학을 체계화할 필요성을 느껴, 도 단위로 농학
자를 한 사람씩 두어 각 지방의 농업기술을 조사·연구하여 보고하게 하고,
그것을 토대로 내각에서 전국적인 농서로 정리·편찬하도록 하는 방안을 제시
했다. 그는 실학파의 여러 농서, 중국의 문헌 등을 참조하여 만년에 『임원경제
지』를 완성했다.

11) 태학사太學社에서 1996년에 간행한 『竹夫李篪衡敎授定年退職紀念論文集』
에 있는 김문식金文植의 「徐命膺 著述의 種類와 特徵」 각주 158)에 의하면
이 글은 『지비집知非集』에도 있는데, 그곳과 자구字句의 차이가 있다고 한다.

| 옮긴이 소개 |

김학목

경북 상주 출생으로 건국대학교 철학과를 졸업했고, 동 대학원에서 「박세당의 신주도덕경 연구」로 박사학위를 취득했으며, 현재 고려대학교에 연구교수로 재직 중이다. 역서로는 『노자 도덕경과 왕필의 주』, 『기 수련으로 본 도덕경』, 『율곡 이이의 노자』, 『박세당의 노자』, 『홍석주의 노자』, 『초원 이충익의 담노 역주』, 『주역절중』, 『원유』 등 다수가 있고, 저서로는 『강화학파의 노자 주석에 관한 연구』, 『엄마의 명리 공부』, 『명리명강』 등 다수가 있으며, 논문으로는 「장자 소요유의 상징구조와 마음비움」, 「음양오행과 간지의 상징」, 「도덕경의 시각으로 본 창세기 신화」, 「왕필의 사상에 대한 오해」, 「배위의 숭유론에 대한 고찰」 등 수십 편이 있다.

도덕지귀

초판 인쇄   2020년 11월 18일
초판 발행   2020년 11월 30일

지 은 이 | 서명응(徐命膺)
옮 긴 이 | 김학목
펴 낸 이 | 하운근
펴 낸 곳 | 學古房

주   소 | 경기도 고양시 덕양구 통일로 140 삼송테크노밸리 A동 B224
전   화 | (02)353-9908 편집부(02)356-9903
팩   스 | (02)6959-8234
홈페이지 | www.hakgobang.co.kr
전자우편 | hakgobang@naver.com, hakgobang@chol.com
등록번호 | 제311-1994-000001호

ISBN 979-11-6586-115-5 93150

값: 20,000원